문학개론

성균관대학교 출판부

머 리 말

1983년도에 초판을 낸 『문학개론』이 중판과 증보판을 거처 오늘날에 이르렀다.

그동안 공동집필의 어려움을 극복하고 미비점을 보완하느라고 애를 썼지만 여전히 아쉬움이 남았다.

따라서 이번 수정증보판에서는 내용의 보완과 함께 통일되지 않은 각종 부호들을 정리하고 한글세대의 독해력을 감안하여 본문의 漢字 표기를 대폭적으로 줄였다. 아무쪼록 이 책이 문학연구의 현장에서 폭넓게 활용되기를 바랄 뿐이다.

– 증보판 머리말(1994년)

문학개론은 문자 그대로 문학의 세계를 개설하고 논증하는 저서다. 따라서 광범위한 문학의 세계를 종합하고 정리하여 체계를 갖추려면 각 방면의 전공자가 합력하되 동시에 구성이며 체제를 맞추이야 한다.

우리들 저자 일동은 일찍이 1983년에 문학개론을 펴낸 바 있어서 그 어려움을 체험한 바 있는데, 당시의 여건상 미비점을 남겨둔 채 간행했었다. 이제 많은 세월이 지남에 따라 내용의 증보는 물론 편집의 수정이 불가피한 시점에 이르렀으므로 다시 저자 일동이 모여 새로이 개정신판을 내놓게 되었다. 이 책이 새로이 태어날 수 있게 해준 성균관대 출판부에 감사를 드린다.

- 제 1판 머리말(1983년)

이 책은 대학에서 문학을 강의하고 있는 세 사람의 공동집필로 이루어졌다. 당초의 의도는 대학에서 뿐만 아니라 시인으로, 소설가로, 평론가로 문단에서 활발히 작품활동을 하면서 평소에 느꼈던 바를 폭넓게 응용해서 산 문학개론으로 만들자는 데 있었다.

어쩔 수 없이 서구의 문학이론을 빌어오되 가능한 한 우리 현실에 맞는 것으로 소화하고 되도록 알기쉽게 집필하여 학생들의 문학적 소양을 길러주자는 데 있었다. 이런 우리의 의도가 얼마만큼 반영되었는지 의문이 아닐 수 없다. 공동집필의 어려움을 새삼 깨닫게 되었다.

분야별로 집필한 것을 밝히면 다음과 같다.

    1. 문학일반론 및 문학평론 -----------윤병로

    2. 소설론 및 수필론 --------------------조건상

    3. 시론 및 희곡론 ----------------------강우식

2001년 2월

저자일동

목차

머리말

I. 문학일반론

1. 문학이란 무엇인가 ——————————— 15
   1) 체험 / 16
   2) 상상력 / 17
   3) 문학과 언어 / 18
   4) 자유에의 지향 / 19

2. 문학의 기원 ——————————— 21
   1) 심리학적 기원설 / 22
     가. 모방충동설 • 22
     나. 유희충동설 • 23
   2) 사회학적 기원설 / 25

3. 예술과 문학 ——————————— 26
   1) 예술과 문학과의 관계 / 26
   2) 기술과의 관련에서 본 문학 / 28
   3) 언어예술로서의 문학과 예술 / 30
   4) 언어와 논리학 / 31

4. 문예사조 ——————————— 34
   1) 문예사조의 흐름 / 34
   2) 주요 문예사조의 전개 / 37
     가. 고전주의 • 37

나. 낭만주의 • 38

다. 사실주의와 자연주의 • 40

라. 상징주의 • 41

마. 세기말적인 문예사조 • 42

바. 사회주의 리얼리즘 • 44

사. 실존주의 • 44

5. 문학의 형태 ——————————— 46

　1) 장르의 개념 / 46

　2) 장르의 발달 / 48

II. 시문학이론

1. 시란 무엇인가 ——————————— 53

2. 시의 분류 ——————————— 63

　1) 형식상의 분류 / 64

　가. 정형시 • 64

　나. 자유시 • 65

　다. 산문시 • 68

　2) 내용상의 분류 / 71

　가. 서정시 • 71

　나. 서사시 • 76

　다. 극시 • 82

3. 시의 요소 —————————————————— 87

　1) 시어 / 87

　2) 운율 / 92

　3) 이미지 / 96

　4) 상징 / 105

　5) 비유 / 116

　　가. 직유 • 118

　　나. 은유 • 123

　　다. 의성, 의태, 의인 • 127

　　라. 풍유법 • 131

　　마. 반어법 • 132

　　바. 제유, 환유 • 133

III. 소설문학이론

1. 소설이란 무엇인가 —————————————— 137

　1) 소설의 기원 / 137

　　가. 서사시로부터 유래됐다는 견해 • 137

　　나. 로망(혹은 로맨스)에서 유래됐다는 견해 • 139

　　다. 근대사회의 대두와 더불어 출현되었다는 견해 • 141

　2) 소설의 정의 / 144

　　가. 소설을 시정의 이야기나 연애 • 모험의
　　　　이야기로 보는 견해 • 146

　　나. 소설을 인생의 표현이요 인간성의 탐구로
　　　　보는 견해 • 147
　　다. 소설을 가공적 산물로 보는 견해 • 148
　3) 소설의 특성 / 148
　　가. 허구적인 이야기 • 149
　　나. 인생을 표현하는 이야기 • 150
　　다. 논리적으로 서술된 이야기 • 150
　　라. 형식미와 기교미를 갖춘 이야기 • 151
　4) 소설의 기능 / 153
　　가. 교시적 기능 • 154
　　나. 쾌락적 기능 • 156
　　다. 진정한 소설의 기능 • 157

2. 소설의 유형 ———————————— 159
　1) 분량에 의한 소설의 분류 / 160
　　가. 꽁뜨 • 160
　　나. 단편소설 • 161
　　다. 중편소설 • 162
　　라. 장편소설 • 163
　2) Edwin Muir의 소설분류 / 164
　　가. 성격소설 novel of character • 164
　　나. 극적 소설 Dramatic novel • 165
　　다. 연대기 소설 Chronicle novel • 167
　　라. 시대소설 The period novel • 167

3. 소설과 작가와 현실 ——————— 169
　1) 작가의 자질 / 169
　2) 작가 정신 / 171
　3) 소설과 현실 / 174

4. 소설구성의 제요소 ——————— 176
　1) 주제 / 177
　　가. 주제의 정의 • 177
　　나. 주제의 설정 • 179
　　다. 주제의 내면화와 표면화 • 181
　　라. 주제 파악의 방법 • 184
　2) 구성 / 189
　　가. 구성의 정의 • 189
　　나. 구성의 단계 • 191
　　다. 시점 • 198
　　라. 기타 구성의 요소들 • 204
　3) 성격 / 210
　　가. 소설에 있어서 성격의 중요성 • 210
　　나. 인물의 유형 • 212
　　다. 성격 창조의 방법 • 215
　4) 배경 / 220
　　가. 배경의 정의 • 220
　　나. 소설에 있어서 배경의 중요성 • 220
　　다. 배경의 종류 • 223

IV. 희곡문학이론

1. 희곡이란 무엇인가 ——————————— 229

2. 희곡의 분류 ——————————— 234
   1) 비극 / 234
   2) 희극 / 236
   3) 희비극 / 239

3. 희곡의 구성 ——————————— 241
   1) 인물 / 242
   2) 행동 / 245
   3) 대사 / 247
   4) 구조 / 250

V. 수필문학이론

1. 수필이란 무엇인가 ——————————— 255
   1) 수필과 에세이 / 255
   2) 수필의 정의 / 259
   3) 수필의 영역 / 261
   4) 수필의 특성 / 263
      가. 수필은 주관적, 개성적이다 • 264
      나. 수필은 형식이 자유롭다 • 265
      다. 수필은 제재가 다양하다 • 266

　　라. 수필은 비평정신의 문학이다 • 267
　5) 수필의 종류 / 269
　　가. 미셀러니 • 270
　　나. 에세이 • 273

2. 수필을 어떻게 쓸 것인가 ――――――― 275
　1) 수필의 구성요소 / 275
　　가. 수필과 소재 • 275
　　나. 수필과 구성 • 276
　　다. 수필과 문체 • 277
　　라. 수필과 주제 • 279
　2) 좋은 수필의 요결 / 280
　　가. 개성이 드러날 것 • 281
　　나. 품위를 잃지 말 것 • 282
　　다. 미사여구에 집착하지 말 것 • 283
　　라. 유우머와 위트가 있을 것 • 284

VI. 비평문학이론

1. 비평이란 무엇인가 ――――――― 289
　1) 문학의 장르로서의 평론 / 289
　2) 감상 / 291
　3) 비평으로서의 구조분석 / 294

2. 비평의 유형 ——————————— 302

3. 비평의 방법 ——————————— 306
  1) 역사주의 비평 / 307
  2) 형식주의 비평 / 309
  3) 구조주의 비평 / 312
  4) 사회학적 비평 / 315
  5) 심리주의 비평 / 317
  6) 원형 비평 / 319

4. 비평의 제문제 ————————— 323
  1) 비평의 정당성 / 323
  2) 비평폭력과 비평독자 / 327
  3) 비평과 심사평 / 331
  4) 시평이라는 것 / 334
  5) 비평과 학문 / 339
  6) 비평과 창작 / 342

5. 현대한국에 있어서 문학평론 ———— 346
  1) 신문학 초기의 비평시비 / 346
  2) 프로문학 논쟁 / 350
  3) 순수·참여논쟁 / 353
  4) 리얼리즘과 민족문학론 / 357
  5) 대중문학을 둘러싼 논쟁 / 361

제1장

문학일반론

1. 문학이란 무엇인가
2. 문학의 기원
3. 예술과 문학
4. 문예사조
5. 문학의 형태

1. 문학이란 무엇인가

　문학이란 무엇이고 어떤 것이 문학이냐 하는 구체적인 물음에 대해서 누구도 쉽게 대답하기 어렵다. 가령 <로미오와 줄리엣> <춘향전> <무정> 등이 문학이라고 말하는 데 대한 반론은 있을 수 없을 것이다. 이것은 문학이란 일반적인 통념에 따른 것이고, 이 정도의 통념은 어느 누구나 갖고 있는 셈이다.

　그런데 한 시대와 사회 일반의 통념이 기준되지 않는다면 우리들의 상식이나 주관에 의한 판단에 그치지 않고 먼저 일정한 객관적인 방법에 의해서 이해하려고 한다. 즉 문학이란 어떤 것이었는가 하는 사실의 규명으로부터 시작해서 문학의 본질을 귀납해 보려는 것이다.

　그러나 문학이란 개념은 이를테면 물리학이나 화학과 같은 자연과학의 경우처럼 처음부터 명확한 단정을 내리기는 어렵다. 요컨대 문학이란 무엇인가 하는 물음에는 우리들 자신의 가치판단이나 자기 주장으로 밖에 대답하지 못한다. 세칭 명작이나 걸작이란 일반적인 평가를 받고 있는 작품도 자기가 직접 읽어 보지 않으면 그림의 떡에 불과하다. 혹은 참다운 문학이란 항상 어느 정도 문학에 대한 기존개념으로부터 벗어날 수도 있다. 실상 고금의 명작이란 것도 여러 시대의 많은 독자들에 의한 제각기 독자적인 긍정과 부정과의 끊임없는 반복에서 오늘에까지 생명을 이어 객관적 평가를 획득한 것이기도 하다.

그렇지만 문학이란 무엇인가 하는 데 대해서 기준이 될 것이 아무 것도 없다고 단정할 수는 없다. 이제 문학이란 문제를 해명키 위해서 필자는 가능한 보편적인 기준을 찾아 얘기해 보려고 한다. 먼저 결론부터 말한다면 플로베르의 말을 빌어 "문학이란 작가의 체험을 이야기하는 것"이라고 전제하고 싶다.

1) 체 험

"보봐리 부인은 바로 나다"라고 한 플로베르의 말은 잘 알려진 말이지만 첫째 문학이란 작가가 하나의 자연적 존재이면서도 동시에 사회적인 존재인 자신의 이야기나 혹은 그 체험을 말하는 것이라 할 수 있다. 그러나 작가의 체험을 얘기한 것이 모두 문학이라 할 수는 없다. 일반적으로 일상생활의 체험을 기록한 일기나 생활기록과 같은 것이 그대로 문학이 된다고 볼 수는 없다. 체험이 확실히 문학의 원형이긴 하지만 그 경우의 체험, 다시 말하자면 문학적 체험은 생생한 靜的인 일상적 체험은 아니다. 거기서는 일상적 체험이나 그 기억은 작가가 독자적 의식의 세계를 통해서 여과된 것이기 때문에 독자는 그만큼 자연스럽게 재체험이나 재창조에 충격을 받아 그 기대가 충족될 만큼의 보편성을 띠지 않으면 안될 것이다.

하지만 이 문학에 있어서의 체험은 과학에 있어서의 체험 — 이를테면 심리학자가 일정한 법칙이나 통계에 도달키 위한 소재 또는 과정으로서 이 일상적 체험을 방법적으로 처리하고 때로는 이것을 실험적으로 작위하거나 반복시키는 것과는 전혀 다른 것이다. 오히려 반대로 그 체험이 갖는 특수성, 구체성, 혹은 반복 불가능한 일면성이란 것에서 떨어질 수 없다.

뿐만 아니라 일상생활이나 과학을 위해서 거의 불필요한 개성적인 비반복성, 이데올로기 등에는 환원되지 않는 특수성이란 것이 문학의 경우, 극히 중요한 가치 있는 것이 된다. 이 특수성·구체성에 기초한 생생한 감각·감정·이미지야말로 그것은 시대를 초월해서 거의 無媒介로 독자적인 감명을 독자에게 주고 그 혼돈한 인간성의 깊은 맛에 작용한다. 나아가서는 "인생을 어떻게 살 것인가"하는 모름지기 지적인 인식이나 차원을 넘어선 심층의 물음에 대답할 수 있다 하겠다.

2) 상상력

이와 같이 체험적인 현실의 특수성이나 구체성에 따라서, 이것을 토대로 하면서도 그것을 힘겹게 초월해서 보편에까지 이른다는 것, 이같은 자기 모순적인 행위를 가능케 하는 것은 무엇일까. 이것이 바로 작가의 상상력 *imagination*이다. 상상력은 문학의 원형이라고 할 수 있는 체험을 토대로 해서 잡다한 기억이나 견문, 사람들과의 접촉이나 독서의 소산 등을 스스로 종합해 가는 작가의 구체적인 창작행동을 통해서 이것을 하나의 허구 *fiction*의 세계 형성에까지 인도한다. 그리고 이 상상력의 활동에 의해서 작가의 생활체험은 비로소 보편적인 넓이와 움직이는 힘을 획득하게 된다. 그리고 이 상상력에 의해서 모습을 이룩하는 이미지(형상·심상)야말로 과학에 있어서 개념과 대응해서 이른바 문학의 궁극의 단위가 되어진다 하겠다.

이 이미지의 세계와 그 토대를 이루고 있는 현실의 체험적 세계와 는, 이를테면 '객관적 현실의 반영'이란 말이 때로는 혼돈되게 생각 되지만 결코 같은 것이 아니다. 양자 사이에는 분명한 격차가 있다. 그 격차는 때로는 어떤 환상이나 현실로부터의 도피로밖에 이해되지 않는 경우가 있다. 그러나 그것은 결코 현실의 삶의 어려움과 부닥친 작가가 자기의 내부를 그려내는 한 토막의 백일몽과 같은 것에 그치 지 않는다. 그뿐만 아니라 생생한 체험적 세계와의 격차야말로 그것 은 오히려 외계에 대한 우리들의 인식을 비약적으로 확대 · 심화하고 혹은 그 정적인 자기를 부정해서 주체적 변혁에의 길을 열 수 있는 큰 독자적 역할을 다하는 것이 된다. 이를테면 자신을 잊고 소설에 탐닉해서 그 비현실적인 세계에 빠져들어 스스로 자신을 타인의 입 장에서 느끼고 생각하게 되는 것은 우리가 쉽게 경험하는 바이지만 그리하여 거기서부터 넓은 인간적 공감이나 연대의식을 형성하는 것 도, 또한 당면한 현실을 비판하고 더 나아가 그것을 부정해 가는 적 극적인 정신자세를 보여주는 것은 모두가 이 상상력의 발동으로서 또한 인간의 육체나 사회 그리고 심리의 심층까지도 포함하는 이미 지의 형성으로서 비로소 가능한 것이다.

3) 문학과 언어

이러한 상상력은 문학에 있어서 언어를 매개로하여 나타난다. 소리 에 의한 음악, 돌이나 석고에 의한 조각, 畵具에 의한 회화 등에 대해 서 문학은 어디까지나 언어에 의해서 표현되는 예술인 것이다. 더욱 이 이 경우 'Literature'란 말은 litera = letter란 어원으로부터 볼 때 문자로 씌어진 문학, 즉 인쇄된 문학을 생각케 되는데 여기에는 귀로 직접 享受者에게 전달되는 구비문학도 포함되는 것은 물론이다.

그런데 문학의 언어는 일상생활의 언어로도 쓰여지고 과학의 용어로서도 쓰여지기 때문에 특수한 경우를 제외하고는 언어 그 자체에 차이가 있는 것은 아니다. 요컨대 언어에 대한 태도, 그 취급 방법의 차이에 의한 것이라고도 할 수 있다.

웰렉과 워렌의 <문학의 이론>에 의하면 이상적인 과학용어는 순수하게 '外延的'인데 비하여 문학용어는 고도로 '內包的'이고 그 독자적 표현을 갖고 화자나 필자의 기분이나 태도 등을 전달한다.

더욱이 그것은 말하려는 전부를 표현할 뿐 아니라 독자의 태도에 영향을 주어 설득시키고 결국에는 독자의 마음을 변화시키는 것을 추구한다. 더 중요한 차이점으로 문학용어로는 언어가 갖는 '음의 상징성'이 강조되고 다양한 기교가 그 격조, 음의 형태와 같은 것에 역점을 두려는 노력을 볼 수 있다.

한편 일상언어와의 차이는 유동적이기 때문에 쉽사리 구별키 어렵지만 문학의 언어에는 일상의 용법보다는 훨씬 일관된 충실한 개성을 볼 수 있다.

이와 같은 설명이 타당한 것이지만 자세히 생각하면 중요한 것은 역시 이 문학의 용어란 것이 앞서 언급된 이미지와 밀접히 관련되어 그 형성에 참가하고 있다는 것에 있을 것이다. 그 상상력에 의해서 비로소 문학의 언어는 독자에게 강렬하고 명확하고도 전체적인 심상을 안겨주는 힘을 갖는다.

4) 자유에의 지향

시에 있어서 '음의 상징성'이란 것을 바로 윤리적인 것과 연결시킬 수 없지만 의미를 간직한 산문에서는 이른바 자기가 대상세계를 거의 대부분 요리할 수 있다. 이 말을 뒤집어 말하면 쓴다는 것은 무엇보다도 먼저 자기의 의식을 대상세계 혹은 주어진 상황에서부터 전면적으로 해방하고 자유롭게 해 가는 행동이라 할 수 있을 것이다.

산문에 있어서 언어는 대상이나 상황이 자신에게 있어서 무엇인가를 밝히고 그 정체를 분명히 함으로써 그로부터 자기를 자유롭게 한다.

더욱이 작가에게 있어서 쓴다는 것은 이를테면 정치적인 슬로건이나 사회과학의 말처럼 개념적으로 정리되거나 이미 보편적인 성격을 띤 말을 문장으로 하는 것과는 구별된다. 그것은 一語一句를 쓰려는 행동을 통해서 어디까지나 구체적으로 자신의 감정이나 생각을 추적해 가며 죄의식의 근원을 하나하나 밝혀가는 것이다. 그리고 독자도 이것을 읽어감으로써 스스로 전인격적으로 자기를 해방하는 단서를 포착하는 것이다. 즉 문학이란 그와 같은 서로의 자유를 지향한 작가와 독자와의 협력 위에서만 비로소 성립된다 하겠다.

문학의 언어는 작가의 상상력 속을 통과하는 것이고 적어도 언어가 갖는 가장 근원적인 체험적인 차원으로서 이 자유에의 지향이 살아있지 않는다면 어떤 문학도 가능치 않을 것이다.

2. 문학의 기원

문학이란 무엇인가라는 물음과 함께 문학이 어떤 동기에서 발생되었는가라는 물음 또한 문학을 이해하는 데 중요한 요소 가운데 하나이다. 발생 기원을 이해한다는 것은 곧 현재의 실상을 파악하는 일에도 도움을 주기 때문이다.

그런데 이러한 문학의 기원에 대한 견해는 단순하지 않고 논자에 따라서도 달라질 수 있겠지만, 이에 대한 재래의 학설을 검토해 보면 크게 두 갈래로 나뉘어진다. 즉 심리학적 학설과 사회학적 학설이 그것이다. 전자는 문학이 순수한 미적 충동으로부터 산출되었다고 보는 것인데 비해 후자는 인간의 실제적 생활의 요구에 의해 산출되었다고 보는 것이다.

1) 심리학적 기원설

가. 모방충동설

모방충동설은 문학을 우주 만상과 인간 삶의 모방으로부터 생성된 것이라 보는 관점을 일컫는다. 말하자면 문학은 인간이 천부적으로 지니고 있는 모방하고 싶은 충동이 근원적으로 작용하여 탄생된 것이라는 점이다. 인간은 이러한 모방의 행위를 통해 희열을 느끼는 본성이 있다는 것인데 이러한 인간 본성이 문학을 발생시키는 요인이 되었다고 보는 것이 곧 모방충동설이다.

이것은 희랍의 철학자 플라톤 *Platon*과 아리스토텔레스 *Aristoteles*에 의해 체계화되어 17,8세기에 이르러 신고전주의가 대두될 때까지 유럽 문학론의 중심을 이루어왔다. 특히 문학을 개성의 자유로운 표현의 산물로 보는 낭만주의 시대에 와서 한때 자취를 감추기도 했으나 아리스토텔레스의 이론에 대한 재인식이 주어지면서 현대에 와서도 이 개념은 중요시되고 있다.

문학을 모방의 관점으로 본 최초의 학자는 플라톤이었다. 그는 예술에 있어서 모방행위를 부정적인 것으로 보았다. 그에 의하면 실재는 눈으로 볼 수 없는 불변하는 순수관념이다. 그러니까 인간이 눈(감각)으로 보는 세계는 진리의 세계가 아니고 허상에 불과하다는 것이다.

그런데 예술가는 그 허상의 세계를 묘사함으로써 진실의 세계를 은폐시키고 왜곡시키는 결과를 낳는다고 한다. 모방은 단순한 흉내이고 거짓일 뿐이므로 플라톤의 형이상에서는 가치없는 것이다. 더욱이 그것은 진리의 세계로부터 2단계나 떨어져 있는 것이기에 사회에 오히려 해독을 끼치게 된다고 하여 그는 <理想國>에서 시인을 추방해야 한다고 주장하였던 것이다. 따라서 플라톤은 문학의 의의와 기능을 부정적으로 보았던 것이다.

이에 비해 그의 제자인 아리스토텔레스는 스승의 견해를 긍정적인 측면에서 발전적으로 수용하였다. 그는 문학을 포함한 모든 예술을 모방의 산물로 규정하고, 그것은 인간 누구나 타고난 천부적 본능으로부터 비롯되는 것이라 하였다. 뿐만 아니라 그는 모방의 본능을 충족시킴으로써 사람들은 스스로 희열을 느낀다고 하면서 이것이 곧 문학(예술)을 낳게 하는 원동력이 된다고 보았다. 결국 플라톤이 문학의 기능과 효용성을 지나치게 철학적·교육적 관점에서만 보려고 함으로써 부정적으로 규정한 데 반해, 아리스토텔레스는 예술의 독자성을 강조하였다고 할 수 있다. 그는 문학이 단순하게 우주의 모방에 그치는 것이 아니라 '있을 수 있는 세계' 또는 '있어야 할 세계'를 그리고, 나아가 보편타당한 세계를 모방함으로써 문학은 그 나름대로 진리를 구현하고 즐거움을 준다고 보았던 것이다. 따라서 그는 철학적 보편성과 문학적 보편성을 구별하여 문학의 존재의의를 강조했다고 하겠다. 이러한 그의 학설은 칸트의 유희충동설이 나오기까지 유럽 문학론의 중심이 되어 왔다.

나. 유희충동설

문학예술은 인간들의 유희하고 싶은 본능적 충동에서 산출되었다고 보는 유희충동설은 칸트 *I. Kant*로부터 제기되어 근대 미학의 기초를 마련하였다. 이는 그후의 문학운동에 큰 영향을 끼쳤으며, 특히 그의 추종자들에 의해 무분별하게 오도됨으로써 비판받기도 했다.

칸트에 의하면 예술은 일종의 유희이기 때문에 다른 목적이 개입될 수 없다는 것이다. 그래서 예술은 인간들의 자유로운 정신활동의 산물이며 그 자유로움에 의해 예술작품은 진정한 생명력을 부여받을 수 있다는 것이다. 이와 같은 그의 예술의 자율성에 대한 견해는 '무목적의 합목적성'이라는 말에 함축되어 있다. 이 말은 예술이란 자율성을 지니고 있으므로 다른 목적에 봉사하지는 않지만, 이성적 사고로부터 나오는 것이기에 결과적으로 합목적성을 지니고 있음을 뜻한다. 이를테면 그는 감성과 이성이 조화롭게 결합된 상태를 예술의 가장 바람직한 경지로 보았다고 할 수 있다.

칸트의 이같은 이론은 그뒤 스펜서 *H. Spencer*에 의해 계승되었다. 그에 의하면 "사람에게는 본래부터 유희충동이 있고 그것은 사람으로 하여금 다른 동물보다 한층 높은 자리에 앉게 한다"는 것이다. 특히 동물은 종족과 생명 보존에만 모든 정력을 바치지만, 사람은 그 밖에도 남는 정력이 있어 그것이 이른바 유희충동의 근원이 된다고 한다. 그런데 종족이나 생명보존은 실제활동으로 달리게 하지만 유희충동은 예술의 세계를 창조하는데, 이것은 실제 생활과는 아무 관계가 없다고 보았다. 실제 생활과 아무 관계가 없다는 것은 곧 칸트의 '무목적의 합목적성'과 동궤에 놓이는 것으로서 예술의 無償性을 뜻하는 것이다.

이러한 견해는 또한 실러 *F. Schiller*에게서도 볼 수 있다. 그는 인간에게 사태충동과 형식충동이 있으며 이 두 충동이 상호 보완적으로 활동하여 가장 조화가 잘 된 상태, 여기서 제 3의 충동인 유희충동이 생긴다고 하였다. 이것은 단순한 감성적인 변화를 파악하는 사태충동도 아니고 불변의 자아의 포착하려는 형식충동만도 아닌, 즉 단순한 삶도 단순한 형태도 아닌 이 양자를 함께 조화롭게 지닌 생명 있는 형태를 갖추는 것을 그 이상으로 추구하는 충동이다. 이러한 견해들은 다 칸트의 이론에서 그 근거를 마련하고 있음이 분명하다. 말하자면 예술이란 유희이지만 그 자체는 합목적성을 지닌다는 그의 이론을 계승·발전시킨 것이라 하겠다.

2) 사회학적 기원설

사회학적 기원설은 유희충동설과 같은 칸트의 이론을 비판하고, 예술은 유희 이상의 삶과 직결된 문제들, 이른바 실용적인 동기에서 비롯되었다는 견해이다. 이것은 헌 *Y. Hirn*과 그로세 *E. Grosse*가 인류학적 연구에 도움을 받아 모든 예술현상은 사회성을 지니고 있다는 주장에서 처음 제기되었다. 이들의 논의는 인류학·고고학·고대 원시민족의 유품들을 고증자료로 하여 그 이론을 실증적으로 뒷받침해 주었기 때문에 상당한 객관성을 확보하고 있는 것으로 평가되기도 했다.

헌은 <예술의 기원>에서 예술은 유희 이상의 어떤 것임을 전제하고 이를 원시시대의 어떤 종족의 장식품을 통해 설명하였다. 그러한 장식품들은 단순한 장식품만으로 치장된 것이 아니고 실제 생활과 관련된 실용성에서 비롯되었음을 볼 수 있다는 것이다. 또한 그는 오스트레일리아 토인들이나 나일강 뱃사공들의 뱃노래를 예로 들어, 예술이 개인의 노동을 자극하고 실천하는 데 필요하며, 협동노동을 촉진·조성하는 데 필요한 것으로 설명하기도 하였다.

그로세도 <예술의 기원>에서 원시인들의 장식물들은 주로 실제적 의미의 표지나 상징으로 만들어졌음을 밝히고, 그들은 오히려 심미적 욕구에 앞서 실제적 목적이 먼저 있었다는 것을 주장하였다.

이들의 논의는 물론 예술 전반에 대한 것이기는 하지만 이는 문학에 국한시켜 보아도 동일한 것이라 할 수 있다. 그러므로 이들의 견해는 예술이란 심미적 요소보다는 실용성으로부터 출발되었다고 보는 것이 그 핵심이 되지만, 결국에는 그 둘이 결합되어 하나의 예술적 차원으로 승화되어 나타난다고 보는 것이 좀 더 타당할 것이라 하겠다.

3. 예술과 문학

1) 예술과 문학의 관계

'예술과 문학'이란 주제는 여러 문제가 포함된다. 예술과 문학이 어떤 관계에 있는가를 정면에서 거론할 수도 있지만 그것이 그렇게 간단한 것이 아니다. 왜냐하면 우선 시대 또는 민족의 차이에서 예술과 문학이 어떤 관계에 있는가란 현실은 일정치 않기 때문이다. 그 다양한 현실 속에서 이를테면 '문학'다운 것은 없지만 '미술'이나 '무용'으로 인정되는 것은 존재하는 경우가 있다. 그뿐 아니라 예술과 문학의 관계를 어떻게 표상하고 포착하는가 하는 양자의 관계의 인식면에서도 같이 얘기될 것이다. 더욱이 그 인식과 현실과의 대응 방법도 다양해서 반드시 역사를 일관한 같은 모습으로 드러나지 않는다.

이와 같은 것을 전제로 시야를 넓혀 우리가 살고 있는 '근대'나 '현대'란 것에 초점을 맞추어 '예술과 문학'이란 주제를 포함한 몇 가지 문제를 포괄적으로 해명해 본다.

먼저 유럽에 있어서 '근대'가 성립하고 발전한 제 문화영역이 예술과 문학의 자립함에 따라서 미학도 개별과학의 방향으로 신장해 온다. 동시에 그들 제 문화와 제 학문을 관련시켜 체질화하려는 시도가 새로운 근대철학이란 형태로 나타난다.

자기의 철학활동을 이와 같은 것으로 자각하고 체계화한 사람은 헤겔이다. 그의 철학체계는 논리학, 자연철학, 정신철학의 3대부문으로 나뉘어 예술을 대상으로 하는 미학(예술철학)은 제3부문의 정신철학에 속하지만 그 내부에서는 다시 주관적 정신, 객관적 정신, 절대적 정신의 3단계로 구분되고 다시 이 절대적 정신의 영역은 예술·종교·철학의 3단계를 통해 전개된다는 체계적 구조를 보인다.

그리고 그 예술분야 속에서는 상징적·고전적·낭만적이란 세개의 예술형식이 생각되고 여기에 상응해서 예술사도 동양적·고대적·기독교적이란 세 가지 발전단계로 대별된다. 동시에 여러 예술장르의 분류도 이 세 형식에 따라서 상징적 형식에 대응한 건축, 고전적으로는 조각, 낭만적에는 회화·음악·문학이 연결된다.

물론 이와 같은 헤겔의 체계적인 접근 방법은 역사적 사실에 부합한다는 비판도 나오고 있고 또한 그 철학적 전제는 용납되기 어렵다는 반론도 있다. 그러나 거기서 예술은 문학의 상위개념으로 문학은 회화나 음악 등과 함께 예술의 일부문에 위치해 있다는 것은 충분히 인식해 둘 필요가 있다. 동시에 헤겔에 국한된 것이 아니라 예술과 문학에 대한 보편적 인식이기도 하다.

그러나 한편 우리들 주변에선 흔히 '문학예술'이란 말을 듣게 된다. 이와 같은 표현을 보면 문학은 예술의 하위개념이 아니고 음악이나 미술과 나란히 존재하기보다도 오히려 그것들을 포용하는 예술, 그것에 대응하는 개념이다. 즉 문학은 예술이 아니란 생각이다.

이 문제에 접근키 위해서 먼저 예술 일반을 대상으로 하는 학문을 생각해 본다. 그러면 최근에 예술학 *Kunstwissenschaft* ─ 혹은 직역 하면 일반예술학 *Allgeneine Kunstwiss*이란 말도 상당히 보편화된 말이 되었지만 아직도 미학이란 말이 널리 쓰여지고 있다.

그런데 우리가 문제로 삼으려는 문학은 상당히 이성적이긴 하지만 감성적이란 척도로 지배키는 어렵다. 만약 감성적이란 것을 기준으로 한다면 그로부터 추출된 문학은 음악이나 미술에 비해 훨씬 불순한 예술이 될 것이다. 그보다 예술과는 다른 어떤 것이 될 것이고 예술 보다도 철학에 가까운 현대의 형이상학이 아닌가도 생각할 수 있다.

그런데 문학을 예술의 일부문, 즉 하위개념으로서 이해하는 헤겔 의 서열적인 체계를 고려해 보면 실상 문학 Poesie ─ 포에지에 속 한다고 하겠지만 미술이나 음악의 다음에, 즉 예술의 최후의 영역에 자리해서 종교·철학에 이어진 곳에 놓여진 것으로 이해된다.

2) 기술과의 관련에서 본 문학

이번에는 근본적 논지에서 예술이란 개념 그 자체의 분석에서부터 접근해 본다.

물론 여기서 예술이란 art라든가 Kunst에 대응하는 말이지만 art란 그 유명한 "예술의 길은 길고, 인생의 길은 짧다. *ars longa, vita brevs*"의 art이고 넓게 학예라든가 기술이라는 의미로 쓰여진다. 그 것을 좀더 소급해 보면 '공부한다' 라든가 '조립한다' 란 의미가 떠오 른다. Kunt란 Können으로부터 생겼고 무엇이 될 수 있는 힘, 즉 특 수하게 숙달된 능력, 즉 기술을 뜻한다. 그와 같은 기술의 근대어인 technics의 어원으로서의 테크네 *Techné*는 본래 넓은 기술일반을 포 괄하는 개념으로서 쓰여져 이른바 예술 이외에 수제품·물건·마

28

술 · 건축술 · 변론술 등을 포함한다.

모름지기 중국이나 우리나라의 사정도 비슷하다. 쉽게 생각되는 '동양도덕 서양예술'이란 말의 '예술' 개념을 생각하면 될 것이다. 그래서 그와 같은 숙달된 기술을 가르치고 연수시키는 기관, 즉 기술자로서의 예술가를 양성하는 학교가 만들어지는 것도 충분한 이유가 있다 하겠다.

그런데 흥미있는 것은 미술 · 음악 · 연극 · 사진 · 영화 · 무용과 같은 여러 예술부문의 전문가를 양성하는 기관과 학교는 정규화되어 있지만 문학인—시인 · 소설가 등을 양성하는 경우는 그러하지 않다는 사실이다. 왜냐하면 적어도 문학은 그만큼 예술적이 아니다란 얘기도 된다.

물론 옛날에는 시인의 양성이 가능하다는 생각도 되었다. 이를테면 전통적인 시가의 형성과 전개의 배경에는 당연히 그와 같은 의식이 전제되었을 것이다. 그리고 근대에 와서도 소설과는 달리 배우의 기술 등 무대기술과 내면적으로 깊이 관련되고 있는 희곡창작의 경우는 테크닉의 의식이 두드러져도 이상할 것이 없다.

그럼에도 불구하고 문학 *Poesie*의 창작을 기술의 반대로 생각하는 습성은 옛부터 볼 수 있다. 이미 고대 그리스에 있어서 '테크네'와는 달리 '포에시 *Poiésis*'란 뜻으로 제작이나 창조란 말로 풀이했다. 더욱이 아리스토텔레스(B.C. 384~322)의 ⟨시학 *Poetica*⟩은 그와같은 이름이었지만 근본적으로는 예술은 기술이란 생각으로 일괄되어 詩作(문학창조)을 위한 기술론이 서술되어 있다.

'테크네'와는 달리 '포에시스'란 개념으로 좁히면 Kunst와 Poesie와는 구별된다. 즉 예술은 대체적으로 기술의 일종이라고도 하겠지만 단순한 기술 이상의 무엇이고 특수한 기술이라 하겠다. 그 속에서도 문학의 생산은 더욱 창작적이고 단순한 물리적 생산과는 동떨어진 창조행위 *Poetik*란 논리로 받아들여지고 문학의 창조는 많은 예술 속에서도 가장 정신적인 행위라고 할 것이다.

3) 언어예술로서의 문학과 예술

앞에서 예술과 문학은 어떤 관계가 있는가란 문제를 풀기 위해서 양자는 관계가 없다는 논리를 펴서 '미학'과 '예술'이란 두 개념의 분석을 통해서 접근해 본 셈이다. 여기서 역으로 예술 속에서의 문학의 특수성과 같은 것을 다소 이해하게 되었다고 본다. 그 하나는 문학이 감성적이기보다도 이성적인 성질의 것이 아닌가 하는 것과 또 하나는 문학창조가 기술적 행위와는 달리 정신적인 창조행위란 점 등이다. 모름지기 그러한 특징이 나오는 것은 문학이 초감성적이고 그리고 인간의 의식과는 불가분의 언어로서 성립되는 까닭이라 할 것이다. 따라서 문학을 언어예술로 보게 된다.

문학이 언어예술이란 경우 한국은 물론 한자문화권에서 특유한 '書'란 예술은 어떻게 될 것인가 하는 문제이다. 서구 등에서는 볼 수 없는 '書'란 예술을 흔히 미술의 일종으로 취급해서 이를테면 추상회화로 간주하기도 한다. 실상 書는 보는 것이다. 그러나 먹[墨]의 색·여백·형태·크기 등 조형미술적인 필요에서부터 문자에 1점, 1획이라도 첨삭하는 것이 용납되지 않는다. 비틀어 쓰거나 거꾸로 쓸 수도 없게 문자에 엄격히 제약되고 있다. 그렇다면 문자란 언어를 벗어나서는 성립되지 않는 예술, 즉 일종의 언어예술이란 범주에 들게 된다 하겠다.

그런데 실은 언어야말로 예술의 본질을 가장 잘 간직한 것이라는 견해, 즉 문학은 특수한 예술이란 해석을 부정하는 견해도 있다.

이와 같은 주장으로서 예술도 언어와 함께 '표현'이란 본질에서 같다고 믿고 따라서 언어철학과 예술철학과는 동일하지 않으면 안된다고 주장하는 크로체(1866~1952)가 있다. 단지 그의 경우는 오히려 일반언어학(언어철학)의 미학에의 해소를 지향하고 있지만 그 반대 경우도 있다. 이를테면 모리스(1901~?)로 대표되는 이른바 '예술기호론'이라 총칭되는 이론이다. 그에 의하면 예술은 일종의 언어이고 언어적 기호라고 주장한다. 이 점에서는 앞의 주장과 대립되지만 랑거(1935~?)의 경우도 동물과 다른 인간활동의 기초로 '상징 *symbol*'이란 기능을 갖고 언어와 예술의 본질을 상징으로 다스리는 하나의 종합적인 접근 방법을 제시한다.

이와 같은 견해들을 유념하면서 다시 한번 정리해 보면 한쪽에는 논리학에 가까운 로고스(이성·언어), 즉 사상·철학이라고 할 세계가 있고, 다른 한쪽에는 미학·예술학으로 집약되는 감성이나 기술, 즉 음악·미술 등의 예술이란 세계가 있다.

그렇다면 문학이란 언어예술은 언어란 점에서는 전자의 세계에 속하고 예술이란 점에서는 후자의 세계에 속하게 되므로 쌍방에 관련되게 되고 그 의미로는 二義的이고 이론적으로 해명하게 되면 쌍방 중에 어느 하나에 기울어져야 할 성질의 것이기도 하다. 따라서 문학을 예술의 왕국에서 추방해서 특별 취급해야 한다는 주장이 끊임없이 대두된다.

그러나 인간의 행동을 그 구체적인 전체성으로 파악하려 할 때 이성과 감성이란 양극 분해를 촉진시킬 카테고리와 사고의 원리 등이 재검토되어야 할 것이다.

4) 언어와 논리학

앞에서 본 바와 같은 '예술기호론'의 주장과 같은 것이 하나의 중

요한 시사를 남기고 있다. 즉 그들은 기호 혹은 상징이란 개념을 주
축으로 해서 인간활동의 전체를 파악하고자 한다. 이때 이와 같은 기
호 혹은 상징이란 기능의 원형으로 주의할 것은 인간의 행동은 인간
의 언어활동일 것이다. 그런데 실은 '예술기호론'의 입장을 넘어서
말할 수 있을 것이지만 그 언어활동이야말로 인간을 다른 동물과 구
분하는 指標的 행동이며 인간에게 고유한 근원적인 실천이다.

이와 같은 의미를 갖는 언어의 논리는 인간사고의 형식과 관련되
어 이른바 형식논리학을 그 내실로 하는 논리학으로 파악해 왔다.
즉 고대 그리스 아리스토텔레스 이후 그와 같은 것이었다 해도 좋을
것이다.

그러나 인간의 실천과 불가분의 주체적인 언어활동의 논리가 이른
바 논리학의 방향으로만 파악될 때, 거기에는 이미 어떤 종류의 극한
적인 抽象化가 행해진다고 보아야 할 것이다. 확실히 그렇게 함으로
해서 언어의 논리나 법칙성은 순수화된 모습으로 이해되지만 그러나
언어활동의 인간적인 구체성과 현실성이 捨象되어 오히려 인간활동
으로서의 언어의 현실에서 동떨어지게 될 것이다.

그러나 언어가 인간의 주체적인 실천활동이라면 그 논리법칙성을
추구하는 학적 인식은 객관주의적인 존재론에 흡수되는 것 같은 논
리학 속에 해소되어서는 안된다. 역으로 말하면 그와 같은 것에 경도
하기 쉬운 논리학에 의해서 충분히 다룰 수 있는 논리는 추상화된 언
어활동의 논리이고 언어 고유의 본래적인 논리는 아니다.

딴 표현으로 한다면 이성이라든가 감성이라고 하는 양극적인 파악
방법 자체가 하나의 추상이고 오히려 현실적인 인간활동의 전체를
꿰뚫어 움직이게 하는 것은 그와 같은 추상화 이전의 양자가 통일된
어떤 것이라 할 것이다. 그리고 언어가 그 통일되어진 의식상황에 대
응한 활동인 것은 확실하다.

따라서 그와 같은 언어의 전체적인 법칙성·논리를 파악할 수 있는 언어의 논리학, 이성의 논리학이 스스로의 내부에서 파생된 새로운 논리학이 대두되고 있는 셈인데 이와 같은 것에 의하지 않고는 쉽사리 해명될 수 없을 것이다.

흔히 논리학의 원조는 아리스토텔레스이고 아직도 논리학은 그를 빼고 거론할 수 없을 정도이다. 그리고 아리스토텔레스의 논리학은 단순한 형식적인 것이 아니고 그리스의 존재론에 연결되어 전개되고 거기서 적극적인 의의가 있게 된다. 그러나 동시에 거기에 바로 문제점이 포함되기도 한다.

어쨌든 아리스토텔레스에 있어서 논리학은 '올가논 *Organon*', 즉 철학이 아닌 기관, 도구라고 해석하기도 했다. 즉 기술이 되는 셈이다.

이와 같은 파악방법과 대응해서 그에게는 논리학과는 달리 언어의 기술 = 논리를 추구하는 학으로서의 <아르스 레또리카 *Ars Rhtorica*>란 저서가 있다. 물론 그 배경에는 웅변술 등이 기술로 파악되고 詩作(문학창조)도 또한 기술로 파악되었던 고대 그리스의 현실과 오늘날의 현실과는 다르다. 그러나 일반적으로 언어를 파악할 때 거기서 인간의 주체적 실천이란 기본선을 따르면 기술론이 크게 어필하게 된다. 이 뜻으로 보면 언어·논리에 기술의 표상을 포함하면서 다양한 논리뿐 아니라 포에틱의 논리도 문제로 했던 아리스토텔레스의 활동은 역시 크게 시사적이었다 할 것이다.

예술과 문학의 관계의 참다운 파악은 지금까지의 혼미를 넘어서서 ㄱ 시녕선상에 널리 열릴 것이다. 역으로 문학의 연구는 그 개척을 위해서 가장 유력한 무기가 될 것이다. 왜냐하면 문학, 특히 인생이나 현실과 더불어 가장 밀착된 산문예술은 그와 같은 것으로 우리들 생활 속에 숨쉬고 있기 때문이다.

4. 문예사조

1) 문예사조의 흐름

문학은 끊임없이 유동 변화해서 멈춤이 없다. 예술이란 창조이고 창조란 낡은 패턴을 파괴하고 독자적인 새로운 것을 만들어 내는 것이다. 그와 같은 문학·예술의 총체로서 바라볼 때 당연히 그것은 변화의 모습으로 드러난다.

그 자체로 완결된 하나의 우주로서 존재하는 훌륭한 작품들을 연상한다면 문학사는 위대한 걸작이 역사를 초월해서 건재함을 보여줄 것이다. 그러나 그것은 동시에 역사의 정점으로 나타나게 마련이고 우리들은 군소작품까지도 포함해서 분명히 낱낱의 변화를 초월한 시대의 패턴을 인정할 수 있고 그와 같은 패턴의 변천으로서 문학사를 정리할 수 있게 된다. 개체의 변화는 반드시 산산조각으로 흩어진 것으로 나타나는 것이 아니라 반드시 하나의 흐름으로 출현한다고 보아야 할 것이다.

'문예사조'란 그와 같은 흐름을 크게 정리할 때 쓰여지는 말인데 그것은 작품 속에 인식되는 사상을 추출, 정리했다기 보다도 같은 경향의 작품을 낳은 정신의 공통성에 대해서 쓰이는 말이라 하겠다.

하나의 시대에는 어느 정도 공통적인 정신의 지향성이 있다. 그 속에 또한 대립하는 다른 정신의 흐름이 많다. 그와 같은 정신의 움직임 위에 문학의 성격은 어느 정도 집합적으로 나타나게 되는데 文藝思潮名은 흔히 그 공통적인 정신 지향성을 추출해서 명명된다. 다양한 작품의 전부를 단일한 思潮名에 의해서 정리한다는 것이 물론 손쉬운 것이 아니지만 우리들은 거시적으로 문학사를 어느 정도까지 문예사조로서 정리할 수가 있다.

그런데 지역 단위를 벗어나 세계를 단위로 한 문예사조를 공통으로 묶어서 보편적인 문예사조의 법칙 같은 것을 만들 수 있을까 하는 문제이다.

가령 한국 문예사조, 프랑스 문예사조, 영미 문예사조와 같은 것이 있고 그런 문예사조류가 활발히 출판되고 있다. 또한 유럽과 같이 그리스·라틴의 문학을 공통적인 고전으로서 상호 교류가 활발한 공통 문화권으로서 거의 같은 법칙으로 문예사조의 추이를 지적할 수가 있다. 또한 한국의 근대와 같이 서구문화의 영향을 밀접히 수용한 사회에 있어서는 문학도 유럽의 사조를 거의 그대로 받아들여 투영된 경우도 있다. 그러나 유럽과 아시아를 사조적으로 대응시켜 묶는 것은 어렵고 같은 아시아에 있어서도 한국과 중국 그리고 일본 등과 일괄해서 문예사조를 엮을 수도 없다.

문학의 발생에 관해서는 세계적으로 상당히 공통적인 상황을 볼 수 있고 그후 장르 전개에서도 통일성이 발견된다 하겠다. 그러나 그 이상으로 문화권, 언어권에 의해서 제각기 독자의 전개를 보여줌으로써 하나로 묶는 것은 몹시 어렵다.

그러나 상호교류가 활발한 유럽 문화권에서는 분명히 공통적인 사조의 추이가 엿보이고 그 문화권이 딴 세계로 확대되어 거기에 또 하나의 공통적인 사조가 나타남을 분명히 확인하게 된다. 문예사조는 근대에 이르러 겨우 상호 교류를 통해 세계적으로 어떤 동일성을 지니기 시작했다 할 것이다.

그것은 문예사조가 시대 사회의 성격과 밀접한 관련이 있음은 물론, 동시에 문화 전통의 힘에 의해서 발전되고 있다는 것을 실증하는 셈이다. 그것은 여하튼 문예사조를 세계를 단위로 할 정도로 공통적으로 서술할 수 있는 것은 근대문예사조에 국한되게 한다. 그 경우 유럽 문예사조의 전개가 설명의 중심이 되는 것은 당연하다 하겠다.

실제로 문학활동이 논리적인 주의주장에 의해서 행해지든가 혹은 창조와 이론이 겸비해서 전개되는 상황은 유럽의 근대로부터 비롯되고 있다. 그 시발은 17세기 중엽의 프랑스에서 일어나 얼마 후 서구 각국으로 전파된 것이 이른바 고전주의문학인 것이다.

실상 고전주의의 이름과 개념은 다음에 일어난 낭만주의의 대응물로서 18세기 말에 확립되기 때문에 엄밀하게는 낭만주의에서부터 문예사조시대라고 할 만한 시대가 비롯된다고 할 수 있을 것이다. 그러나 17세기 후반의 프랑스에 있어서 이른바 고전주의문학은 상대적인 이름을 내걸지 않고 그리스·로마의 고전을 표본으로 정통문학의식 ― 문학이론에 이끌리어 일어나고 있기 때문에 일단 여기서 의식적 문예운동의 출발로 보아도 좋을 것이다. 곧이어 그것을 부정하는 형태로 낭만주의가 생기고 또한 그것과 대립해서 사실주의가 나타나고 그 극점으로 자연주의가 나온다는 식으로, 유럽의 문학사는 몹시 명확한 사조적 질서를 갖고 발전되어 온 것이다. 여기에 비해서 우리의 경우는 전반적으로 자각적인 신문예사조운동이 비롯된 것은 20세기 초반에 와서 서구의 충격을 받은 시기로 간주된다.

또한 서구에 있어서 서구문예사조는 思潮名을 단순히 귀납적으로 시대 혹은 유파의 이름으로 그치지 않고 그것을 갖고 문학 분류의 보편 원리로 삼으려는 의욕이 강하다. 이를테면 고전주의와 낭만주의가 대비적으로 논리화된 것은 18세기 말의 일이다.

이와 같은 상식을 갖고 유럽의 중요한 문예사조에 대한 해설을 전개코자 한다.

2) 주요 문예사조의 전개

가. 고전주의

고전주의는 17세기 중엽에 절대적 신분제를 배경으로 먼저 프랑스에서 일어난 문학사상으로 협의로는 루이 14세 시대의 20수년간의 문학이 그것에 해당된다. 그러나 이 사상은 영국, 독일, 러시아에 전파되어 17,8세기에 있어서 유럽의 주요한 문예사조로 되었다.

프랑스에서는 라신느, 몰리에르, 꼬르네유 등, 영국에서는 포오프, 독일에서는 쉴러, 괴테, 러시아에서는 로모노소프 등이 고전주의 작가로 꼽힌다.

앞에서 잠시 언급한 바와 같이 고전주의란 이름은 뒤의 낭만주의 대두기에 비로소 확립되기 때문에 문학운동으로서의 그 존재를 의문시하는 경향도 있다. 고전주의는 그리스·로마의 고전을 존중해서 균형이 잡힌 예술미를 주구하는 공통적인 자의식이 두드러진다. 그 정신적인 특색을 말한다면 데카르트의 합리주의로 대표되는 것처럼 理性 존중이 강조되고 良識, 자연스러움, 조화, 사교정신 등이 핵을 이룬다. 그리고 경시되는 것은 이성의 질서를 파괴하는 감정·서정·상상력 등이 어필한다.

이와 같은 지향성이 전형적으로 나타난 것은 프랑스이고 그것은 프랑스 희곡이 아리스토텔레스의 극작법을 엄밀히 준수하려는 형태로 드러난다. 이와 같은 형식 존중은 모름지기 절대왕제하의 질서 감각에 대응하는 것으로 생각되지만 딴 나라에서는 이 정도의 전형적인 표현방식은 볼 수 없다. 그러나 르네상스에 의해서 개발된 지적으로 명석한 그리스 고전과 그 헬레니즘의 자극에다가 다시 새롭게 발전된 理性 절대주의와 결합된 고전주의적 풍조는 일단 17,8세기 유럽문학의 주요 경향으로 된 것이다.

그리이스 고전의 성격과는 밀접한 관계에 있는 이 고전주의사조는 일반적으로 다른 문화권에서는 아무런 대응물도 좀처럼 찾기 어렵다.

나. 낭만주의

낭만주의는 18세기 말에서부터 19세기 초에 걸쳐 독일, 영국, 프랑스 등의 유럽에서 거의 때를 같이 해서 일어난 큰 문학운동이다.

독일에서는 슐겔형제, 영국에서는 워즈워스, 콜리지, 프랑스에서는 샤토브리앙, 스달부인 등이 그 운동의 출발점으로 되었던 인물들이다. 이 운동을 일으킨 근원은 자유주의, 개인주의의 깃발을 내건 신흥 시민사회의 정신에 있었고 그런 뜻에서 보면 이 운동의 사조적 선도자는 17세기의 후반에 인간의 자유와 자연의 완전성을 풀이한 프랑스의 루소일 것이다. 고전주의문학이 절대왕제하의 질서감각에 대응하는 문학이었다면 이것은 그 전통을 파괴하고 개체의 개방을 추구한 신흥 시민계급의 문학이었다고 생각할 수 있다.

따라서 이것은 詩의 동서를 불문하고 근대 자본주의사회의 출발기에 상당히 보편적으로 나타나게 되는 문학정신이지만 그 구체적인 형태는 사회의 구조, 전통, 민족성 등에 따라서 다양하다. 그것은 반항적, 혁명적 성격이 강한 것도 있고, 도피적 · 몽환적 성격인 것도 있고, 감상적 · 낙천적인 것도 있고, 절대적 · 퇴폐적인 뉴앙스의 것도 있어서 한결 같지 않다. 그러나 어떤 틀에 구애됨을 거부하고 현실적이기 보다는 주관적이고 심정의 개방과 상상력의 앙양을 특색으로 하는 점에서는 어느 것이든 비슷하다.

서구에서는 이것이 고전주의적 문학규범에 대한 반항이란 형태로 나타나고 특히 고전주의의 힘이 거센 프랑스에서는 고전파와 낭만파의 대립이 격심해서 위고의 <에르나니> 상연이 성공함으로써 낭만파는 결정적인 승리를 얻게 되었다. 낭만파의 터전인 독일에서는 이른바 질풍노도의 운동을 선구로 해서 헤르다링, 노바리스가 신비와 몽환의 세계를 현출시키고 후세 낭만파로서는 호프만, 그림형제 등이 활동했다. 한편 영국에서는 前記한 워즈워스, 콜리지를 위시해서 바이론, 셸리, 키츠 등의 시인, 그리고 소설가 스콧트 등이 낭만파로 꼽힌다. 프랑스의 낭만파인 라마르띤느, 위고, 뮛세 등은 바이론, 스콧트 등의 영향하에 나타나고 있다. 이와 같은 유럽의 낭만주의 물결은 다시금 이태리, 화란, 덴마크, 스웨덴, 러시아로 파급되고 가장 뒤늦게 미국으로 번져갔다.

전반적으로 말한다면 1789년에 프랑스혁명에 의해서 상징적으로 시작한 근대시민사회의 이상과 꿈을 안고 순식간에 전 유럽을 석권한 낭만주의운동은 1815년경부터 거세게 분 저항 속에서 환멸, 염세, 자조 등의 색조를 깊이 띠면서 점차 쇠퇴해서 1840년 경에는 더욱 현실적인 사실주의의 문학으로 전화되어 간다. 낭만주의자 가운데는 스스로 생명을 위축시키거나 발광하거나 절망적인 행동으로 빠진 자가 많았다. 즉 정신과 시대의 갈등과 비극이 크게 드러난 셈이지만 신대륙의 미국에서는 에머슨, 휘트만, 마크 트웨인 등의 긍정적 · 이상주의적 · 낭만정신이 충분히 개화했다.

낭만주의를 넓은 의미로 말할 때 사실주의의 뒤에 나오는 세기말의 탐미주의적 문학도 네오 로맨티즘으로 일괄한다. 그리고 낭만적 경향이라 할 때 셰익스피어, 라블레 등의 르네상스문학도 낭만문학이라 부른다.

다. 사실주의와 자연주의

19세기 후반에는 전반의 낭만주의에 대신해서 유럽문학의 주류가 된 것은 사실주의 내지 자연주의이다. 이것은 문학의 왕좌가 시에서 산문으로, 특히 소설로 바뀌었음을 의미한다. 사실주의는 본질적으로 소설에 가깝고 시와는 인연이 없는 것으로 생각된다.

사실적 경향으로는 디포의 <로빈슨 크르소>(1719)로 소급될 수도 있지만 근대 사실소설의 토대를 구축한 것은 1830년 이후에 프랑스의 발작, 스탕달의 활동에서 본격화되었다. 그들은 물론 낭만주의적인 일면도 갖고 있지만 현실묘사에 철저해서 사실적 수법을 쓰고 그 연장선으로 플로베르의 획기적인 사실소설 <보봐리부인>(1856)이 나온 것이다.

이 사실주의는 글자대로 객관적 실재를 존중하는 사상이고 낭만주의가 봉건적·중세적 질서에서 인간을 해방하려는 근대 시민사회 초기의 주관적 정념을 대표하는 운동이었다고 한다면 이것은 근대사회가 실질적으로 인간을 만물의 영장으로 키운 무기로 육성한 과학주의·실증정신의 문학에로의 반영이었다고 할 것이다.

이와 같이 사실주의문학의 과학적 관찰에 의해서 인간을 그린다는 사실주의 방법의식은 발작에서 플로베르로 그리고 공꾸르형제로 발전되어 갔다. 또한 그들에게서 결정적인 영향을 준 사람이 바로 테느, 르낭인 셈이다.

이와 같은 사실주의의 흐름을 더욱 명확히 자연과학의 방법과 연관시켜 자연주의문학 이론을 확립한 것은 에밀 졸라이다. 그는 베르나르의 <실험의학서설>의 방법론을 그대로 옮겨서 <실험소설론>(1880)을 쓴 것은 유명하지만 소설을 곧바로 과학상의 실험으로 적용한 설은 이론상으로는 다소 조잡하다고도 할 수 있다. 그러나 졸라에게 주목되는 것은 그 작품의 배후에 이상주의 정신이 맥맥히 흐르고 있는 점이며, 거기서 당대의 과학주의에 수반되어 있던 밝은 인생개량의 정념이 투영되고 있다는 사실이다.

이 졸라의 주변에는 졸라와는 달리 염세적이고 회의적인 모파상이나 염세관으로부터 종교로 변신한 작가도 있어 자연주의는 대체로 1890년 경에는 끝나게 된다.

사실주의는 프랑스에 이어 전 유럽에 성행되어 디킨스, 데커리(英), 후타이다크(獨), 고고리, 트르게네프, 도스도예프스키, 톨스토이 (露) 등이 등장해서 19세기의 소설 황금시대를 형성한다.

라. 상징주의

사실주의가 산문예술의 사조인데 비해서 상징주의는 주로 시의 대표적인 사조이다. 1857년에는 플로베르의 <보봐리 부인>과 보들레르의 <악의 꽃>이 프랑스에서 출판되었지만 소설에 있어서 사실주의의 출발점이기도 했다.

이 <악의 꽃>의 상징시풍은 얼마 뒤 말라르메, 랭보로 이어져 특히 말라르메에 의해서 상징주의는 하나의 이론으로서 완성된다. 이 역사는 대체로 자연주의와 평행하게 움직인 셈이지만 자연주의가 쇠퇴한 뒤에도 상징파들은 꽤 많이 활동했고 상징주의 연극 등도 출현했다. 20세기 최후의 상징주의 시인은 발레리가 꼽힌다.

상징주의는 와그너 등의 음악과 밀접한 관계를 갖고 있고 시로부터 산문적 요소를 되도록 배제하고 그것을 극도로 음악에 접근함으로해서 시의 순수성을 확립하려고 한 운동이다. 따라서 이것은 산문과의 대립에 의한 시의 자의식의 정점이라고 하겠고 언어의 의미성을 배제하고 그 音表性을 최대한으로 살려 섬세한 감성적 세계를 창조키 위해서 냉정한 언어의 연금술사가 되는 것을 시인의 영예로운 임무로 삼았다. 상징시가 발레리로서 끝났다고 하는 것은 언어 구사의 한계에 도달했다는 사실을 뜻하지만 그것이 형태를 바꾸어 현대시에 연결된다 하겠다.

이 프랑스의 상징주의는 미국의 포우의 영향을 강하게 받고 있지만 여기서부터 다시 영국, 독일, 스위스 등으로 전파되고 있다.

마. 세기말적인 문예사조

앞에서 본 문예사조들은 17세기부터 19세기에 걸친 유럽중심의 주요 문예사조들이었다. 더 자세히 보면 더 세분될 수도 있지만 그 필요성을 느끼지 않는다.

이 이후의 문예사조는 한 시대를 지배하리만큼 큰 사조는 거의 나타나지 않게 된다. 사회의 다층화 경향과 함께 그 흐름은 복잡해지고 전체적으로 문학의 개성화 경향이 강해진다.

그 속에서 극히 주요한 문예사조에 대해서 간단히 언급한다면 우선 19세기 말의 문예사조로서는 영국의 와일드로 대표되는 탐미주의의 흐름이 있다. 정체된 사회를 배경으로해서 퇴폐적인 미적 탐닉이 강하게 전파되어 세기말문학이라 불리게 되었다.

20세기에 접어들어 프로이드의 심층심리학이나 베르그송의 순수시론의 형이상학의 영향하에서 도스토예프스키의 작품에 자극되어 심리주의(의식의 흐름)의 문학이 나타난다. 제임스 죠이스의 ＜유리시즈＞(1922)·푸르스트의 ＜잃어버린 시간을 찾아서＞(1913~1927)가 그 대표작이다.

같은 프로이드의 영향하에서도 독일에서는 제1차세계대전(1914~1918)에 걸쳐서 표현주의가 유행되고 미술에서부터 시, 극, 소설에 이르기까지 풍속과 과거의 예술전통을 거부하는 새로운 표현기술을 개척했다.

한편 戰中·戰後에는 대전에 의한 파괴감각을 기반으로 스위스, 독일, 프랑스, 미국 등에서 기존의 예술형식의 일체를 파괴하는 다다이즘의 운동이 일어난다 (주로 그림과 시). 거기서부터 프랑스의 다다이스트인 브르똥, 아라곤, 엘뤼아르를 중심해서 1924년경부터 쉬르리얼리즘(초현실주의)의 운동이 일어났다. 이것도 프로이드와 관련이 깊고 무의식의 표현을 겨냥해 自動記述을 시도하게 되어 비합리, 우연, 무의미 등이 중시되고 예술표현의 세계가 크게 확대되었다.

여기서 포괄되는 것으로는 큐비즘, 미래주의, 표현주의, 다다이즘, 구성주의 등으로 확대될 수 있다. 이와 같은 운동은 근대사회의 혼란과 심리학, 정신분석에 의한 인간의식 탐구, 특히 프로이드의 영향에 의한 심층의식, 잠재의식에 대한 도전으로서 기성의 모든 가치를 부정하고 파괴하려는 데 있었다.

특히 문학분야에서는 쉬르 리얼리즘으로 활발한 모습을 보여 反自然主義的 경향과 심층 세계의 근원적인 형상을 추구했다. 따라서 아방 가르느(선위)의 주종을 이룬 쉬르 리얼리즘의 정체에 대하여 다소의 이해가 필요하다.

그것은 직접적으로는 다다이즘의 계승과 반작용으로 생겼지만 1924년 부르똥의 '쉬르 리얼리즘 선언'에서 출발되고 그 뒤 급진적인 사회적 관심을 표방하게 됨과 동시에 여러 유파로 탈바꿈을 보게 되었다.

특히 쉬르 리얼리즘은 해학, 경이, 광기, 자동기술법 등 다양한 기법으로 인간 심리의 내면적 힘을 전면적으로 회복함을 지표로 삼았다. 그러나 그 운동의 최대한의 해방의 탐색은 쉽사리 성취되었다고 할 수 없다.

바. 사회주의 리얼리즘

프로이드의 심층심리학과 더불어 20세기에 가장 거센 영향을 준 것은 마르크스 사상이었다. 이 사상으로 선도되었던 좌익계문학, 특히 1917년 러시아혁명을 계기로 널리 파급되어 하나의 거센 조류를 형성하게 되었다. 그 중심은 소련이었고 그 내용은 단순한 정치주의 이데올로기 만능론에서부터 플레하노프파의 이원론을 거쳐 1932년부터 34년에 이르러 이른바 사회주의의 이론이 확립되어 이후 좌익문학의 공식적 지도이론으로 알려지고 있다. 이와 같은 사회주의와 리얼리즘과의 양자 결합은 전형적 이론이고 이것은 이데올로기 만능론보다는 훨씬 유연한 것으로 알려졌지만 그 적용방법에 있어서 상당한 논란과 비판이 되풀이되었다. 최근에 와서 마르크스의 소외론을 주축으로 하는 문학론이 활발히 제기되고 있는 점도 주목할 일이다.

이른바 사회주의 리얼리즘은 RAPF(소련 프롤레타리아 예술동맹)이 활동을 보게 되는 셈이지만 1931년 만주사변을 계기로 스스로의 비판과 외세에 의해서 해체되었음을 본다.

사. 실존주의

제2차세계대전 후에 두드러진 문예사조는 프랑스의 사르트르, 까뮤와 독일의 카프카 등에 의해서 주장된 실존주의문학이다. 이것은 우리나라의 50년대 전후문학에도 상당한 영향을 주었다. 그러나 전체적으로 보면 사조적인 통일성이 결여되었던 것이 전후 세계문학의 전반적 경향이었다고 할 것이다. 이것은 인간을 점차 기계화시켜 가는 현대의 사조적 특징인지도 모른다.

어쨌든 하이데커의 〈존재와 시간〉(1929)에서부터 이름이 유래되었다는 실존주의는 파스칼, 키에르케고르에서 싹이 튼 사상으로서 훗셀의 현상학에서부터 영향되어 하이데커, 야스퍼스에 의해서 철학으로 독립했다.

그런데 사르트르에 의해서 "존재는 본질에 선행한다"고 실존주의를 설파한다. 전적인 無로서의 인간존재에 의미가 있게 되는 것은 그가 주어진 상황에 전적으로 '참여'하고 있는 한계이며, 개인적인 의지에 의한 선택이 거기에 전제되고 있는 점을 착안해서 사르트르는 실존주의를 휴머니즘이라고 했다.

그러나 실존주의는 키에르케고르, 마르셀과 같은 유신론에 근거하기도 하고 사르트르와 같이 무신론에 서는 입장도 있다. 일반적으로 실존주의 문학이라고 하면 사르트르, 보봐르 등 이 철학에 입각한 문학활동을 지칭한다.

5. 문학의 형태

1) 장르의 개념

장르는 프랑스어로 genre란 것이다. 영어로는 germus, 독일어로는 Gemus이다. 이들 말은 어느 것이든 genus에서부터 나왔다. 즉 종류란 뜻이다. 영어로는 genre, 독일어로 Gener란 말을 쓰기도 하지만 이것은 프랑스어로부터 전용된 말이다. 장르란 말은 본래 박물학의 분류용어로 쓰여졌는데 박물학의 분류는 현재 약 70만여의 분류체계를 갖고 있다 한다. 그 분류체계는 門, 綱, 目, 科, 屬 *Germus*, *genre*, 種의 각 단계가 있다.

그런데 본래 자연과학의 분류용어였던 장르를 문예로 전용해서 진화론을 도입, 장르의 존재, 정착, 변용, 전이, 변형의 5문제를 제기한 것은 프랑스의 문예사가인 브륀데에르(1849~1906)이었다.

그에 따르면 門, 綱, 目, 科, 屬, 種과 같은 단계적 체계를 통일관점으로 해서 장르를 본 것이 아니라 상위, 하위란 상·하의 관계로 분류해서 그 사이에 진화론적인 분화발전의 모습을 본 것이다.

이와 같은 진화를 기반으로 한 분류법이긴 하지만 서정시, 서사시, 희곡의 3대 장르를 설정한 것은 프랑스의 에르네스트 보베(1870~?)이었다.

서정시의 주대상은 신·연애·자연이고 감정이 충만하는 젊음이 그 본령이다. 서사시의 주대상은 인간이나 집단이 다른 인간과 집단과의 싸움에서 자기의 권리를 주장하는 모습이고 활동적이고 정복적인 성숙한 모습이다. 희곡의 주대상은 자기 자신과 싸우는 인간이고 개별적인 무상의 존재와 보편적인 영원의 법칙과의 상극이 다루어진다. 거기서는 다양한 행로나 의무의 갈등, 당면한 현실과 새로운 이상과의 갈등이나 양심의 가책이 상승된다. 이와 같은 세 개의 장르에 대해서 보베는 이 3단계가 개인에 의해서 체험되는 것인 동시에 사회가 시대의 추이에 따라서 경과하는 것이라 풀이했다. 즉 거기서 이론적 진화의 과정이 엿보이고 각 시대는 정상적 발전에 있어서는 서정시—서사시—희곡의 순차로 뒤바뀌게 된다.

이 3대 장르설에 대해서 다시 소설을 첨가해 장르설을 주장한 사람은 독일의 미학자 헤르만 고헨(1842~1918)이다. 그는 시적 표현의 일형식으로서의 소설에 독립적 지위를 부여했다. 사건을 서술하는 점으로 보면 소설은 외형상 서사시에 가깝지만 내면적으로 보면 오히려 서정시에서 발전된 형태로 볼 수 있다.

이밖에 리차드 그린 모울톤의 <문학의 근대적 연구>(1933)에서 보여준 '문학형태론'은 또 다른 특색이 있다. 그는 원시적 문학형태의 근본적 요소로서의 민요 무용에서부터의 발전의 동서남북으로서 서술·표출·시·산문을 들고 문학형태의 6개 요소로서 서사시, 서정시, 희곡, 역사, 철학, 웅변 등을 들었다.

2) 장르의 발달

자연과학의 분류개념을 탈피한 장르가 제재나 내용과 형식 그리고 작품 형성의 양태 등에 있어서 일정한 공통적인 특징을 갖는 작품군으로서 파악될 때 그 장르에는 과연 발전이 있을까. 이 과제에 답하기 위해서는 문학 그 자체의 구조와 문학이 형성되는 기구에서 생각할 필요가 있다.

문학은 창작주체에 의해서 형성되고, 독자를 예상한다. 그 창작주체도 그리고 독자도 시대 발전의 一時點을 점하는 존재이고 인간사회를 구성하는 일원임을 잊을 수 없다. 이런 뜻에서 역사적으로나 사회적으로 규제된 시대양식에서 소외될 수는 없다.

역사적·사회적 요인을 감안해서 시대가 요청하는 문학이 창작주체를 자극하고 문학의 수용자에게 영향력을 갖고 문학의 특정한 장르가 우위에 서는 것은 쉽게 생각될 것이다. 이와 같이 유동의 모습에서 파악되지 않으면 문학의 장르는 아무리 작품군의 특징으로 정리되어 파악되더라도 그것은 문학의 외형에 불과한 것이다.

이를테면 20세기 후반에 있어서 문학의 장르 속에서 우위를 점하는 것이 언어형식을 주체로 생각해서 운문인가, 산문인가, 또한 표현대상을 주체로 생각해서 세계문학적인 것으로 가느냐 역사문학적인 것으로 가느냐, 또 한편으로는 표현양태를 주체로 생각해서 고전적으로 말하면 서사·서정·극적인 것의 어느 쪽으로 갈 것인가 하는 관심을 갖게 된다. 인간유형이 정신과학·문화과학적 인간에서 자연과학적 인간의 요소를 강하게 가미해 가는 것은 필연적 추세이기 때문에 문학의 장르에 있어서도 산문이 우위에 서는 논픽션의 요소가 강해질 것이 예견된다. 또한 세계문학적인 것이 우위에 선다고 할 것이다.

　그럼에도 불구하고 현실의 인간 존재방식과 문학적 진실은 반드시 같은 모습으로 결합하는 것이 아니기 때문에 문학에서는 오히려 현실적인 것을 소외하고 인간의 마음 속 깊이 엿보이는 이상적(비록 그것이 환영과 같은 것이라 하더라도)을 꿈꾸는 것과 같은 점으로 지금까지의 문학 장르와는 전혀 다른 데서 우위를 찾을 수 있을른지 모른다. 그리고 장르의 뒤바뀜이란 것도 형식적·도식적인 것으로 생각하기 어렵다. 장르를 형성하는 작품군은 미묘한 異質을 포함해서 교체된다. 문학에서 장르의 뒤바뀜, 발전해 가는 양상은 미묘한 뉴앙스의 차이를 감지하지 않을 수 없다.

　시대양식을 만들어내는 것은 인간이고 장르의 발전은 그와 같은 인간이 만든 시대정신이나 시대양식의 자율적인 요소에 의해서 행해진다. 더욱이 메카니즘은 창작주체의 개성에 의해서 움직여지기 때문에 문학의 장르의 역사적 전개는 단순치 않고 천태만상이다. 때문에 자연과학적인 발생적 장르 개념은 적용키 어렵다. 또한 단순한 범주론적 도식화로는 그 실체를 파악할 수 없고 생생한 모습 속에서 거기에 내재하는 의의와 생명을 이해하고 享受하지 않으면 안된다.

제2장

시문학이론

1. 시란 무엇인가
2. 시의 분류
3. 시의 요소

1. 시란 무엇인가

　　우리 시문학사에 있어서 시에 대한 정의는 주로 서구의 시문학 내지 그들의 시론에 의지해 왔음이 사실이다.

　　서구에서의 시의 출발은 그리이스어의 Poiesis로 보고 있다. 그 말에는 행동과 창작의 뜻이 담겨 있다. 또 시인을 일컫기를 Poeta라고 했는데 이 말에도 창작하는 사람의 뜻이 담겨 있다고 한다. 그러므로 시나 시인은 어원적으로 같은 뜻을 가지고 있음을 알 수 있다.

　　시와 시인의 관계를 문덕수 편저의 <세계문예대사전>에서 살펴보면 다음과 같다.

　　고대 그리이스에서는 시란 집을 짓고 불을 붙이고 농사를 짓는 일과 동등한 일로 보았으며, 시인이란 논밭을 갈아서 일하는 대신에 주문을 외어 비를 내리게 하고 수확의 감사를 노래하는 데 전력을 다한 사람이었다. 이런 뜻에서 시인은 구체적인 시작품, 즉 포에마

*Poema = Poem*을 만들어내는 제작자이며 기술자이나, 또 한편 내용면에서는 포에마의 본질인 포에시스 *Poesis*는 인간의 最高善인 행복의 문제, 즉 윤리적 내용을 포함하므로 모방자 *mimeta = imitator*이기도 하다. 아리스토텔레스는 시인의 이같은 이원성에 입각하여 포에타 *poeta*와 미메타 *mimeta*를 병용했다. 또한 플라톤은 시인을 진리에서 3단계는 먼 모방자라 했다. 즉, 책상·집 등의 사물의 이념을 만든 신인 창조자 *creator*가 있고, 그 이념에 따라 실제의 책상, 집 등을 만드는 제작자 *maker*가 있고, 그 제작자의 제작물을 모방해서 그림을 그리고 언어로 모방해서 노래하는 시인이 있다는 것이다.

이런 시의 발생 기원 및 시에 대한 개념은 동양에서도 동일성 *identity*을 지니고 있다. 우리 시문학사에서도 시의 발생이란 영고·동맹 등에서 열리는 제천의식에서 싹터 왔음을 볼 수 있으며, 시가 가지는 '창작'의 의미도 그들과 같음을 알겠다.

동양 일원에서 공통되어 쓰는 '詩'라는 한자의 구조를 보면 '言'과 '寺'의 합자임을 알 수 있다. '言'은 모호한 소리인 '音'이나 말을 나타내는 '談'이 아닌 '분명하고 음조가 고른 말'을 뜻한다. '寺'는 '持'와 '志'의 뜻을 가지고 있다. '持'란 손을 움직여 일하는 것을 말하며 '志'는 '우리의 마음이 어떤 대상을 향해서 곧게 나아감'을 일컫는다. 그러므로 '손을 움직여 일한다'라는 뜻을 가지고 있는 동양의 시 개념에도 서구와 같은 창작이나 행동의 뜻이 담긴 동일성을 지니고 있음을 알 수 있다.

시의 어원과 같은 것은 우리가 쉽게 밝힐 수 있다. 그러나 "시란 무엇인가"라는 정의를 내리기에는 그렇게 쉽지 않다. 이 점은 엘리엇의 '시에 대한 정의 역사는 오류의 역사'라는 말에서도 잘 대변해 준다. 이 말은 상대에 따라서, 시인에 따라서, 시의 종류에 따라서 시를 보는 안목이 다 다름을 말해 준다. 그러므로 지극히 상식적인 시에

대한 정의를 내린다면 우리는 다시 사전을 들춰볼 수밖에 없다. 이상
섭은 <문예비평용어 사전>에서 "시에 대한 가장 간단한 정의는 소
설·희곡·일반 산문이 아닌 글"이라고 밝히고 있다. 이 말은 詩와
文의 구별을 의미한다. 시와 산문은 다 민요 무용 *ballad dance*에서
출발했지만 시는 음악적 요소가 더 많이 깃든 쪽으로 흐르고, 산문은
철학·역사·웅변과 같이 토의가 본질인 쪽으로 갈리게 되었다. 그
런 면에서 아리스토텔레스가 "시는 운율에 의한 모방이다 "라고 한
말을 깊이 새겨볼 만하다.

좀더 쉽게 시의 정의를 좁혀보면 오늘날 우리가 말하는 시란 서정
시를 일컫는다고 할 수 있다. 이런 시를 우리는 대개 세 가지 관점에
서 살펴보는 것이 통례이다. 첫째는 기능·효용면에서이고, 둘째는
내용과 형식의 구별에서, 셋째는 구조나 구성 과정에서 시를 보는 견
해이다.

> 시 3백 수에는, 한 마디로 말한다면 사악함이 없다.
> (詩三百 一言而蔽之曰 思無邪)　　　　　　　　─ <論語 · 爲政篇>

> 임금을 사랑하지 않고 나라를 걱정하지 않는 것은 시가 아니며, 어지
> 러운 시국을 아파하지 않고 퇴폐적 습속을 통분하지 않는 것은 시가 아
> 니다. 또 진실을 찬미하고 거짓을 풍자하거나 선을 전하고 악을 징계하
> 는 사상이 없으면 시가 아니다.
> (不愛君憂國非詩也 不傷時憤俗非詩也 非有美刺勸之義非詩也)
> 　　　　　　　　　　　　　　　　　　　　　─ <牧民心書>

> 시인의 소원은 가르치는 일, 또는 쾌락을 주는 일, 또는 둘을 겸하는 일.
> (Poet's wish either to instruct, or to delight, or to combine the two,
> a poet should instruct, or please, or both)
> 　　　　　　　　　　　　　　　　　　─ Horatius <Ars poetica>

이상의 견해들은 시의 기능과 공리성을 강조한 것이다.

시란 말의 뜻을 나타내고, 노래란 말을 가락에 맞춘 것이다. 소리는 길게 억양을 붙이는 것이고 가락은 소리가 고르게 된 것이다.
(詩言志 歌永言 聲得永 律和聲)　　　　　　　　　— 劉勰 <文心雕龍>

시는 평정한 상태에서 환기된 강력한 감정의 자발적 범람이다.
(…the spontaneous overflow of powerful feelings recollected in tranquility)　　　　　　　　　　　　　　　　— Wordsworth

시는 미의 운율적 창조다.
(the rhythmical creation of beauty)　　　　　　　　— E. A. Poe

시를 내용과 형태로 구별해서 정리한 명제들이다. 그리고 시의 구조나 구성 과정면에서 본 것으로는 다음과 같은 것들을 들 수 있다.

좋은 시란 내포와 외연의 가장 먼 양극에서 모든 의미를 통일한 것이다.　　　　　　　　　　　　　　　　— 알렌 테이트

시를 구성하는 두 개의 주요한 원리는 격조와 은유이다.
　　　　　　　　　　　　　　　　　— Welleck and Warren

이상의 말들은 '시란 무엇인가'라든지 '시의 구성'을 밝힌 것들이다. 그러나 시란 무엇인가라는 문제는 인생이란 무엇인가라는 질문과 같이 그렇게 간단히 정의를 내릴 수 없는 것이다. 시가 가지고 있는 그 총괄적인 의미가 매우 추상적이기 때문이다. 그러므로 각 개인에 따라 시에 대한 정의는 다 다르게 마련이다.

시는 운율에 의한 모방이다.　　　　　　　— Aristoteles
시는 언어를 향한 일제 사격이다.　　　　　— 앙리 미쇼
시는 넘쳐 흐르는 정감의 힘찬 발로이다.　　— Wordsworth
시는 체험이다.　　　　　　　　　　　— R. M. Rilke
시는 언어의 건축물이다.　　　　　　　　— M. Heidegger
시는 역설과 아이러니의 구성체다.　　　　　— Brooks
시는 마음에서 우러난다고 한 것이 믿을 만하다.

　　　　　　　　　　　　　— 李仁老 ＜破閑集＞

시는 함축되어 드러나지 않은 것을 귀하게 여긴다. 그러나 희미한 글,
숨은 말로서 명백하고 통쾌하지 않은 것은 또한 시의 큰 병통이다.

　　　　　　　　　　　　　— 徐居正＜東人詩話＞

무릇 시에 있어서는 自得이 귀하다.　　　　— 李睟光
시인이 창작한 제2의 자연이 시다.　　　　　— 趙芝薰

　시인이면 누구나 저마다 일가를 이룬 시의 정의 하나쯤은 가지고
있다. 여기서 우리는 서구에서의 시의 개념이 아니라 동양에서의 시
의 개념을 한번 살펴볼 필요가 있다.

　아리스토텔레스의 ＜詩學＞을 서구시의 규범으로 삼는다면 동양
에서는 ＜詩經＞이 시의 근원을 밝힌 책이라 할 수 있다. 동양에서
는 思無邪나 詩言志 같은 詩觀이 시의 개념으로 전통적으로 내려왔
다. 이런 개념은 교훈적이요, 공리주의적인 성격을 띤 것이라고 할
수 있다. 시란 어디까지나 덕성을 기르는 방편으로 삼아야 한다는 것
이다. ‘樂而不淫 哀而不傷’해야만 된다는 것이 중국 전통시가 주장
하는 바였다.

　특히 공리주의적 입장에서 나온 ‘文以載道說’이나 시는 어디까지
나 성정을 포함하고 있어야 된다는 주장은 살 만하다.

　文에는 道가 있어야 된다는 철학적 관점은 동양시가 하나의 오묘
한 진리를 바탕으로 인간의 심성을 맑게 하는 한 도구로서 존재함을

말해주는 것이라 하겠다. 또한 朱子에 의해 생긴 性情論이란 "움직이는 것은 情이요, 움직이지 않는 것은 性"이라는 바탕으로 된 것인데, 물이 고요한 상태는 性에 속하고 움직여 물결로 출렁이는 상태는 情이라고 규정하고 있다. 이 곳에서 性이란 仁·義·禮·智·信을 말하고, 善·怒·哀·懼·愛·惡·欲은 情을 일컫는다.

> 시가 교화를 위한 것이라는 것은 본래 溫柔敦厚한 시정신으로써 성정을 다스려서 風敎를 이루게 하며, 사람의 마음을 감화하여 세상의 도리를 평정하게 하고자 하는 것이다.　　　　　　　　— 南九萬

> 시는 性情의 虛靈한 곳으로부터 나오는 것이다.　　　　— 柳夢寅

> 시는 性情을 나타내는 것이다.　　　　　　　　　　　— 李宜顯

이런 말들은 시의 공리주의적인 면에 중점을 둔 것으로 시를 통한 사회적 교화, 정신적 교화를 이루어야 함을 주장한 것이다. 즉 시가 성정으로 개인의 정서·욕망·소원 등에 해당하는 것을 표현하되 이것이 많은 이들의 덕성을 기르고 사회적 병폐나 정치적인 모순을 고발하는 데 기여해야 한다는 생각에 기초해 있었다.

시가 성정에서 우러난다는 것은 우리나라 문인들 사이에도 변함없는 견해였다. 하지만 도학파와 사장파 사이에 약간의 견해 차이도 없지 않았다. 남효온 등의 사장파가 "시를 지음으로써 성정 도야에 도움"이 된다는 견해를 내세운 데 반해 정여창 등의 도학파들은 시보다는 성정 도야를 주목적으로 삼아야 되며, 시라는 것은 이런 상태에서 자연히 발생되는 것이어야 한다는 주장이었다.

이런 갈등 속에서 조선왕조 중기에 들어서면 문학의 본질을 추구하려는 노력이 뚜렷이 일어나서, 도덕이나 윤리적인 차원을 떠나서 문학작품에서 미의식을 찾으려는 경향이 일어났다. 문인으로는 이수광 · 허균 · 김시습, 三唐詩人이었던 최경창 · 백광훈 · 이달 등을 손꼽을 수 있다.

> 시는 원리와는 관계없는 별종의 취향을 갖고 있다. 오직 天機를 弄하여서 심원한 조화 속을 파악하여 정신이 빼어나고 음향이 밝으며 격이 높고 생각함이 깊으면 가장 좋은 시가 된다. ― 허균

 〈한국고전시학사〉에서 최웅은 "天機를 농하고 득해야 한다는 것을 우주의 조화, 자연의 조화, 자연의 신비를 터득해야 한다"는 것으로 보고 있다. 이런 자각은 經傳의 차원을 벗어나서 순수한 자기 예술세계에 대한 확립을 의미하는 것이기도 하다.
 아무튼 조선왕조 후기로 내려오면서 조선왕조의 정치 · 사회 전반에 걸쳐서 철학의 기틀이었던 주자학에 대한 모순이 드러나고 새로운 학문이라고 할 수 있는 실학이 싹튼다. 여기에서 관료적인 문인과 실학의 입장에 선 문인이 두 갈래로 나뉘게 된다. 실학자들의 문학관은 공리공론을 일삼는 주자학에 반기를 든 문학관이기도 하지만 이들에게는 민족문학적인 의식이 크게 그 영역을 넓혀가게 되는 것이다.

> 훈민정음은 곧 천하의 대문헌이다. 어찌 다만 조선이라는 한 지구의 언어를 傳寫하는 자료일 뿐이겠는가. ― 정동유

> 수십 년 이래 일종의 괴이한 이론들이 유행되고 있다. 그들은 우리나라 문학을 덮어놓고 배격한다. ― 정약용

 이상의 글들은 민족의 언어로서 우리 글만이 아니라 세계의 언어

로서의 우리 글에 대한 긍지와 사대주의 문학에만 집착하는 일부 문인들에게 경종을 울리는 따끔한 일침이라 하겠다.

> 지금 우리나라의 시와 문장은 고유의 언어를 버리고 다른 나라의 언어를 배워서 쓴 것이다. 가령 아주 흡사해진다 해도 앵무새가 사람의 말을 하는 것과 같을 뿐이다.
> ― 김만중

영·정조 시대를 전후하여 싹튼 자아에 대한 새로운 각성은 민족문학에 대한 뿌리를 굳게 내려가고 있었다.

> 늙은 사람 한 가지 즐거운 것은
> 붓 가는 대로 마음껏 써 버리는 일.
> 어려운 韻字에 신경 안 쓰고
> 고치고 다듬느라 늦지도 않네.
> 흥이 나면 당장에 뜻을 살리고
> 뜻이 되면 당장에 글로 옮긴다.
> 나는 본래 조선사람
> 즐겨 조선의 시를 지으리.
> 그대들은 그대들 법 따르면 되지
> 이러쿵 저러쿵 말 많은 자 누구인가.
> 까다롭고 번거로운 그대들의 格과 律을
> 먼곳의 우리들이 어떻게 알 수 있나.
> ― 茶山 <老人一快事>

"나는 본래 조선인 ― 즐겨 조선의 시를 지으리 我是朝鮮人 甘作朝鮮詩"라는 이 선언 속에는 格과 律에 얽매인 漢詩의 까다로운 틀에서 벗어나겠다는 뜻보다는 민족문학, 다시 말하면 우리의 생활감정과 호흡이 깃든 문학을 해야겠다는 시정신이 담겨 있는 것이다.

그가 시어 사용에서도 중국의 말을 쓰지 않고 같은 한자의 표기라도 우리 발음으로 바꾸어 쓴 토속적인 시어를 창조하여 쓴 면을 보아서도 그가 얼마나 뚜렷한 문학관을 지녔던가를 알 수 있다.

兒哥(아가), 馬兒風(마파람), 麥嶺(보릿고개), 絡蹄(낙지)같은 단어들이 바로 茶山이 즐겨 사용하였던 시어들이다. 이런 시어들에도 고고한 문학으로서의 귀족성보다는 서민문학으로서의 민족문학의 한 면모를 엿볼 수가 있어 여간 반갑지가 않다.

그밖에도 作詩論으로 중요시하던 것으로는 風教 · 理氣 · 妙悟 등이 있다. 풍교란 載道的 문학관에 입각한 것으로서 "시는 교화하는 것이니, 힘써 뜻을 전달해야 한다"는 이익의 주장에서도 볼 수 있듯이 시를 사회개혁의 어떤 현실적 도구로도 쓰고자 하는 태도다.

이기란 성리학에서 나온 말로 인간성에 바탕을 둔 심성론과 밀접한 관계가 있다. "文은 氣이고 道義는 理다"(吳載純), "문장은 心에 근원을 둔다. 心은 理와 氣가 합하여 이루어진다. 理는 하나일 뿐이지만 氣는 천변만화하는 것이니 어찌 동일할 수 있으리오"(申景濬), "문장은 氣를 위주로 한다. 기가 부족하면 문장이 약하게 된다"라고하여 천변만화하는 기상으로 보고 있다. 妙悟란 "대개 禪道는 妙悟에 있다고 하는데 詩道 또한 같다"(嚴羽)에서 보이는 바와 같이 종교의 해탈의 경지와 같은 입장에서 보고 있다. 시인의 고도한 정신세계 즉 영감을 통한 시세계의 구축을 목표로 삼았음을 일컫는다.

우리는 이제까지 시론 및 시작품의 평가 기준을 서구의 시를 모델로 하여 삼은 것이 사실이다.

아리스토텔레스의 <시학>에서부터 시작하여 "시는 스스로 넘쳐흐르는 정감"이라고 말한 워즈워스 등의 낭만주의 시, 말라르메나 발레리의 상징주의 시, 릴케의 신서정시, 그리고 에즈라 파운드의 이미지즘 *imagisme*, 그밖에 허버트 리드의 정신분석학적인 시 분석, 또한 시를 역설이나 아이러니로 보는 브룩스 등의 신비평 *New Critic*

등의 방법까지를 망라해 시를 보고 정의해 왔다.

하지만 서구의 이들 시이론들에 못지 않게 동양에도 훌륭한 시론과 시작품들이 있는 것에 우리는 이제 눈을 돌려야 한다. 특히 우리 선인들은 나름대로의 훌륭한 시론들과 다양한 시의 견해를 밝히고 있다.

> 요사이에는 시가 없다. 시가 없는 것이 아니라 시다운 시가 없는 것이다.　　　　　　　　　　　　　　　　　　　　　　　　　— 金得臣

> 사람이 문장을 가진다는 것은 초목에 꽃이 피는 것과 같다.
> 　　　　　　　　　　　　　　　　　　　　　　　　　　　— 丁若鏞

> 시를 짓기를 고심하면 생각이 깊어진다. 생각이 깊으면 이론이 해박해지고 이론이 해박해지면 언어가 새로워진다.　　　　— 金祖淳

> 시에는 두 가지 난점이 있다. 琢字와 鍊句의 숙달이나 사물의 이치를 체험하고 정서를 묘사하는 미묘한 일들이 어려운 것은 아니다. 오직 자연스러움이 첫째의 어려움이고, 깨끗한 여운을 남기는 것이 두 번째 어려움이다.　　　　　　　　　　　　　　　　　　— 丁若鏞

이러한 시 이론들은 오늘날 현대시의 이론에 견주어서 조금도 손색이 없다고 하겠다. 이제 우리는 서구의 시 이론만이 아니라 우리 시의 이론으로 시를 정의하고 갈고 다듬는 일을 해야 되겠다.

2. 시의 분류

시는 보는 관점에 따라 다양하게 분류할 수 있다. 우리 시가는 일반적으로 향가·속요·경기체가·시조·신체시 등으로 구분한다. 중국에서는 古詩·樂府·近體詩 등으로 나눈다. 또 사조별로는 고전시·낭만시·상징시로도 나눌 수 있으며, 특이한 예로는 에즈라 파운드 같은 시인은 청각적·음악적인 시 *melopoeia*, 영상적인 시 *phanopoeia*, 논리적인 시 *logopoeia*로 분류하기도 했다.

일반적으로는 아리스토텔레스의 <시학>에서부터 말했듯이 내용면을 주로 해 서사시·서정시·극시의 3분법이 통례로 되어 있다.

1) 형식상의 분류

가. 정형시

정형시라 함은 정통적으로 시의 구조나 詩句, 또는 리듬에 있어서 일정한 형식적 제약을 받는 시를 말한다. 동양의 정형시는 보통 音數律, 音位律(押韻), 音性律(음의 고저장단)에 의해 형성된다.

우리의 전통시는 자수율에 의해서 지배되는 정형시다. 그 정형성에 따라서 학자마다 주장이 조금씩 다르나 초장 3·4, 3(4)·4, 중장 3·4, 3·4, 종장 3·5, 4·3을 기본 가락으로 삼는 時調를 꼽는다. 이런 정형시는 각 나라마다 제 나름대로의 언어적 특성이나 양식에 따라 고유한 형식을 갖는 것이 특징이다. 일본의 短歌는 5·7·5·7·7의 5구 31음의 자수율을 이루고 중국의 시는 絶句·律詩·排律 등 형식적 특징을 띠며 정형시를 이룬다.

梧桐에 雨滴하니
거문고를 이애는 듯
竹葉에 風動하니
楚漢 서로 서두는 듯
金尊에 月光明하니
李白 본 듯 하여라.　　　　　　　　　　　　　 — 서경덕

총자수 45자로 되어 있는 이 시조는 우리 시의 한 기본 정형이라 할 수 있다. 서구시에서는 주로 詩行 속의 음절수와 시행수에 따라 정형시가 이루어졌다.

특히 서구에서 소넷 *Sonnet*이라고 부르는 정형시는 14행으로 압운형식 *rhyme schemes*에 의하여 구속을 받는다.

소넷이란 악기의 반주를 따라 읊는 노래라는 뜻으로 12세기 무렵 이탈리아에서 발생하여 단테와 페트라르카에 의해서 완성되고 16세기 초에 서리 *Surrey*에 의해서 영국에 전파되었다. 소넷에는 그 형식을 완성한 시인의 이름을 붙여 페트라르카 소넷 *Petrarchan Sonnet*, 셰익스피어 소넷 *Shakesperian Sonnet*, 스펜서 소넷 *Spenserian Sonnet* 으로 나누기도 한다.

이런 정형시는 19세기까지는 자주 씌어져 왔으나 20세기에 들어서면서 점점 쇠퇴해 갔다. 그 까닭은 형식에 얽매이게 하는 여러 가지 제약이 시의 내용이나 형식에 많은 구속을 주었기 때문이다.

즉 시의 자유로운 표현을 위해서 정형시를 쓰더라도 변형체로 만들어 쓰게 된 것이 보통이다.

나. 자유시

자유시는 오늘날 우리가 쓰고 있는 모든 현대시의 형태를 말한다. 정형시가 지니는 리듬의 형식을 벗어난 聯想律에 뿌리를 둔 시라 할 수 있다.

자유시의 시원을 그리스나 로마의 산문예술 *art prose*로 보는 견해도 있으나 현대에서는 19세기에 일어난 시의 한 형태로 파악하고 있다.

19세기의 휘트먼에서 시작하여, 프랑스의 보들레르 등의 상징주의 시인늘에게 전파되었고, 영국의 홉킨즈의 스프링 리듬 *Sprung rhythm*을 20세기의 자유시의 효시로 보고 있다. 스프링 리듬이란 우리 시를 예로 들면 시조의 3 · 4조 자수율이 3 · 5조, 4 · 6조 등으로 변할 수 있는 것을 말한다. 아무튼 이러한 자유시는 이미지 중심의 시를 쓰는 사람들에 의해 이룩되었다고 보겠다. 에즈라 파운드의 "시인의

개성은 정형시 형식보다는 자유시에서 보다 표현하기 쉽다. 그러므
로 시에서 새로운 운율형식은 새로운 사상을 의미하는 것이다"라는
말을 음미해 보면, 오늘날 시에서 여러 가지로 시도되고 있는 이미
지, 패턴, 불규칙적인 리듬 등의 다양한 실험성이 왜 필요한 것인가
를 알 수 있을 것이다.

　우리나라에서의 자유시의 출발은 최남선의 신체시 ＜海에게서 少
年에게＞(1908) 이후로 보고 있다. 그러나 최근에는 주요한의 ＜불
놀이＞를 그 형식이나 작품의 문학성으로 보아 자유시의 효시로 삼
고 있다. 그후 우리 시에서 자유시는 김억·홍사용·황석우·박종
화 등에 의하여 점차 그 영역을 확대해 가서 오늘날에 이르렀다고
하겠다.

　자유시에는 몇 가지 패턴이 있는데 우선 行과 聯의 구분을 제멋대
로 할 수 있다는 것이 그 하나이다.

　　　불을 문
　　　한 가치 성냥에
　　　치마끈 푸는
　　　거푸거푸
　　　치마끈 풀어 던지는
　　　이
　　　丹楓숲.　　　　　　　　　　　― 김남조 ＜빛과 고요＞에서

　'이'와 '丹楓숲'을 끊어서 완전 독립된 두 행으로 배치하고 있다.
산문에서 사용되지 않는 수법이다. '이'라는 지시대명사를 사용함으
로 해서 '단풍숲'이라는 반복되어져야 할 색감에 대한 이미지를 더
욱 강화하고 있다. 따라서 '단풍숲'이라는 하나의 복합명사가 한 행
으로 처리되어진 것도 유의할 만하다.

그립다
말을 할까
하니 그리워

그냥 갈까
그래도
다시 더 한번…   ─ 김소월 <가는길>에서

7·5조를 基調로 한 자유시다. 정형시의 한 형태를 나타내고 있지만 行을 달리함으로 해서 정형시가 갖는 단조로움에서 벗어나고 있다. 자유시라고 하여 전혀 독창적인 것만이 아니라 정형시의 변형으로도 자유시가 가능함을 보여주고 있다.

그 다음으로는 "형식에서 산문적 자유성을 얻고 내용에 있어서 운문적 율조를 얻어 이 양자를 조화하는 곳에 자유시가 위치하는 것"이라는 조지훈의 설을 들 수 있다.

　　가을이 되자 동사무소 앞 쓰레기 하치장에는 애를 밴 거지 부부가 쓰레기 더미를 뒤지는 모습이 보이곤 하였다. 눈에는 잘 띄지 않는 일이지만, 神이 숨겨놓은 양지 쪽에는 골라낸 옷가지를 조용히 깁고 있는 부부의 모습이 보였다. 눈에는 잘 띄지 않는 일이지만 햇빛의 은조각을 깔고 앉아.　　　　　　　　　　　　　　　─ 조정권 <양지 쪽>에서

이 시를 읽고 시의 산문체 문장과 소설이나 기타 수필 등에서 사용되고 있는 산문체 문장이 다른 점이 무엇인가를 우리는 생각해 볼 일이다. 같은 사실성의 문장이라도 시에서 표현하는 산문은 왜 다른가를 우리는 체득해야 한다.

사실 정형시는 어떤 일정한 틀이 있어 그곳에 맞추어 언어를 배치하면 하나의 시가 될 수 있다. 그러나 자유시에는 이런 틀이 없다. 틀

이 없다는 것은 새로운 형태의 창조를 의미하며 또한 새로운 리듬의 흐름을 뜻하기도 한다. 자유시가 정형시보다 결코 쉽지만은 않은 점은 사실 이런 데 있다. 자유시가 갖는 내재성을 전혀 이해하지 못한 막연한 行과 聯의 사용이나 산문성은 하등의 가치가 없다.

다. 산문시

산문시 *prose poem*란 용어를 처음 쓴 시인은 보들레르라 한다. 그가 1869년에 펴낸 <파리의 우울 *Le spleen de Paris*>이라는 산문시집에서다. 보들레르는 이 시집 서문에서 "리듬이나 韻이 없어도 마음속의 서정의 움직임이나 몽상의 물결 의식의 비약에 순응할 수 있는 유연하고 강직하고 시적인 산문"이 산문시라고 밝히고 있다.

산문시란 말 그대로 산문의 형태로 된 시이다. 산문은 두 가지 개념을 지니고 있다. 하나는 창조적 문학(시)과 비창조적 문학(산문)으로서의 산문이요, 나머지 하나는 운문이나 율문에 반대되는 개념으로서의 산문이다. 모울톤 *R. C. Moulton*은 운문과 산문의 차이를 이렇게 말하고 있다.

운문은 行으로 구분되어 그 行은 유사한 行들끼리 비슷한 각인이 찍힌다고 하는 원칙에 따라 순환하는 율동을 보여 준다. 산문은 이것과 달리 '一直'의 어원적 의미를 갖고 있다. 글의 一直한 서식 속에는 율동에 대한 그 무엇을 제시하는 분단은 없다.

이처럼 산문의 정의가 내려진다면 산문시는 정형시처럼 외형적 운율이 없고, 자유시처럼 다양한 리듬의 변화나 行, 또는 聯의 구분이 분명치 않으면서도 산문체로서 서정적인 내용을 가진 것을 말한다.

시뻘겋게 타오르는 體內에 하얀 細菌들이 不可解한 腦를 饗宴하고 있다. 呻吟과 苦痛과 뜨거운 呼吸으로 自我의 始初이었던 하늘까지가 咀呪에 歸結되고 그 結火의 생명에서 이즈러지는 눈

— 김구용 <뇌염>에서

초현실주의 시라고 할 수 있는 이 시는 지극히 건조한 산문성을 띠고 있다. 하지만 산문으로 표현함으로 해서 行이나 聯을 구분하는 자유시보다 더욱 의식의 연속성을 느낄 수 있다. 산문시가 갖는 특성의 하나는 단절감이 아닌 이러한 연속성이라 하겠다. 전체로서 파악되는 긴장감과 긴밀성이다.

내팔이면도칼을든채끊어떨어졌다. 자세히보면무엇에몹시威脅당하는것처럼새파랗다. 이렇게하여잃어버린내두개팔을나는燭臺세움으로내방안에裝飾하여놓았다. 팔은죽어서도오히려나에게겁을내이는것만같다. 나는이런얇다란禮儀가花盆草보다도사랑스럽다

— 이상 <詩第十三號>에서

띄어쓰기를 무시한 산문시의 하나다. 산문시에는 이런 형태도 자주 쓰인다. 띄어쓰기를 무시한다는 것은 인간의 의식세계나 심리를 나타내는 한 극단의 효과를 노리고자 하는 데 있다 하겠다. 이 시는 산문으로 구사되었을 뿐만 아니라 띄어쓰기라는 제약으로부터 자유로와져, 다시 말하면 극도의 非詩的인 형태로 가장 시적인 효과를 기대하는 의도성이 있다고 하겠다. 인간적 보편성의 해체를 내보인 이 시에서 우리는 오늘날 인간성의 상실, 또는 그에 대한 전율 같은 것을 볼 수 있다.

新婦는 초록 저고리 다홍치마로 겨우 귀밑머리만 풀리운 채 新郎하고, 첫날밤을 아직 앉아 있는데 新郎이 그만 오줌이 급해서 냉큼 일어나 달

69

려가는 바람에 옷자락이 문 돌쩌귀에 걸렸습니다. 그것을 新郎은 생각이
또 급해서 제 新婦가 음탕해서 그 새를 못 참아서 뒤에서 손으로 잡아다
니는 거라고, 그렇게만 알고 뒤도 안 돌아보고 나가 버렸습니다. 문 돌쩌
귀에 옷자락이 찢어진 채로 오줌 누곤 못쓰겠다며 달아나 버렸습니다.

　그리고 나서 四十年인가 五十年이 지난 뒤에 뜻밖에 딴 볼일이 생겨
이 新婦네 집 옆을 지나다가 그래도 잠시 궁금해서 新婦방 문을 열고 들
여다보니 新婦는 귀밑머리만 풀린 첫날밤 모양 그대로 초록저고리 다홍
치마로 아직도 고스란히 앉아 있었습니다. 안스러운 생각이 들어 그 어
깨를 가서 어루만지니 그때서야 재가 되어 폭삭 내려앉아 버렸습니다. 초
록재와 다홍재로 내려앉아 버렸습니다.

— 서정주 <신부>에서

　이 작품은 산문 또는 산문시라고 해도 된다. 어떤 면에서는 그러
한 규범 자체를 다 떠나서 하나의 작품으로의 장장한 내재성을 의도
하고 씌어진 것인지 모른다. 이 시에 나타나 있는 리드미컬한 언어의
흐름과 서사구조의 시적 운치를 유의해 볼 만하다.

　산문시란 여러 가지 창작의도에 의해 나타날 수 있다. 이러한 산
문시란 자유시가 가지는 형식만으로는 어떤 부족성을 느낀 나머지
생긴 형태이다.

　우리나라에서의 산문시의 소개는 투르게네프의 <비렁뱅이>의
노래를 김억이 번역하여 <태서문예신보>에 실린 것이 그 최초이
다. 그후 산문시 형태의 시를 즐겨 써 온 시인들로는 한용운·이상·
김구용·서정주 등이 있고 근래에는 정진규·박제천 등이 있다.

2) 내용상의 분류

가. 서정시

서정시 *lyric*는 그리스의 '칠현금 *lyre*'에서 그 어원을 찾을 수 있다. 그러나 오늘날에는 모든 시를 가리키는 말이 되었다. 좁은 의미에서의 서정시란 순수한 감정 체험을 나타내는 것으로 되어 있다. 언어의 의미전달 기능보다는 읽는 이들에게 감동을 주는 순수시와 깊은 관련이 있다. 고대에서는 서사시나 극시가 중요한 위치를 차지하고 서정시는 독립된 장르로 확립되어 있지 않았으나 근대에 와서 포우나 보들레르, 말라르메, 발레리 등으로 이어져 오면서 하나의 장르를 형성했다.

> ……장르의 근처에 따라서 인간 묘사의 일정의 형, 성격 묘사의 일정한 방법이 가로 놓여 있다. 만일 인간이 발전에 있어 줄거리의 도움을 빌어 완결된 성격으로 묘출하는 경우엔 우리들 앞에 서사문학이 놓인다.
> 만일 그 인간이 자기 개개의 상태에 있어, 체험에 있어, 줄거리 없이 묘출하려 할 땐 우리 앞에는 서정시가 놓인다.
> — 치모프예브 <문학이론>에서

서사시와 서정시의 차이를 밝힌 것이다. 이 글에서 알 수 있듯이 서정시란 개인적인 체험에 의해서 씌어짐을 본다. 개인적인 체험이란 말을 바꿔 말하면 주관적임을 뜻한다. 시인의 눈을 통하여 관찰되는 사물, 시인의 영감에 의하여 감지되는 순간적인 느낌이나 생각들이 하나의 모티브가 되어 나타나는 것이 서정시이다. 워즈워드는 그의 <서정시집>의 서문에서 "모든 좋은 시는 강한 감정의 자연발생적 표현이다"라고 했다. 물론 이 말에는 시의 형식화에 따른 언어의 장애 같은 것을 고려하고 있지 않지만, 감정의 질량이 시에 있어서 얼마나 중요한가를 잘 말해 주고 있다.

자아에 의한 주관적인 것이 서정시라고 한다. 그러나 우리는 서정시를 그렇게 단순히 정의할 수는 없다. 오늘날 현대시에서의 서정시는 다양성 그 자체이기 때문이다. 김용호는 ＜시문학입문＞에서 "서정시는 그 환기하는 감정·정서에 따라서 감상적 서정시, 회상적 서정시로 구분"한다고 했으나 실제 서정시라고 일컬을 수 있는 종류는 다음과 같이 많다.

가요 *Lied*, 찬미가 *Hymne*, 오우드 *Ode*, 엘리지 *Elegie*, 牧歌 *Idyll*, 발라드 *Ballade*, 譚詩 *Romanze*, 에피그램 *Epigramm*, 풍자시 *Satir*, 패러디 *Parodie*, 칸쪼네 *Kanzone*, 미네장 *Minnesang*, 思想詩 *Gedankenlyric* 등이 그것이다.

> 가다가 만나서
> 길동무 되지요
>
> 날 싫다 말아라
> 家長님만 님이랴
> 오다 가다 만나도
> 정붙이면 님이지   —김소월 ＜팔베개 노래＞에서

민요풍의 서정시이다. 민요풍의 작품은 노래 부르거나 읊기에 좋은 리듬을 가지고 있다. 간결하여서 외기도 쉽다. 대개 이런 가요는 집단적인 가요와 개인적인 가요로 나누어지기도 하며, 또 종교적인 가요와 세속적인 가요로 만들어지기도 한다. 김소월의 작품은 세속적인 가요로서 사랑노래라고 하겠다.

내 마음
주름살 많은 늙은 山의 冥想하는 얼굴을 사랑하노니

오늘은
잊고 살던 山을 찾아 내 마음 머언 길을 떠나네

山에는
그 고요한 품안에 高山植物들이 자라거니

마음이여
너는 해가 저물어 이윽고 밤이 올 때까지 나를 찾아오지 않아도 좋다

山에서
그렇게 고요한 품안을 떠나와서야 쓰겠니
— 신석정 <산으로 가는 마음>에서

목가 *pastoral(Idyll)*풍의 시다. 일정한 짧은 시형을 나타내는 그리이스어의 에이디율리온(小形)에서 유래했다 한다. 서구에서는 한때는 지나친 감상에 빠지는 흠을 낳았으나 18세기 후반에 들어서면서 민중적인 힘을 회복했다. 우리나라에도 자연을 읊은 시들은 옛부터 많이 있었다. 이 시에서도 볼 수 있듯이 자연과 나의 합일을 꾀하고자 하는 것이 시인인지 모른다. 자연 속에서 안빈낙도하고, 관직에 있다가도 그만두면 자연에 귀의하는 것은 정신을 맑게 세척하고자 하는 우리 선인들의 슬기요 요량이었다. "시인은 자연의 사랑을 인생의 괴로움에 통하게 하고 인생의 괴로움을 자연의 사랑에 통하게 하는 창조적 계기를 찾는 사람"이라는 조지훈의 말을 음미해 볼 만한다.

돈 없으면 서울 가선

73

용변도 못 본다.

오줌통이 퉁퉁 뿔어 가지고
시골로 내려오자마자
아무도 없는 들판에 서서
그걸 냅다 꺼내들고
서울쪽에다 한바탕 싸댔다.
이런 일로 해서
들판의 잡초들은 썩 잘 자란다.
서울 가서 오줌 못 눈 시골 사람의
오줌통 뿌리는 그 힘 덕분으로
어떤 사람들은 앉아서 밥통만 탱탱 불린다.

가끔씩 밥통이 터져나는 소리에
들판의 온갖 잡초들이 귀를 곤두세우곤 했다.
　　　　　　　　　　　　　— 김대규 <野草>에서

풍자시 *satir*이다. 라틴어의 Satura(混淆)에서 온 이 말은 여러 가
지 제재를 마음대로 뒤섞은 시문을 일컬었는데 특히 세속적일 뿐더
러 풍속에 대한 비판이 강했으므로 풍자시가 되었다. <野草>에 나
타난 시세계도 '돈 없으면 서울 가서 용변도 못 보는' 비정한 도시
문명을 풍자하고 있다.

琉璃에 차고 슬픈 것이 어린거린다.
열없이 붙어서서 입김을 흐리우니
길들은 양 언 날개를 파다거린다.
지우고 보고 지우고 보아도
새까만 밤이 밀려나가고 밀려와 부디치고
물먹은 별이, 반짝, 寶石처럼 백힌다.

74

밤에 홀로 琉璃를 닦는 것은
외로운 황홀한 심사이어니,
고은 肺血管이 찢어진 채로
아아, 늬는 山새처럼 날러 갔구나   ─ 정지용 <琉璃窓>에서

엘리지 *elegy*이다. 우리가 挽歌, 또는 哀歌라고 부르는 것이 이것이
다. 가까운 사람의 죽음이나 인생의 허무 등을 슬퍼하는 시라고 할 수
있다. 엘리지의 형태는 애도 *lamentation*, 철학적 논고 *philosophical*,
慰撫 *consolation* 단락을 가진다. 정지용의 <유리창>은 어린 것을
잃고 그 슬픔을 읊은 시다. 그러나 슬픔을 슬픔 자체로 토해내는 것이
아니라 안으로 삭여서 한 장의 유리창을 만들고 있다.

밤은 아시아의 감각이오 성욕이다.
아시아는 밤에 萬有愛를 느끼고 임을 포옹한다.
밤은 아식아의 식욕이다. 아시아의 봄은 밤을 먹고 生成한다.
아시아는 밤에 그 영혼의 양식을 구한다. 맹수 모양으로 ─
밤은 아시아의 芳醇한 술이다. 아시아는 밤에 노래하고 춤춘다.
              ─ 오상순 <아시아의 마지막 밤의 풍경>에서

사상시 *Gedankendichtung*이다. 사상시란 "시는 철학의 精粹다"
"찰학은 시를 原理에까지 높인다"는 노발리스의 말처럼 심원한 사상
을 시에 담기 시작하면서부터 생긴 것이다. 정서나 감정의 표현보다
는 사상을 시로 표현하는 것을 주로 삼는 시라고 할 수 있다. 대개
사상시의 출발은 18세기 말의 고전주의시대부터라고 보고 있다. 오
상순의 시에서도 보듯이 사상시는 자칫하면 관념에 떨어지기 쉽다.
이런 결점을 뛰어 넘을 수 있다면 사상시의 한 영역도 우리 시단에
서는 개척해 볼 만하다. 대체로 우리 시는 너무 主情的인 경향이 많

아서 나약해지기 쉽기 때문이다.

　서정시의 많은 종류 가운데서 현실적으로 우리에게 가까운 것만 열거해 보았다. 서정시란 우리가 막연히 알고 있는 정서나 낭만이 깃든 시만을 말하지 않고 시 전체로서 폭넓게 쓰여지고 있다.

　　　　아랫목에 모인
　　　　아홉 마리 강아지야
　　　　강아지 같은 것들아.
　　　　굴욕과 굶주림에 추운 길을 걸어
　　　　내가 왔다.
　　　　아버지가 왔다.
　　　　아니 19문 반의 신발이 왔다.
　　　　아니 지상에는
　　　　아버지라는 어설픈 것이
　　　　존재한다.
　　　　미소하는
　　　　내 얼굴을 보아라.　　　　　　　　— 박목월 <가정>에서

　굳이 이름을 붙이자면 생활시의 한 패턴이지만 서정시 영역에 든다. 이렇듯 시인에 따라 의식을 중요시할 수도 있고, 상징이나 이미지에 비중을 더 두기도 하는 것이 현대시이다.

　나. 서사시

　신들이나 영웅들의 일화를 운문체로 장중하고 웅대하게 서술한 장시를 서사시 *epic*라 한다. 서정시가 주관적인 데 반해 서사시는 객관적이다. Epic은 그리스어의 '언어'라는 뜻이다.

　아리스토텔레스는 서사시를 일컬어 희곡적 성질을 가지고 있다고

했다. 그러나 희곡보다 그 영역이 넓고, 많은 사건을 구성할 수 있으며, 시간상으로는 과거에 속하는 일이나 사건을 다루는 것이 서사시이다.

서사시는 원시적 서사시 *primitive epic*와 문학적 서사시 *literary epic*로 나눈다. 원시적 서사시를 민족 서사시, 영웅적 서사시란 말로, 문학적 서사시는 창작적 서사시, 예술적 서사시라 일컫기도 한다. 원시적 서사시는 대개 영웅들의 일화나 전설이 구전되어 오던 것이 마지막에 하나의 서사시 형태 *epic form*로 굳어 버린 것이 많다. 거의가 민족 집단적인 배경 아래서 만들어졌으므로 작자 미상인 것이 많다. 그 대표적인 것이 호머 *Homer*의 <일리아드 *Ilias*>와 <오딧세이 *Odysseia*>라 하겠다. 이 서사시는 오래도록 전승되어 오던 신화 속에 나오는 영웅들의 이야기를 모은 것이지, 호머의 작품이라고 보기에는 창작적 독창성이 없다는 평론가들의 이야기다. 중세의 서사시<니벨룽겐의 노래 *Das Nibelungen Lied*>나 <롤랑의 노래 *La Chanson de Rolund*>도 같은 성격의 것이다.

문학적 서사시는 작자가 분명하고 같은 영웅들의 생애를 읊었다 할지라도 예술의식이 뚜렷하고 창작성이 깃든 것이라고 하겠다. 밀턴의 <실락원 *Paradise Lost*>, 단테의 <신곡 *Pivina Commedia*>, 베르길리우스의 <아에네이스 *Aeneis*> 등이 그것이다.

우리나라에서 서사시의 형성은 12, 13세기 때로 보고 있다.

오세문의 <歷代歌>, 이규보의 <東明王>, 이승휴의 <帝王韻紀>가 모두 이 시대에 창작된 것이다. 이것은 '13세기의 우연'이라고 할 수 있을 만큼 서구에 있어서도 12, 13세기란 민족영웅의 설화가 서사시로 작품화된 시기였다.

'겔만' 족의 영웅 '지이크프리드'를 작품화한 <니벨룽겐의 노래>가

1204년 오스트리아의 도나우 강변에서 씌어졌다고 한다. 이보다 앞서 11
세기에는 프랑스의 서사시 <롤랑의 노래>가 이미 문학화되었다. 12세
기에는 '바바리아'에서 '로오다 왕'의 영웅 서사시가 나오게 되는 등 저
쪽에서 민족적 자각에 의해 민족영웅의 사적을 노래하고 있을 때 우리나
라에서도 오세문·이규보·이승휴 같은 시인들이 영웅담 및 역사적 사적
을 서사시로 노래했던 것이다.   — 장덕순 <한국문학사>에서

12, 13세기에 들어 '민족적 자각'에서 우리의 서사시가 발달되었
던 것을 알 수 있다.

　　　　하늘을 가리켜 龍을 내리어
　　　　지름길로 쫓아 海宮에 다달으니
　　　　河伯이 말하기를
　　　　婚姻은 大事라
　　　　媒贄에도 有法한데
　　　　어찌하여 그대는 그토록 방자한고
　　　　그대가 天子라면
　　　　神異한 變術을 시험해 봅시다.
　　　　긴 물결 파도 속에
　　　　河伯이 잉어되니
　　　　王은 물개되어
　　　　한 발자국도 못 가서 즉시 잡아가네.
　　　　두 날개를 만들어 꿩되어 날아가자
　　　　王은 一變하여 神鷹되어 쫓아가니
　　　　그 큰 매를 어찌 막을 수 있을까.
　　　　저가 사슴되어 앞으로 달아나면
　　　　이쪽은 한 마리 늑대되어 움직인다.
　　　　解慕漱 神人임을 河伯이 인정되고
　　　　酒席을 베풀고 잔치하여 즐기네

　　　　　　　　　　　　　— 이규보 <동명왕>에서

우리의 건국신화에서 그 소재를 따다가 읊은 서사시이다. 그 스케일이 웅대하고 神異한 일들이 그 소재로 되어 있다. 서사시가 대개 가지는 성격처럼 <동명왕>에서도 어떤 음모로 영웅이 탄생하는 것이 아니라 거역할 수 없는 운명과 뛰어난 자질에 의하여 인물이 태어남을 볼 수 있다. 하지만 호머의 <일리아드>와 <오딧세이>와 마찬가지로 구전되어 오던 신화나 설화를 옮겨놨을 뿐 그 독창성을 찾을 수 없는 것이 흠이라고 할 수 있다.

> 우리가 서사시에서 무엇보다도 부러워할 것은, 인물의 개인적 가치가 완전히 보전되어 있다는 점과, 또 개인과 사회 또는 인물과 시대가, 같은 감정과 같은 신념에 통일되어 있다는 점이다.
> — 최재서 <서사시 로만스 소설>에서

고대 서사시는 인물 중심의 서사시이기는 하되 한 개인성보다는 민족 전체의 집단성으로 통일된 감정에 의하여 창작된 것임을 알 수 있다. 하지만 오늘날의 서사시는 그 성격을 달리한다. 일종의 영웅 이야기로만 취급되었던 서사시가 시민적 서사시로 탈바꿈하는 데 있다. 근대 시민사회가 형성됨에 따라 자아에 눈뜨게 되고 서사시에 등장하는 주인공도 소시민으로 바뀌게 된다. 우리 근대시에서 최초의 서사시는 유엽의 <소녀의 죽음>을 꼽고 있다.

> 一千九百三十年
> 地殼이 얼기 始作하든 첫날,
> 내집에 오는 길 電車에서 나는
> 매우 沈着한 少女를 만낫서라
>
> 초생달 갓흔 그의 두 눈섭은
> 가장 아름다워 그린듯하고

葡萄酒 빗갓흔 그의 입술은
달콤하게도 붉었섯다.

그러나 도람직하고 귀여운 그 얼골에는
맛지 안는 근심빗이 써도라 잇고,
웬 셈인지 힘을 일코 써보는 두 눈가에는
桃紅色의 어린빗이 써도라라.

— 유엽 ⟨소녀의 죽음⟩

　이 작품의 줄거리는 시인이 신문에 실린 임신한 여인의 자살 기사를 읽고 충격을 받고, 그것을 다시 전차칸에서 만난 소녀와 결부시켜 온갖 생각을 하는 것으로 되어 있다. 주인공이 등장하지만 한 평범한 소시민으로 되어 있는 것을 볼 수 있다. 그후 서사시의 맥을 잇는 작품으로는 김동환의 ⟨국경의 밤⟩을 손꼽을 수 있다.

'아하 無事히 건넛슬가
이 한밤에 男便은
豆滿江을 탈업시 건너슬가?

저리 國境江岸을 警備하는
外套 쓴 거믄 巡査가
왔다 — 갓다 —
오리명 내리면 奔走히 하는대
發覺도 안되고 無事히 건넛슬가?'
소곰실이 密輸出馬車를 씌워노코
밤새가며 속태이는 젊은 안낙네
물네 젓든 손도 脈이 풀녀져
파 — 하고 붓은 魚油등잔만 바라본다.
北國의 겨울밤은 차차 깁허 가는대.　— 김동환 ⟨국경의 밤⟩에서

이 시는 3부 27장, 398행에 달하는 서사시이다. 주인공으로는 순이라는 여자와 그 상대역인 남자가 등장한다.

김용직은 <한국근대시사>에서 다음과 같이 이 작품을 평가하고 있다.

국경의 밤은 그와 같이 영웅이 사라진 연대에 그것도 우리 주변에서 쓰어진 것이다. 거기에 신성한 그림자를 던지는 인간이 등장하지 않는 것은 당연하다. 그러나 한 발자국 물러서서 생각하면 이 무렵 국경지방에 사는 사람들과 그 생활 자체가 우리에게는 깊은 관심의 대상일 수 있었다. 그리고 근대 서사시에서 영웅의 개념은 이런 것으로 대체되어도 무난하지 않을까 생각된다. 서사시의 한 속성은 영웅을 주인공으로 하는 데 있는 것이기보다는 그것을 통해 빚어낼 수 있으리라 기대되는 집단 · 종족 · 사회의 충격에 있다. 그리고 <국경의 밤>에는 그 가능성이 보인다.

그후 우리나라의 서사시는 김용호의 <南海讚歌>, 신동엽의 <錦江>, 장효문의 <全琫準>과 문예진흥원에서 펴낸 <민족문학대계> 속에 김종해의 <賤奴, 일어서다> 등 많은 작품이 실려 있다.

오늘날에는 서사시보다는 長詩의 형태가 더 많이 시도되고 있다. 이것과 다른 것으로 연작시라는 것도 있다. 장시의 대표적인 작품으로는 에리어트의 <황무지 *The Waste Land*>가 있다. 이는 403행으로 되어 있는데 에스라 파운드에게 바친 시이다. 20세기의 문명을 비판한 것으로 특히 제1차 세계대전 후의 황폐한 정신 상황을 진단하고 있다. 장시는 서사시처럼 반드시 등장인물이 있어야 할 필요가 없다. 연대기의 형식에서 탈피하여 어떤 의식의 흐름을 詩化하여도 충분하다. 또 연작시라는 것도 短詩 형식으로 창작되지만 하나의 소재로서 꾸준히 연계되어나가는 것을 말한다.

다. 극시

극시 *dramatic poetry*는 서정시, 서사시와 더불어 시의 3대 장르의 하나이다. 극시란 사전적 의미로 보면 극의 형식을 따오거나 극적인 수법을 사용하여 만든 시라고 하겠다. 그러므로 극시란 희곡과 밀접한 관계가 있음을 알겠다.

> dramatic poetry는 무대에서 상연해서 극적 효과를 나타낼 수 있는 것과 그렇지 못하고 글로서 읽기에 적합한 것이 있다. 전자는 시극 *poetic drama*이라고 하는 것이 옳을 것이다. 이처럼 글로서 읽기에 적당한 극시를 일명 closet drama라고 부르는데 이것은 대개 너무나 정교한 시적 요소가 강해서 무대에 상연하기에 곤란한 것이다.
>
> — 최창호 <영시개론>에서

劇詩와 詩劇의 차이점은 무대 상연과 상관 있는 것이라고 밝히고 있다. 하지만 오늘날에 와서는 시극이나 극시를 같은 뜻으로 쓰고 있다. 또 우리들에게 극시보다 시극이란 말이 더 자주 쓰이고 친근하다.

극시의 연원은 아리스토텔레스의 <시학>에서부터 시작된다. 그는 극시를 비극·희극·희비극으로 나누고 있다. 그렇다면 고대에 운문으로 쓴 극들이 다 극시라고 할 수 있다. 셰익스피어를 시인이라고 부른 것도 그가 운문으로 희곡을 썼기 때문이다. 문학이 운문과 산문으로 갈라지고, 근대에 와서는 산문 위주의 문학이 됨에 따라 극시도 희곡이란 이름으로 바꿔지게 되었다. 그런데 희곡이 가지는 산문성으로는 만족할 수 없는 경우도 있게 마련이다. 제1차 세계대전

이후에 발생한 표현주의 연극운동이 바로 그것이다. 표현주의 연극이란 산문 대신에 시로, 무대에서 시정신을 찾자는 연극이다. 사실주의 연극에 대한 반동으로서 생긴 연극이다. 이런 연극이 시극을 만들었다고 할 수 있다.

대표적인 시극으로는 예이츠 W. B. Weats의 <연옥 *purgatory*>, 엘리어트의 <칵테일 파티 *cocktail party*> 등을 들고 있다.

우리나라에서의 시극 운동은 '시극동인회'로부터 시작된다. 1963년에 만들어진 동인단체로서 박용구·고원·장호·최재복·김정옥·홍윤숙 등이 그 중심이 되었다. 이 단체는 시극의 연구 및 창작 공연을 목적으로 삼고 제1회 공연은 장호의 <바다가 없는 항구>를, 그 밖에 무용시나 무대시 등을 다양하게 선보이기도 했다. 그 후 시극 운동이 단절되는가 싶더니 중견시인들로 형성된 '현대시를 위한 실험무대'라는 동인단체가 1979년에 생겼다. 이 동인들인 정진규·이탄·김진해·이근배·허영자·김후란·이건청·강우식 등으로 제1회 공연은 정진규 시극 <빛이여, 빛이여>를, 제2회는 강우식의 <벌거숭이의 방문>을, 제3회는 이근배의 <처음부터 하나가 아니었던 두 개의 섬>을, 제4회는 김후란의 <비단길의 노래>를, 제5회는 이건청의 <癈港의 밤> 등 매년 한 번씩 시극을 무대에 올리는 왕성한 의욕을 보여주고 있다. 그밖에도 시극에 관심을 가진 박제천의 <板刻師의 노래>가 공연되기도 했다.

'현대시를 위한 실험무대' 동인은 본격적인 시극운동을 처음으로 시도했을 뿐만 아니라 시극에 대한 이론을 다지기 위해서 1981년 9월 22일에는 '시극운동의 가능성과 전망'이란 세미나를 열기도 했다. 이때 발표자 이탄은 <시와 시극>에서 다음과 같이 시극을 말하고 있다.

시극은 고대극시나 셰익스피어극과는 엄연히 구별되어져야 한다. 극시는 보편적으로 어제의 일을 오늘의 무대에 올리고 중요시하고 운문을 사용하였다. 무대 위의 인물들로 하여금 이야기하게 하는 시로 평가되고 시에 포함되었던 것이다.

현대의 시극은 고대의 극시와 다를 뿐만 아니라, 연극의 일반 작품에서도 시적 요소가 두드러진 경우를 발견하게 되는데 이럴 경우 시극이라 부를 수 있을 것이다. 그렇다면 시극은 시와 극 쪽에서 공존하는 것이고, 따라서 하나의 독립된 장르로 볼 수 있을 것이다.

— 이탄 <시와 시극>에서

시극이 독립된 장르로서 정착하기에는 아직도 멀다. 그 까닭은 확실한 문학이론이 극시나 시극 쪽 어디에도 정립되어 있지 않기 때문이다. 시극은 무대 상연을 전제로 할 때 연극 쪽에 유능한 연출가가 있어야 한다. 이 연출가가 시에 대한 이해가 어느 정도이냐에 시극의 성공여부가 가려지게 마련이다. 연출가의 입장에서는 아무래도 생소한 분야이므로 연극 쪽에 더 기울어지게 마련이다. 시인도 마찬가지이다. 연극이 가지는 드라마트루기나 극단적인 장면 등에 아무래도 서툴기 마련이다. 이런 어려움에도 불구하고 몇몇 의욕적인 시인과 연출가에 의해서 시극의 실험무대가 어느 나라보다도 활발하게 시도되어 있는 실정이다.

꿈을 꾸었으면
비록 토막꿈이더라도
그 꿈을 버리지 말고
꿈을 맞춰봅시다.

꿈이 추워 해도
옷을 입히지는 마세요.

꿈은 언제나
벌거숭이니까요.

내 꿈이 아니라고
꿈을 쫓지는 마세요.
우리의 삶이 다르듯이
꿈은 다 같을 수 없잖아요.

모두들
꿈을 꾸었으면
비록 토막꿈이라도
꿈을 맞춰보세요   ― 강우식 <벌거숭이 방문>에서

이영걸은 <한국연극>에 <시극의 가능성과 전망>이란 글을 쓰면서 이 작품을 다음과 같이 평하고 있다.

우리의 시극의 경우에는 대체로 일정한 리듬을 지닌 회화체의 가락에 의존해야 할 것 같다. 자연스런 대화를 이용하면서도 곳곳에 강렬한 정서를 표현하는 두드러진 리듬이 있어야 한다. 이것은 낱말의 되풀이나 조화로운 배열을 통해 얻어진다. 또 사건의 전개를 통해 나타나는 언어의 상징성과 풍부한 비유가 있어야 한다. <벌거숭이의 방문>은 이러한 요소들을 충분히 지니고 있다. 게다가 연출가는 곳곳에 염불조와 범패조를 활용함으로써 대사가 지닌 리듬을 효과적으로 드러냈다.

시극의 중요 요소로서 리듬을 강조하고 있다. 시극에서의 리듬은 연극이 가지는 효과와 어울려서 더욱 강렬한 인상을 지워줄 수 있기 때문이다.

극시(상연될 수 없는)의 개념은 오늘날 하나의 이름만 있을 뿐이지 별로 소용없게 되었다. 그 대신 시극은 아직도 뜻있는 몇몇 시인에 의해 시도되고 있다. 한국적인 시극의 방향 같은 것도 한 번쯤 생각해야 될 것이다.

3. 시의 요소

　시가 오늘날까지 문학의 장르 중에서 가장 으뜸의 자리에 있는 것은 그 가진 특성 때문인지 모른다. 한 편의 시는 짧은 시 형태에서 많은 것을 내포하고 있다. 언어, 리듬, 이미지, 비유, 상징, 문체 등이 그것이다. 좋든 싫든 우리는 한 편의 시를 짓거나 이해할 때 이런 시가 가지는 중요한 요소들를 파악할 수 있는 안목이 없이는 시에 접근하기란 어려운 것이다.

　시를 이루고 있는 요소들을 살펴보자.

1) 시　어

　시는 두말할 필요 없이 고도의 언어예술이다. 이런 시에 사용되는 말을 시어 *poetic diction*라고 부른다. 시어란 시에 동원되는 별개의 낱말과 어귀란 뜻으로 다른 것들과 구별되어 쏨을 의미한다. 그러나 오늘날에 와서 시어를 의식하고 시를 쓰는 시인은 드물다. 오늘의 시인들은 한 편의 시에 어떤 단어든지 필요하다면 시어로 쓸 수 있다는 생각을 가지고 있다.

우리의 국문학사에 나타난 작품들을 보면 거의가 운문인 것이 많고 또 문장이란 우리가 사용하는 일상어와는 다른 어떤 격을 갖추어야 된다는 것이 그들의 생각이었음을 알 수 있다. 그래서 문장, 특히 한문체의 문장에는 일반인들로서는 잘 알 수 없는 고사성어가 많고 또 시조나 가사에도 비록 한글체이지만 그런 용어들이 깃들어 있었다.

서양에서도 마찬가지로 시에는 어떤 우아함이나 장중함이 깃들어 있어야 된다고 그들은 생각했다. 그래서 시에 쓰이는 언어는 고어거나 雅語였으며 또 별개의 成句도 있었다 한다.

시어 *Poetic diction*란 말은 18세기에 영국에서부터 쓰였다. 그레이 *T. Gray* 는 "일상적으로 사용되는 보통 *Ordinary*의 언어가 필요에 의해서 특수화 되면서 거리가 생겼다. 이것이 바로 시어인데 라틴어의 완곡한 표현체인 고어체를 고쳐 놓은 것이다"라고 말한다. 시어에 대한 이런 특수성이 바뀐 것은 워즈워스에서 비롯된다. 그는 <서정시집>의 서문에서 시의 감동적인 본질을 표현할 수 있는 모든 언어들은 시어가 될 수 있다고 주장했다. 워즈워스에 의하면 산문에 쓰인 언어와 시어에는 근본적인 차이가 없다는 것이다. 이제까지 시에는 우아성을 중시, 상류사회에서 쓰이는 단어만을 쓰던 것에 비하여 새로운 시도였다. 시가 좀더 일반화되고 친근미를 줄 수 있게 한 계단 내려왔다고 할 수 있다. 그러면서도 시에 쓰이는 언어가 산문에 쓰이는 언어와 근본적으로 다르다고 느끼는 것은 시가 가지는 기능 때문이다. 시의 언어가 하나의 단일성으로 존재하는 것이 아니라 이중, 삼중성을 때에 따라서 지니며 또 시의 언어가 이미지, 리듬, 토운

등과 긴밀한 연관을 지으며 연결지어 있기 때문이다. 시에 쓰이는 시
어는 많은 상상력을 일으킨다. 상상력이란 기존의 언어관념을 뛰어
넘는 것을 말한다. 이러한 언어의 힘이 없이 쓰여진 시어라면 하등의
가치가 없을 것이다.

가령 우리가 어떤 시조에서 볼 수 있는 형식성과 시어의 단순성
때문에 그 시인의 창조성을 느끼기 어려운 경우와 같은 것이다.

레비스트로스는 "시어는 언어를 초월한다"고 했다. 언어의 영역을
초월하는 데에 시어의 참이 있고 시의 진실이 있다는 말이다.

아무튼 시어라는 것은 단순히 아무 낱말이나 시에 다 도입될 수
있다는 것에 의미가 있는 것이 아니다. 또 시에 쓰여진 말이 다 시어
가 될 수 있는 것이 아니다. 시의 구성조직과 긴밀한 관계를 가지면
서 그 시어 하나하나가 우리에게 미래에 대한 꿈과 사물의 이미지를
부각시키는 것이어야 한다. 상실되어 가는 인간성의 회복에 신선한
바람을 주고 또 모든 사물의 본질을 새롭게 파악하는 눈을 길러주는
것이어야 한다.

오늘날 시어에 대한 문제는 여러 각도에서 제기되어 왔다. 리챠즈
의 "언어의 정서적 용법과 과학적 용법", 사르트르의 "산문의 언어는
현실의 실존적 상황을 지시하는 기호인 데 반하여 시의 언어는 사물
이다"라는 '사물'과 '기호'의 분류, 하이데거의 존재와 언어를 주체
적으로 파악하는 태도 등이 그것이다.

실제 시어의 선택에 있어서도 많이 대담해졌다. 금기된 언어
*language taboo*였던 쌍말까지 시에 도입되고 있다.

> 구멍이 없는 여자는 어디에도 없었다.
> 이젠 어떤 여자를 붙여줘도 소용없다.
> 남근마저 老子만큼 도덕적이 되는
> 한 사내의 가는 길이 보이기 때문이다.　— 강우식 <파도調>에서

이런 언어들은 그 단어가 지닌 뜻에서만 생각하면 단순미밖에 줄 수 없다. 시인이 기존의 단어에 어떤 핵심적인 의미를 줄 때는 새로운 의미를 부과하기 위해서다. 그런 암시성을 파악해야 된다. 그리고 이런 시를 고찰할 때는 감정가치 *emotive value*, 의미의 범위 *sementic range*, 適用의 移動 *Shifts in application*(Utmann의 <의미론의 원리> 남성우 역)과도 연관지어야 한다.

시어란 어느 것이든 될 수 있다. 하지만 한 시인에게 있어서 특히 즐겨 쓰는 시어가 있게 마련이다.

> 잠자지 마라
> 세월이 간다
> 이 긴 겨울 밤
> 이젠 눈 뜬 우리의 사랑이
>
> 죽음으로 죽음으로 달려가서
> 드디어 보이지 않을 때까지
> 눈을 뜨고 있거라
> 잠의 지옥을 탈출하라.
>
> 석달 열흘 잠에서 깨고 나도
> 아직도 남은 잠
> 죽음에 이르기엔 부족한
> 나의 잠   ─ 김윤희 <물을 찾아서>에서

이 시인은 '잠'이라는 언어를 시에 도입시킴으로써 죽음의 이미지가 아니라 생의 철저한 자각을 깨워 주기도 하고, 한편으로는 '죽음에 이르기에 부족한 잠'에서 삶의 완결성이 '죽음'이라는 것을 보여주고 있다.

또 시어는 유행성을 완전히 무시할 수가 없다. 유행성이란 그 시대적 상황과 밀접한 관계를 가지고 있다.

> 풀이 눕는다.
> 비를 몰아오는 동풍에 나부껴
> 풀은 눕고
> 드디어 울었다.
> 날이 흐려서 더 울다가
> 다시 누웠다.
>
> 풀이 눕는다.
> 바람보다도 더 빨리 눕는다.
> 바람보다더 더 빨리 울고
> 바람보다 먼저 일어난다.　　　　　　　　　― 김수영 <풀>에서

<풀>이란 제목의 이 시가 발표된 후 우리 시단에는 한때 '풀'을 제재로 한 시가 유행처럼 번졌다. 하나의 시대적 흐름이요, 기호로서 특정의 시어가 나타남을 볼 수 있는 예이다.

> 비둘기가 있다고 하는 이야기가
> 避難民班長과 太平洋을 거쳐 戰爭未亡人 女史의 소나무 껍데기 같은 손……
> 또
> 投下된 네이팜彈이 어느날
> 찬란하였던 地帶의 어느 기슭 가까이 섰던 소나무 껍데기 같은 손바닥에 와 닿는 救護物資 나일론 양말처럼 거리에 부드러왔다.
> 　　　　　　　　　― 전봉건 <어느 토요일>에서

'피난민반장', '전쟁미망인', '네이팜탄', '구호물자' 등에서 시대

적 상황, 분위기 등을 읽을 수 있다. 이런 시대적 색채 때문에 우리는 시어에서 주지주의적인 시, 낭만주의적인 시, 상징주의 시 등을 추출할 수도 있다. 이것을 언어학적 현상이라고도 한다.

이제까지 시어가 시에 끼치는 효용 등을 다각적으로 살펴보았다. 시가 될 수 있는 언어는 한정되어 있다는 고정관념에서 탈피해야 한다. 그래야 좋은 작품이 나올 수 있기 때문이다.

시어는 기존의 개념적 성격을 띤 것이기 이전에 항상 反槪念的인 요소를 지녀야 함을 알아야 한다.

2) 운 율

운율이란 엄격하게 말하면 韻과 律로 나누어서 일컬어져야 하지만 우리의 경우는 일반적으로 시의 음악적 요소를 통털어서 운율이라 부르고 있다. 여기서 韻은 소리가 같거나 비슷한 음성적 요소가 규칙성을 띠고 반복하는 것을 가리키며, 律이란 리듬, 즉 발음되는 소리의 시간 단위를 분할하여 무리지음으로써 감흥을 불러일으키게 하는 것이다. 이 둘의 공통적 요소는 다 비슷하거나 같은 소리, 또는 소리의 발음 길이가 비슷한 것이 규칙적으로 반복된다는 점에 있다. 그러므로 운율이란 규칙성·반복성에서 얻어진다고 할 수 있다.

그런데 이러한 운율은 시의 언어를 통해 실현되듯 대체로 의미와 결합되어 나타난다. 말은 소리의 단위이면서 동시에 의미의 단위이기 때문이다. 여기서 운율이란 의미와 유기적으로 잘 결합되어야 할 필요성이 제기된다. 시에서 운율만을 따로 떼어내어서 생각할 수 없듯 소리가 그 뜻과 잘 결합되어 작품의 전체적인 효과에 기여할 때 비로소 그 의의는 배가된다고 하겠다.

운율은 시의 표면에 분명히 드러나 가시적·물리적으로 따질 수 있는 것이 있는가 하면 반면에 시 속에 잠재되어 있어 객관적으로 측정하기 어려운 것도 있다. 전자를 흔히 객관적 운율이라 하고 후자를 주관적 운율이라 일컫는다.

이렇게 크게 두 가지로 구별되는 운율 중, 시에서 구체적인 분석 대상이 되는 것은 주로 객관적 운율이 되는데, 이에는 음성률 · 음수율 · 음위율 등이 해당된다.

먼저 음성률은 소리의 강약 · 고저 · 장단 · 음질 등의 여러 속성들이 한 단위가 되어 규칙성을 띠고 반복되는 것을 말한다. 이것은 주로 서구시나 한시에서 볼 수 있는 것으로 우리 시에서는 잘 인식되지 않는다. 우리말에도 소리의 고저 · 장단 · 강약 등이 전혀 없는 것은 아니지만 그것을 시에서 인식할 수 있을 만큼 개발되지도 않았고, 또 창작상에서 고려하는 경우도 거의 없다.

서구시에서 음성률은 음보를 중심으로 강음과 약음이 교차해서 반복적으로 드러남으로써 시의 리듬을 발생시키게 된다. 즉 강세가 있는 음절(/)과 없는 음절(X)이 구분되어 음절의 강약에 따른 리듬이 형성되는 것이다. 예컨대 다음과 같은 경우가 그것이다.

> o talk not to me of a name great in history;
> The days of our youth are the days of our glory
>
> — 바이런 <All for ccre>

> 오, 나에게 말하지 말라. 역사 속의 위대한 이름을,
> 우리들의 젊은 시절은 우리들의 영광의 시절
>
> — <최창호 역>

음수율은 음절의 수를 단위로 하여 규칙적을 반복되는 것을 계측함으로써 나타나는 율격을 말한다. 주로 1행을 기준으로 그 속에 드

러나는 각 음보의 음절 수를 헤아려 그 규칙성을 따지게 되는데, 이른바 3·4조, 4·4조, 7·5조 등의 말들은 이 음수율에 의해 계측된 율격적 특성을 나타내는 것이다. 시조나 민요, 근대의 김소월 시를 비롯한 일련의 시에서 음수율이 잘 드러나고 있다.

> 한때는 많은 날을 //당신 생각에
> 밤까지 새운 일도//없지 않지만
> 아직도 때마다는//당신 생각에
> 축업은 베갯가의//꿈은 있지만
>
> ― 김소월 <님에게>에서

'//' 부분을 전후로 하여 앞은 7음절, 뒤는 5음절로 되어 있어 전형적인 7·5조의 음수율을 보여준다. 이렇게 음수율은 시행에 배치된 음절의 수를 따져 그 규칙성을 밝혀내는 것이다.

그런데 이러한 음수율은 우리 말의 특성상 매우 불안정한 것으로 지적된다. 다시 말하면 우리 말의 어절구조는 대체로 1~3음절이 대부분이므로 여기에 조사가 붙으면 2~5음절의 어휘가 되므로 자연스럽게 3·3, 3·4, 7(3·4, 4·3)·5(2·3, 3·2)조의 음수율을 형성하게 된다는 것이다. 이와 같이 자연스럽게 형성되는 것은 운율적 자질로 보기 어려우므로 이에 대한 부정적 견해를 제기하기도 한다.

이러한 불안정한 운율적 자질을 가진 음수율보다는 호흡의 단위로 측정하려는 것이 소위 음보율이 되는 데, 음수율에 대한 문제점이 제기된 이후 이것은 널리 확산되고 있는 추세인 듯하다. 음보율을 따지는 방법은 음절의 수를 헤아리는 것이 아니라 서구처럼 몇 개의 음보 *foot*가 모여 한 행을 이루고 있는가를 따지는 것이므로, 현대시와 같이 한 행을 이루는 음절수가 불규칙한 경우에 적용하기가 알맞다는 데 그 호응도가 높은 것으로 보인다. 예를 들어 시조의 음수율적

계측 단위인

> 3/4/3/4//
>
> 3/4/3/4//
>
> 3/5/4/3//

은 음보율로 보면 4음보의 율격이 되는 것이다. 또 다음의 시는 음수율로 따지면 7 · 5조가 되지만 음보율로 보면 3음보가 된다.

> 서늘하고/ 달밝은/ 여름밤이어//
>
> 구름조차/ 희미한/ 여름밤이어//
>
> 그지없이/ 거룩한/ 하늘로서는//
>
> 젊음의/ 붉은 이슬/ 젖어나려라//
>
> ─김소월 <여름의 달밤>에서

이렇게 음보율에 입각하면, 음절 단위로는 계측이 어려운 것도 호흡단위로 파악함으로써 운율의 규칙을 발견해낼 수 있는 장점이 있다. 다음의 시는 2음보의 대응, 또는 4음보의 율격적 자질을 가진 것으로 파악이 가능해진다. 그러나 이를 음수율로 따지면 상당히 불규칙한 것이 될 수밖에 없는 것이다.

> 얇은 紗/ 하이얀 고깔은// 고이 접어서/ 나빌레라
>
> 파르라니/ 깎은 머리// 薄紗 고깔에/ 감추오고
>
> 두 볼에/ 흐르는 빛이// 정작으로 고와서/ 서러워라
>
> ─ 조지훈 <僧舞>에서

音位律은 동일한 말소리[韻]가 일정한 위치에 규칙적으로 반복될 때 형성된다. 이에는 頭韻 · 腰韻 · 脚韻 등이 있지만, 이것도 우리 시에서는 보편적으로 사용되는 양식은 아니다. 주로 서구시나 한시

에서 발달된 것으로, 우리의 경우는 한시의 영향에서 脚韻의 형태가 더러 사용된 예를 볼 수 있다. 특히 우리말은 종결어미가 거의 한정되어 있기 때문에 서구와 같이 의도적으로 배치하지 않더라도 자연스럽게 형성되어 韻的 자질이 잘 드러나지 않는다.

3) 이미지

이미지 *image*는 心象, 影象 등에 해당하는 말이다. 발레리도 현대시의 80%가 이미지로 되어 있다고 말했듯이 그만큼 오늘날 시에 있어 이미지는 강조되고 있다.

> 이미지는 신체적 지각이 일어난 감각이 마음 속에 재생된 것이다. ……한때 지각되었으나 현재는 지각되지 않는 어떤 것을 기억하려고 하는 경우나 체험상 마음의 무방향적 표류의 경우나 상상력에 의해서 지각내용을 결합하는 경우나 꿈과 열병에서 나타나는 환각 등의 경우처럼 직접적인 신체적 지각이 아니라도 마음은 이미지를 역시 생산할 수 있다. 한층 특수한 문학적 용법으로서의 이미저리는 언어에 의하여 마음속에 생산된 이미지群들을 가리킨다.
>
> — 프린스톤대학 <시학사전>에서

이미지와 이미저리의 차이를 발견할 수 있다. 이미지는 신체적 지각·기억·상상·환상에 의하여 마음속에 생산되는 것이고, 이미저리는 언어에 의하여 마음속에 생산된 이미지群들임을 알 수 있다.

흰달빛
紫霞門

달안개

물소리

大雄殿
큰菩薩

— 박목월 <불국사>에서

이 시에서 '흰달빛', '紫霞門', '달안개', '물소리' 등은 전부가 이미지이다. 이런 이미지들이 모여 이미저리를 이루고 있다. 여기서 우리는 이 시의 제목이 암시하는 불국사라는 핵심 이미지를 떠올리게 된다. 또한 우리는 시인의 기억과 상상을 볼 수 있다. 기억이란 한 개인의 체험에서 얻어지는 것이요 또 모든 상상의 원천이기도 하다. 기억이나 상상이란 것은 이미지를 만드는 가장 중요한 요소의 하나다. 이 작품에서도 시인이 직접 본 '紫霞門', '大雄殿', '큰菩薩'이 '흰달빛', '달안개', '물소리' 등 정서를 불러 일으키는 상상력에서 나온 이미지들과 합하여 불국사라는 핵심 이미지를 낳고 있는 것이다. 그렇게 함으로써 우리가 무심히 보아 오거나 일상적인 사물에 새로운 신선감을 준다. 이런 것이 시에서 이미지가 갖는 힘이라고 하겠다.

하이얀 입김 절로 가슴이 메어
마음 허공에 등불을 켜고
내 홀로 밤 깊어 뜰에 내리면

머언 곳에 여인의 옷 벗는 소리

—김광균 <雪夜>에서

'마음 허공에 등불을 켜고'라든지 '머언 곳에 여인의 옷벗는 소리' 등의 구절은 하나의 상상력으로 된 이미지이다. 상상력은 이와 같이 이미지의 힘이라고 할 수 있다.

존 러스킨 *John Ruskin*은 상상력을 직관적 상상력 *imagination penetrative*, 연합적 상상력 *imagination associative*, 정관적 상상력 *imagination contemplative*으로 나누고 있다. 직관적 상상력은 사물의 외면적 형상이 아니고 정신적이고 내면적인 것을 결합시키는 것을 말한다. 연합적 상상력은 심상을 결합하여 새로운 형체를 창조하는 것을 말한다. 정관적 상상력은 대상을 정관하는 가운데 사상과 정서가 나타나 체험 전체를 통일시키는 것을 말한다. '상상력은 일반적으로 이미지를 낳는 정신의 능력'임에 틀림없지만 이 상상력 또한 공상과 구별되어야 함을 유의해야 한다.

> 공상 *fancy*과 상상력 *imaination*은 이미지 결합의 기능에서 구분된다. <구름은/ 보랏빛 色紙 위에/ 마구 칠한 한 다발 薔薇>(김광균 <뎃상>의 일부)처럼 구름과 장미의 결합이 우연한 일치에 의존할 뿐 이 결합이 아무런 새로운 변화도 가져오지 못하고 정신적 가치도 지니지 못하는 기계적이요 유물론적인 경우가 공상이다. 또한 그것은 대상에 구속을 받는 일정한 크기를 나타낸다. 반면에 <그리고 아쉬움에 가슴 조이던/ 머언 먼 젊음의 뒤안길에서/ 인제는 돌아와 거울 앞에 선/ 내 누님같이 생긴 꽃이여>(서정주 <국화옆에서>의 일부)처럼 누님과 국화의 결합은 인격 완성의 희열이라는 새로운 변화를 가져오며 단순한 물질적 유사성이 아니라 정신적 정서적 가치를 띠고 있으므로 이것은 상상력의 소산이다. 그리고 <한 손으로 지축을 잡아 흔들고 천지를 含吐하는 아무리 억세고 사나운 아시아의 사나이라도>(오상순 <아시아 마지막 밤의 풍경>의 일부)처럼 상상력은 무한한 크기를 나타낸다. 그만큼 상상력은 대상에 구속되지 않고 자유롭게 활동한다.
>
> — 김준오 <시론>에서

그러나 상상력은 어디까지나 상상력일 뿐이다. 이미지 그 자체는 아니다. 이미지는 어디까지나 언어로써 나타남을 잊지 말아야 한다.

상상의 결과가 언어로써 나타나는 것이 이미지이다.

이미지에 대한 복수의 개념으로서 이미저리를 다음과 같이 나눈다. 감각적인 면에서 시각적 *visual*, 미각적 *gustatory*, 청각적 *auditory*, 후각적 *olfactory*, 촉각적 *tactile*, 근육운동지각 *kinesthetic*으로 내용 면에서 정신적 이미저리 *metal imagery*, 비유적 이미저리 *figurative imagery*, 상징적 이미저리 *symbolic imagery*가 그것이다. 정신적 이미저리 안에 시각적, 청각적, 미각적 등의 것이 다 포함되며 비유적 이미저리 안에, 제유, 환유, 직유, 은유 등을 들 수 있다.

상징적 이미저리란 "자기 마음의 감각적 영상을 문자화하는 능력만이 아니라 시인의 관심사, 취향, 기질, 여러 가지의 기준, 환상 등을 이미저리로 나타나게 하며 이미지들이 자꾸 시 속에서 반복되게 해서, 그러니까 이미지의 패턴들이 시의 어조를 만들기 위해서도 발생되고, 그 문맥의 구조나 상징의 방법을 나타내기 위해서도 발생되어지는 것이다"(<세계문예대사전>, 문덕수 편)

그러나 우리는 이미지를 시각적 이미지, 청각적 이미지, 심리적 이미지로 나누는 게 보통이다.

> 내 하나 農夫의 資格으로 이제 말하노니
> 저 깊은 하늘
> 누워 있는 바람,
> 생것대로 있는 사랑스런 똥거름 냄새를.
>
> 그 곁엔
> 개울의 빛나는 흐름,
> 작은 새들의 울음은 水晶처럼 굴러가고,
> 노을 속에 스며드는 저녁연기는
> 먼 슬픔처럼 오히려 맵지 않다.

都會의 더러움
現代的인 것의 간지러움
플라스틱과 같은 것으로 만드는 그 現代的인 간지러움.
                                        ― 허유 <귀향>에서

하늘, 바람, 똥거름, 개울, 새, 노을, 저녁연기 등의 이미지가 모여서 하나의 시각적인 이미지로 고향을 떠올려주고 있다. 그곳에 도회, 더러움, 플라스틱, 간지러움 같은 고향의 이미지와는 전혀 다른 시어들이 투입됨으로써 더욱 시각화시켜 준다. 그러나 이 시는 엄밀히 보면 한 시어가 이미지를 이루는 것이 아니라 깊은 하늘, 누워있는 바람, 생것대로 있는 사랑스런 똥거름, 수정처럼 굴러가는 작은 새의 울음, 슬픔처럼 오히려 맵지 않은 저녁연기 같은 하나의 시구들이 모여서 시각적인 이미지를 이루고 있다. 이런 고향에 대한 이미저리들은 도시 문명 속에서 살면서 가슴이 메말라가고 고향을 상실하고 있는 우리들에게 고향의 안온함을 그림처럼 재생시켜 준다. 이같은 것을 보드킨 M. Bodkin은 재생의 원형 rebirth archetype이라고 했다. 시에 있어서 재생의 수법은 자주 쓰이는 것이기도 하다.

    차들이 분주한 거리에서 닭 우는 소리를 들었네. 버스 정거장 근처 소년시절의 닭들이 모여와 풀잎을 뜯고 있었네.
                                        ― 이탄 <늙지 않은 귀>에서

앞의 許洧의 작품이 농촌을 무대로 도시를 비판한 것이라면 李炭의 <늙지 않은 귀>는 도시에서 농촌을 그리워하는 상황을 보여주고 있다. 이탄은 도시의 자동차 소음까지도 시골의 닭우는 소리로 듣는 복고성을 가지고 있다. 이 시는 '닭'과 '버스'를 대비시킴으로써 상황에 대한 시각적인 이미지를 나타내고 있는 작품이다. 가령 시각적 이미지로 <분수처럼 흩어지는 푸른 종소리> (金光均 <外人村>), <흔들리는 종소리의 동그라미 속에서>(鄭漢模 <가을에>) 등 하나의 시구에서 찾는 것이 보통이었지만 상황 자체나 전체적인 분위기에서도 시각적 이미지를 찾는 방법도 알아야 하겠다.

> 그것이 問題다.
> 그것이 問題다.
>
> 돌아와 한밤엔
> 뛰어가는 발자욱 소리들의
> 맨 마지막
>
> 혼자서 뛰어가는 뒤떨어진
> 발자욱 소리를 듣기도 했지만
> 그것이 나이고자 했지만
> 나는 혼자서 方向을 바꿀 수가 없었다.
>
> 단추가 하나
> 떨어져 있었다.
> — 정진규 <단추 하나의 문제>에서

청각적 이미지로 돼 있는 시이다. 발자국 소리, 그것도 그냥 소리가 아니라 맨 마지막 뛰어가는 발자국 소리를 듣고 그 소리 자체를 나 자신으로 환원시키려고 하지만 방향을 바꿀 수 없는 자신을 '단추' 하나로 상징화시키고 있다.

> 새양철 지붕으로 쏟아지는 쇠못이여
> 쇠못 같은 빗줄기여
> 내 어린날 지새우던 한밤이 아니래도 놀다 가거라.
> — 조정권 <비를 바라보는 일곱 가지 마음의 형태>에서

101

'비'를 '쇠못'으로 시각화하고 있기도 하지만 '새양철 지붕 위로 쏟아지는 쇠못이여'라는 전체의 구절로 볼 때는 청각적 이미지로 되어 있다. 청각적 이미지는 의성어나 또는 종소리·물소리·운다·짖는다 등의 청각을 나타내는 단어가 아니고도 이렇게 효과를 나타낼 수도 있다.

> 가장 깊은 뿌리에서
> 아슴히 높은 정수리까지의
> 내 외로움을
> 사람아
> 너에게 드릴밖에 없다.
>
> 동쪽 비롯함에서
> 서녁끝 너메까지
> 한 솔기에 둘러 낀
> 하늘 가락지.
> 돌고 돌아서
> 다시 오는
> 이 마음을   ― 김남조 <雅歌>에서

심리적 이미지로 되어 있다. 외로움이나 마음의 한 상태를 이미지화 하고 있다. 이런 심리적 이미지는 상상의 세계 속에서만 가능한 것이다. 시의 존재 이유는 하나의 이런 심리적인 이미지들을 시의 그릇 속에 담을 수 있다는 데 있을 것이다.

이밖에도 정신적 이미지는 의미심장 *rich*, 복합적 *complex*, 구체적 *concrete*, 애매함 *ambiguous*, 아이러니칼 *ironical*, 신화적 *mythic*, 육감적 *sensuous*, 통일된 *unified*, 전체성 *wholness* 등으로 거론되기도 한다.

이미지 중심의 시를 쓰는 시인을 일컬어 이미지스트 *imagist*라 하고 그러한 시운동을 이미지즘 *imagisim*이라 한다. 이미지즘을 주장한 시인은 에즈라 파운드다. 이미지즘은 파운드가 1909~1917년 사이에 흄 *T. E. Hulme*의 시론과 시의 영향을 받고 일으킨 新詩 운동이라 하겠다.

> 가을밤의 싸늘한 감촉 —
> 나는 밖을 걷고 있었다.
> 그래서 불그스름한 달이 생나무 울타리에 기댄 것을 보았다.
> 벌건 얼굴을 한 농부와 같이.
> 나는 멈춰 서서 말하지는 않았지만, 알아차렸다.
> 그리고 둘레에는 무엇인가 바라는 것같은 별들이 있었다.
> 도회지의 아이들처럼 흰 얼굴을 하고.
>
> — 흄 <가을>에서

이미지의 시를 말할 때 대표작처럼 손꼽히는 작품이다. 달과 별의 이미지가 농부의 얼굴과 도시 아이들의 흰 얼굴로 대비되어 선명하게 드러나고 있다.

빅토리아 시대의 낭만주의에 반기를 들고, 프랑스 상징주의 시 영향을 받아 일어난 이 운동의 골격은 올딩턴이 쓰고 로우얼 *Amy Lowell*이 수정한 '이미지스트 선언'에 잘 나타나 있다.

① 일상어를 쓸 것. ② 자유시를 쓰되 음의 효과나 억양을 무시하지 말고 새로운 리듬을 창조할 것. ③ 제재를 자유롭게 선택할 것. ④ 명확한 이미지를 중시하되 이미지 자체의 표현을 존중할 것. ⑤ 견고하고도 명확한 스타일의 시를 쓸 것. ⑥ 집중의 시가 精髓임을 명심할 것.

한국에서의 이미지즘은 1934년 김기림, 최재서 등이 이미지즘의 이론을 소개하고 그러한 시를 쓰면서부터였다. 그후 이 운동에 동조한 정지용, 김광균 등의 시인이 이미지 중심의 시를 즐겨 발표했다. 한 국에서의 이미지즘은 영국과 마찬가지로 <白潮>나 <廢墟>의 낭 만주의 색채가 짙은 작품에 반기를 들면서 일어났다. 김기림은 오늘 날의 시, 또 앞으로의 시는 음풍농월적인 감상이나 영탄이 아니라 주 지적, 繪畫的이어야 한다고 주장했다.

```
月
 火
  水
   木
    金
     土
```

하낫 둘
하낫 둘
일요일로 가는 엇둘소리

자연의 虐待에서
너를 놓아라
역사의 餘白……
영혼의 衛生데이……
일요일의 들로
바다로……
우리들의
유쾌한
하늘과 하로
일요일
  일요일

月·火·水·木·金·土가 계단을 한 개씩 밟아 올라가듯이 繪畫的으로 되어 있다. 어느 구절을 봐도 센티멘탈을 기조한 곳을 찾아볼 수 없다. 그러면서도 리듬이 깃들어 있다.

김기림이 '너는 저 운문이라고 하는 예복을 너무나 낡았다고 생각해본 일은 없느냐?'라고 말한 뜻을 이미지와 더불어 생각해 볼 필요가 있다.

4) 상 징

상징 *Symbol*의 원뜻은 그리스어 Symballein에서 온 것인데 동사로서 '조립한다', '짜 맞춘다'의 뜻을 가지고 있다. 또 그리스어의 명사인 Symbolon에는 표시 *mark*, 증거물 *token*, 기호 *sign* 등과 같은 뜻이 있기도 하다. 상징이란 '조립한다'나 '짜 맞춘다'에서 볼 수 있듯이 '혼융의 구체적 바탕'이 상징이라 할 수 있다. 또 기호나 증거물로서 다른 어떤 것을 대신하는 일을 하기도 한다.

그 자체로서 다른 것을 대표하는 사물 일체를 우선 상징이라 하겠다. 아라비아 숫자는 어떤 수량을, 한글 24 글자는 각각 어떤 소리를 대표한다. 낱말들은 뜻을 대표한다. 화학에 있어서 분자식이나 기하학의 도표나 도형 등도 다 어떤 관념, 생각, 형상 등을 대표한다 이러한 종류의 상징은 기호라고 해도 된다.

국기, 상표, 학교나 단체의 뺏지, 십자가 같은 종교의 표지 등은 일반적 기호와는 구별하여 제도적 상징이라 부른다. 어떤 제도적 집단에 소속되어 있는 사람에게 제도적 상징은 큰 의의가 있으나(국가는 한 국민에게 생명을 바쳐도 아깝지 않을 상징이다) 그 집단에 소속되지 않은 사람에게는 거의 무의미이다.

　문인은 말을 사용하는 만큼 기호적 상징은 물론, 제도적 상징도 필요
한 만큼 사용하지만, 특히 문학적이랄 수 있는 상징을 사용하는 일에 정
성을 기울인다. 문학적 상징은 우선 심상의 일종으로 본다. 그러나 일반
적 심상이 구체적·감각적 사물을 환기시키는 낱말이라면, 상징은 그런
사물을 가리키는 또는 암시하는 또 다른 의미의 영역을 나타낸다. '장미
꽃'이라는 낱말이 하나의 구체적 감각적 인상을 되살리는 데에서 그친다
면 그것은 심상이고, 이 장미꽃이라는 심상이 정열, 또는 쉽게 사라지는
사랑의 아름다움 등의 뜻을 가리키든가 암시한다면 상징이 될 수 있다.
　　　　　　　　　　　　　　　— 이상섭 <문학비평용어사전>에서

　상징에는 제도적 상징과 문학적 상징이 있음을 보겠다. 제도적 상
징은 일반적 상징 또는 언어적 상징이라 하는 것으로 '十'를 병원,
예수, 교통에서 안전제일로 나타내는 기호, 한자, 숫자의 열십자 등
단순한 언어의 상징화를 의미한다. 이에 반해 문학적 상징은 매우 복
잡성을 띤다.

　　손바닥엔 못이 찔림
　　이마에는 가시 찔림
　　옆구리에는 창의 찔림
　　생명 여울 일체는
　　자고 있었네.
　　있는 것도 없는 것도 아무것도 없었네.
　　　　　　　　　　　　　　　— 박두진 <使徒行傳>에서

　문학적 상징에는 '十'이란 표시나 낱말이 없더라도 우리는 십자가
에 매달린 예수의 모습이 암시되어 선명히 나타나고 있음을 본다. 십
자가의 단순한 상징으로서가 아니라 손바닥, 이마, 옆구리 등의 낱말

들과 결부됨으로써 다양성을 띠고 있다.

댄지거 *M. K. Danziger*와 존슨 *W. Stacy Johson*은 문학적 상징을 다음과 같이 나누고 있다.

　① 자체내에 의미의 보편적 암시를 구현하는 것. 육지와 바다는 시간과 영원을, 항해는 인생을 상징하는 경우가 있다. 세계 문학에 널리 때로는 무의식적으로 사용되고 있다.

　② 자체에 내재하는 특질로부터 암시성을 얻는 대신 특정한 작품에 사용되는 방식에 의해 암시성을 얻는 것, 허만 멜빌의 <白鯨>에서 항해 · 육지 · 대양은, 이 소설에서 멜빌의 사용으로부터 거의 독립된 것 같은 영구한 의미를 지닌 물상이지만, 흰고래는 여러 소재의 취급을 통해 다양한 의미를 지니게 된다.

　　　　　　　　　　　　— 댄지거와 존슨 <문학비평의 안내>에서

　　손바닥엔 못이 찔림
　　이마에는 가시 찔림
　　옆구리에는 창의 찔림
　　생명 여울 일체는
　　자고 있었네.
　　있는 것도 없는 것도
　　아무 것도 없었네.

　박두진의 이 작품에서 상징의 구체성을 찾아보자. 나는 상징을 '혼융의 구체적 바탕'이라고 말한 바 있다. 이 말은 비유에서 원관념과 보조관념이 다르면서 결합되어 하나의 상징을 이루는 것과 대체된다.

　"문학적 상징이란 내적 상태의 외적 기호"라는 틴달 *W. Y. Tindal*의 말과 같다. 이러한 '혼융'은 하나의 단어나 비유에서 상징성을 찾을 수도 있지만 시 전체 또는 시의 한 聯에서도 얻을 수 있다. 박두진의 작품은 시의 연 속에서 예수에 대한 상징성을 혼용하여 나타낸 예라 하겠다. 십자가에 매달려 죽은 예수의 형상이 부각됨과 더불어 예수가 우리들에게 있어서 어떤 존재인가를 상징해 주고 있다. 이러한 혼용의 상징성은 단순한 혼용으로 끝나는 것이 아니라 암시성, 다양성, 입체성, 문맥성을 내포하고 있다. 상징은 불가시적인 원관념은 숨고 가시적인 보조관념만이 남아 있는 형태다. 시의 특성을 살펴볼 때 상징이 주는 암시성, 다의성, 입체성 들이 얼마나 중요한가를 알 수 있다.

김준오는 그의 <시론>에서 "문학적 상징은 관점에 따라 여러 유형별로 나눌 수 있겠지만 사적 또는 개인적 상징 *personal symbol*과 관습적 또는 공중적 상징 *public symbol*과 원형적 상징 *archetypal symbol*'의 셋으로 나눌 수 있다고 했다.

(1)
비탈을 가는 빛이 네게 머문다.
그림자가 빛의 집을 세운다.
그래서 너는 낳는다.

(2)
네 생일에 네 모양은 地球다.
그러나 네가 폭포나 빙산이나 김일 때
네 모양은 숨는다.

(3)
있어도 없고 없어도 있는
行爲의 零點에서
생각이 엉긴다.

(4)

흘러 가는 休止符.

實體, 虛像, 正體, 現象.

영롱한 착각

(5)

物質觀念.

觀念物質.

사이 사이 膜.

— 성찬경 <물방울 素描>에서

　　개인적인 상징은 시인의 지적인 상징으로서 특정한 작가의 작품을 넓게 읽어 보면 드러나는 것이다. 성찬경은 그의 密核詩論에서 "밀핵이란 나의 시 속에 들어 있는 나의 심상들의 궁극적인 구성인자에 붙인 이름이다. ……언어의 밀핵적 방법이란, 낱말 하나 하나에 최대한의 의미의 밀도를 넣으려는, 또 낱말의 집합체인 글에도 최대한의 뜻과 무게를 주려는 방법"이라고 말하고 있다. 이런 그의 시론을 이해하고 보면 이 시가 가지는 개인적인 상징성이 명료하게 드러난다. 그는 물방울을 '네 생일에 네 모양은 지구'로 보고 '영롱한 착각', '물질관념/ 관념물질/ 사이 사이 막'으로 보고 있다. 그것은 성찬경만이 가지고 있는 물방울이다. 이 물방울들이 전체로 통일 또는 혼용되어 난해한 시의 상징을 이루고 있다. 개인적 상징이 한 시인의 세계를 폭넓게 살펴보아야만 알기 쉽다는 것은 이 때문이다.

　　이것이 무엇인가? 할아버지의 할아버지의 그 또 할아버지의 千年 아니 萬年. 눈시울에서 눈시울에 실낱같이 돌던 것, 지금은 무덤가에 다소곳이 돋아나는 이것은 무엇인가?

　　내가 잠든 머리맡에 실낱 같은 실낱 같은 것, 바람 속에 구름 속에 실

낯 같은 것, 千年 아닌 萬年, 아버지의 아저씨의 눈시울에 눈시울에 어느
아침 스며든 실낱 같은 것, 네가 커서 바라보면, 내가 누운 무덤가에 실
낱 같은 것, 죽어서는 무덤가에 다소곳이 돋아나는 몇 포기 들꽃 …… 이
것이 무엇인가? 이것이 무엇인가?

― 김춘수 <눈물>에서

인간이면 누구나 한번쯤은 눈물을 흘려본 기억이 있을 것이다. 눈
물이 없는 인간은 없다. 눈물은 인간에게는 공통적인 것이다. 슬픈
일을 당하면 우리는 본능처럼 눈물을 흘리게 되어 있다. 이런 눈물은
'실낱 같은 것'으로 상징화되어 한 편의 시를 만들고 있다. 이런 눈
물은 할아버지의 할아버지의 또 그 할아버지의 '천년 아니 만년' 때
부터 반복되어져 온 것이므로 신선감을 주지 못하는 보편적 상징이
다. 이것을 죽음의 허망과 결부시켜 '실낱 같은' 미세성으로 상징하
고 있다. 이런 관습적 또는 공중적 상징이라는 것은 오랜 세월을 거
쳐 많은 작가들이 사용한, 우리에게 친근한 상징들이다. 제도적 상징,
자연적 상징, 알레고리성 상징, 문학적 전통의 상징 등이 다 여기에
속한다.

품어 안고 쓰러질 수 있는 것은
적개심 뿐이었다.

아녀자가 할 수 있는
더 높은 일을
알지 못하여
열 손가락 가락마다 가락지로 무장하고
敵意의 사내 품에 안고
쓰러졌네.

강낭콩보다 붉은 마음
강물 속에 쓰러져서
흐르지 않는 세월의
파수꾼이 되었네.

오, 품어 안고 쓰러질 수 있는 것은
生木 타듯 지지고 보채는
적개심 뿐이었다.
— 강계순 ⟨논개⟩에서

우리 역사상의 한 인물인 '논개'를 詩化하고 있다. 논개는 忠의 상징이다. 논개를 단순한 인간으로서가 아니라 역사의 수난 속에서 존재하는 삶의 한 방법으로 상징함으로써 새로운 인간상을 창조하고 있다. 이런 것은 문학적 전통의 상징이라 한다. 과거의 역사나 문학 속에서 빌어와서 새롭게 상징하는 것이다.

옛날에 눈이 아주 좋은 한 늙은이는 하늘이 모두 서른 세 개라고 하였습니다. 그렇게 눈이 좋지 않은 내게는 하늘이 하나로 보이기 일쑤이지만 술에 취한 밤이거나 어쩌다 무엇에 씌인 날이면 하늘이 한 오백개쯤 보여집니다. 옛날에 배짱이 아주 좋은 두 늙은이는 낚싯대에 암소를 한 마리 매달거나 곧은 낚싯대를 물에 던진 채 혹은 龍을 기다리고 혹은 하늘을 기다렸습니다. 그런 배짱이 없는 나는 아예 낚시라면 고개를 젓고 바둑조차 끝내기를 해내지 못합니다. 그저 다만 배때기 속의 탐식을 누구에게나 들키지나 않을까 조마조마한 마음으로 술이나 퍼마시거나 하루 종일 담배를 피워대기만 합니다. 그러다보면 어느 귀신이 찾아와 시나 쓰고 똥이나 싸라고 살아가는 법을 알려 줍니다.
— 박제천 ⟨放生⟩에서

해마다 대보름날이 되면 물고기를 강물에 놓아주는 佛家 행사의

111

하나인 방생을 소재로 한 시이다. 문화적 상징이라 하겠다. 이곳에 강태공의 고사나 불교의 내용 등이 섞여 있다. 이 시인은 '배때기 속의 탐심을 누구에게 들키지나 않을까 조마조마한 마음으로 술이나 퍼마시는' 자신과 불가의 자비심과를 비교하여 상징하고 있다.

> 어젯밤은
> 천년처럼 깜깜한 어둠이더니
> 천년처럼 깜깜한 그 어둠을
> 밤새껏 적시면서 비가 내리더니
>
> 저렇게 오늘 아침 꽃 한 송이 피었다.
>
> 어젯밤
> 천년 같은 깜깜한 어둠
> 그 어둠 밤새껏 적시면서 내린 빗발 가운데
> 누구 피 한 방울 섞여 있었나
>
> — 전봉건 <꽃 한 송이>에서

　자연적 상징이 보이는 시다. 자연적 상징은 시인들이 자주 쓰는 상징이다. 이 시인도 꽃 한 송이가 피어난 것을 '피 한 방울'로 선명하게 상징하고 있다. 또 '깜깜한 어둠'과 '아침'을 대비하여 상징하고 있다. 어둠과 아침은 죽음과 탄생에 대한 상징이다. 그러므로 이 시는 더욱 선명하게 돋보인다.

> 까마득한 날에
> 하늘이 처음 열리고
> 어데 닭우는 소리 들렸으랴

모든 山脈들이
바다를 戀慕해 휘달릴 때에도
차마 이 곳을 犯하던 못하였으리라.

지금 눈 나리고
梅花 香氣 홀로 아득하니
내 여기 가난한 노래의 씨를 뿌려라.

다시 千古 뒤에
白馬 타고 오는 超人이 있어
이 曠野에서 목 놓아 부르게 하리라.

— 이육사 <曠野>에서

　원형적 상징이 보이는 시다. "보편적 인간 경험을 연상시키는 듯한 문학적 상징으로서 밤과 낮, 여름과 겨울은 활력과 정지, 젊음과 노년을 표현한다. 이런 전형적인 심상들은 출생, 시련, 죽음과 부활 같은 인간과 자연의 중요한 사건의 자료를 이룬다"고 댄지거와 존슨은 <비평문학 안내>에서 밝히고 있다.
　원형적 상징은 신화와 깊은 관련이 있는 상징이다. 신화란 "인간과 세계의 동일화를 위한 상상력의 단순하고 원초적인 노력"이라고 프라이 N. Frye는 말했다. 또 신화를 "정신현상의 투사로 보고 원형을 인간의 정신구조에서 찾는다. 그에 의하면 옛조상들의 생활에서 되풀이 되는 원초적 심상 primordial image, 정신적 잔재가 원형인데 이것은 집단 무의식 속에서 유전되어 개인적 체험의 선험적 결정자 apriori determinant가 되며 문학·신화·종교·꿈·개인의 환상 속에 표현된다"고 김준오는 그의 <시론>에서 융 C. G. Jung의 학설을 인용하고 있다.
　이육사의 <광야>를 원형적 상징 구조로 보자. '까마득한 날에'

는 지구가 형성되기 전의 혼돈의 세계를 뜻한다. '하늘이 처음 열리고'는 이 혼돈의 세계에서부터 최초로 벗어나는 것을 의미한다. '어데 닭우는 소리 들렸으랴'는 광명이 비춰드는 것을 뜻한다. 닭이 우는 때는 새벽이며 빛이 퍼지기 시작하는 시각인 것이다. 이런 원형적 상징으로서 <광야>는 식민지시대의 암흑에서부터 광명으로 가는 전이 *umsetzug*를 암시해 주고 있다.

프로이트도 프라이나 융의 견해와 같은 의견을 취하여 "꿈의 요소는 무의식적 몽상적 사유의 상징"이라고 말하고 있다.

> 우리는 이러한 상징 관계의 지식을 매우 상이한 여러 가지 원천에서 찾아 알 수 있다. 즉 동화와 신화로부터, 우스갯소리와 농담으로부터, 민속 '즉 민간전래의 풍속과 습성, 비어와 민요에 대한 지식'으로부터 시어와 속어로부터 그에 대한 지식의 원천을 발견할 수 있다. 이러한 모든 분야에서 우리는 동일한 상징성을 만나게 되며 우리는 보다 깊은 연구에 골몰하지않아도 그들 가운데 몇몇의 분야에서 쉽게 그러한 지식을 발견하고 이해할 수 있게 된다. 우리가 이러한 원천적인 자료를 세부적으로 파고 들어간다면 우리가 우리의 해석에 관해서 전적으로 확신해도 좋을 만큼 많은 꿈의 상징성과 대등한 상징관계들을 발견하게 될 것이다.
> — 프로이트 <정신 분석학 입문>에서

상징에 대한 것은 폭넓게 존재함을 밝히고 있다. 그러나 꿈의 상징이든 어떤 것이든 간에 상징 언어의 영역 안에서 형성되거나 기호·표시·증거물에 의해서 형성됨을 우리는 알아야 한다. 가령 예를 든다면 꿈 속에서 나타난 배[船]가 여성을 뜻하는 데 있는 것이 아니라 여성이 기호화 되어지고 그리고 이미지의 차원에서 기호화되기 위해서는 언어적인 기반에서 말로 나타나야 된다는 점이다.

우리나라에서 '상징'의 개념이 처음 소개된 것은 1918년 11월 30

일자의 <대서문예신보>에 실린 白大鎭의 <최근의 태서문단>이
란 글에서였다.

상증이라 홈은 분히하기 어려운 종합일치의 샹티에 잇는 바 엇던
관렴을 일음이니 엇더흔 賢察家이던지 명빅히 말ㅎ기 어려운 바 진
리의 精髓를 가장 만히 먹음어잇는 그 獨創 인상을 韻律的 暗喻로써
발표ㅎ는것됨을 일컬음이올시다 ……말미암아 시형의 ㄱ혁에 디ㅎ
야 표상파는 삼죵의 슈법을 이리키엇습니다. 스테판 말라르메
*Mallarmé*는 완곡류려(婉曲流麗)의 극치를 구ㅎ기위는야, 더쇠다르
는쟈와 시구를 다르고 쏘다렷고 베르레인 Verlaine이며 림빠우
*Limbaud*는 시구의 제지를 파ㅎ엿다. 곳전쟈는 유염(幽艶)흔 곡선
(曲線)의 률격(律格)을 뎐ㅎ엿고 후쟈는 신혹덕(神惑的) 비약덕(飛
躍的)인 직선(線一)의 률격을 뎐ㅎ엿습니다.

상징에 대한 개념과 상징주의 시인들의 이름이 보이고 있다.
상징과 상징주의는 그 개념을 달리한다. 상징은 시 자체에 국한되
어 있다면 상징주의는 이러한 시들을 쓰는 일군의 시인들에 의하여
형성된 예술 운동이다. 상징주의 운동은 18세기말 프랑스를 중심으
로 일어났다. 그 대표적인 시인이 보들레르로서 그의 시집 <악의
꽃>이 1857년에 발간되었는데 그때를 기점으로 삼고 있는 것이 통
례이다. 그후 베를레느, 말라르메를 거쳐 발레리, 끌로델까지 그 맥
을 이어간다. 이들이 주장한 노선은 예술지상주의 *art for art's sake*
였다.
"사물에 뚜렷한 이름을 붙이는 것은 詩興의 4분의 3을 말살하는
것이다. 이의 妙味란 조금씩 조금씩 터득해 가는 데 있는 법이다. 암
시가 바로 꿈이다. 이러한 신비의 활용이 곧 상징이다"라는 말라르메

의 말에서도 그가 얼마나 상징을 중요시했는가를 알 수 있다. 이런 상징주의의 특징은 高踏派들의 외면적, 객관적 경향에 대한 반동이라고 말할 수 있다. 이들은 고답파들의 가시적인 세계보다는 불가시적인 세계를, 고답파가 중시하는 논리와 조리 등을 거부하고 모호하고 몽롱함 속에 감추어져 있는 사상, 감정을 점치려 했다. 또 시형의 대담한 개혁을 통해 자유시를 탄생시키기도 하고 시에 산문을 도입하기도 했다.

우리나라에서도 백대진 이후 1919년에 <창조> 제2호에 일본의 상징파 시인들의 작품이 소개되고 1920년의 <폐허>, 1922년의 <백조>에 상징적인 색채를 띤 작품이 발표되었다. <태서문예신보>에는 프랑스의 상징파 시인인 베를레느의 <거리에 내리는 비>, <검은 끝없는 밤>, <아름다운 밤> 등이 소개되기도 했다. 그러나 1921년 발간된 우리나라 최초의 유럽시 번역집인 <懊惱의 舞蹈>에 베를레느의 <가을의 노래> 등 21편, 보들레르의 <죽음의 즐거움> 등 7편이 번역, 소개됨으로써 상징시의 진면목을 볼 수 있다.

이런 상징주의의 영향을 받은 시인들로는 황석우, 박종화, 박영희 등을 들 수 있다. 그러나 이들은 상징파 내지 상징주의자라고 하기엔 작품의 수준이 못 미쳤다고 하겠다.

5) 비 유

비유란 언어의 轉移현상이다. 시에서 비유란 어떤 사물이나 의미를 그 가진 자체에서 고정시키는 것이 아니라 다른 사물이나 의미에서 유추하여 표현하는 형식이다. 미국의 철학자 어번 *W. M. Urban*은 <언어와 현실 *Language and Reality*>에서 언어의 가동성 *mobility*을 강조한 바 있다. 즉 언어란 사물에 부착되어 있지 않고 거

리를 두고 있으므로 부단히 움직이고 있다는 것이다. 언어와 언어가
지시하는 사물 사이에 거리가 있다는 것은 언어의 추상성과 언어의
미에 미지에 대한 지평을 여는 무한한 가능성을 말한다. 이러한 언어
의 속성이 시에서 비유의 폭을 넓히고 있다고 하겠다. 다시 말하면
"이 꽃은 장미다"라는 기본적 의미 *Sens de base*가 "그 여자는 장미
다"라는 문맥적 의미 *Sen Contexual*로 옮겨가는 곳에 언어의 가동성
이 있고, 이러한 것이 언어의 전이현상이라 할 수 있다.

　이러한 현상이 생기는 것은 왜일까. 그것은 사물에 대하여 새롭게
표현하고 어떤 의미에서 다른 의미를 주려는 욕구에서 생긴 것이라
고 할 수 있다.

　　다양한 物象간의 연관성을 명시하거나 암시하기 위하여 낱말의 문자적
　　의미를 무시하는 언어.
　　그 연관성은 흔히 직접적이거나 또는 암시(간접)된 유사성이며 대조점
　　을 강조할 수 있다. 이러한 언어는 비유로 되어 있다. 이것을 형용어구라
　　고도 한다.
　　　　　　　　　　　　　— Babette Detuch ＜poetry handbook＞에서

　비유에 대한 사전적 정의다. 이곳에서 '낱말의 문자적 의미를 무
시한 언어'라는 데 유의해 볼만하다. 특히 우리가 일상생활에서 쓰는
비유와는 달리 문학 속에서 사용되는 비유는 修辭的 비유 *figure of
speech*로서 문자적인 의미를 초월하여 새로운 의미를 창출, 마음 속
의 이미지를 암시하기 위하여 만드는 언어의 표현법이다. 수사학적
비유는 다음의 세 가지로 구분된다.

　① 상상된 유사성 — 상징, 공상, 引喩, 直喩 등
　② 암시된 연상 — 誇張, 換喩, 提喩 등

117

③ 귀나 눈에 호소하는 것 ― 頭韻, 파격적 구문, 擬聲語 등

이상의 구분에서 세부적인 것은 뒤에 얘기하기로 하고 비유의 구성은 원관념과 보조관념으로 이루어져 있다는 모울톤 *Moulton*의 견해를 따라야 하는 것이 통례다. 원관념이란 意味材를 일컬음이요, 보조관념이란 材料材를 말한다. <현대비평용어사전>에 보면 좀더 자세히 설명돼 있다.

> 원관념 *Tenor*은 주제에 대한 관념적 비유로서 大意, 趣意에 해당하는데 추상적이고 문학적인 의미 등의 뜻이 있고 보조관념 *Vehicle*은 비유의 매개물로서 구체적이고 수식적인 구실을 한다.
>
> ― 이상섭 <현대비평용어사전>에서

> 배암같은 비가 내린다.
>
> ― 이탄 <도시와 배암>에서

이때 '비'는 원관념이고 '배암'은 보조관념이 된다. 구체적 이미지를 그리는 비유로서 비가 배암에 견주어진다. 이는 비가 암시하는 시각적 특성을 드러내고 있다. 도시 속에 내리는 비를 배암의 형체로 봄으로써 비정하고 전율적인 감각을 전달하고 있다. 이렇게 비유란 새로운 언어 창조 작업인 것이다.

가. 직유

직유 *simile*는 라틴어의 Simibes(like)에서 온 말이다. 직유는 표현하고자 하는 사물이나 의미를 다른 사물이나 의미를 끌어다가 직접 연결하여 견주는 방법이다. ―처럼, ―같이, ―마냥, ―듯이 등의 연

결어를 써서 비유와 피비유의 대상을 결합한다.

> 내 마음 안, 解冬하는 그늘 아래
> 꽃잎처럼 모두어 붉은
> 기다림 일어라.
>
> 잔잔한 和音階層에 누워
> 몇날을 始原의 흥취로 노래하며
> 그 雅香으로 빛나는 하얀 冬栢을.
>
> 나의 눈썹에 밀리는 어둠이듯
> 또 그렇게 다가서는
> 水蜜桃 같은 季節 앞에
> 몇해라, 피에 사모친 머언 사람아
>
> 바다는 오히려 깊지 않고
> 冬栢꽃 꽃속 만큼이나 더 깊은
> 어릴 적 누님의 품에서
> 이제는 情겨워 오직 하나
> 하얀 冬栢을 키운다.
>
> — 이우석 <하얀 冬栢을>에서

　직유를 의도적으로 사용하여 만든 시의 하나다. 앞의 전반부 一聯은 확대비유로 되어 있다. 그뿐 아니라 눈썹과 어둠, 수밀도와 계절, 누님의 속이 '꽃속 만큼'으로 비유되어 참신한 느낌을 준다. 비유는 원관념과 보조관념의 이질성이 뚜렷하면 할수록 공통점의 발견은 경이적인 것이 되며 그 효과도 커진다.

　오늘 아침 마누라와 다투다 보니 지옥과 천당이 따로 없었습니다. 극락과 지옥이 따로 없었습니다. 눈에 부엌칼을 들고 손에 따발총을 들고, 날뛰는 붉은 마음, 앞발 뒷발 조금씩 피 흘리며 떨어지는 검은 마음, 북극과 열대같은 도깨비바늘과 옥잠화 같은 지옥과 천당이 있었습니다.

쏴아쏴와 쏟아지는 소나기같은 이 世上事

— 홍희표 <水魚之交>에서

부부싸움의 극단적인 두 마음을 천당과 지옥으로 구분하고 이것을 다시 도깨비바늘과 옥잠화로 직유시키고 있는 작품이다.

시간 위에 내 생명이 놓였다.
레일 밑에 놓아지는 枕木처럼
시간의 초침 위에 그림자를 남기며
달려가는 機關車의 화통 위에
증기처럼 떠오른다.

— 박이도 <달리는 생명>에서

침목이 시간의 초침으로 직유화된 것을 다시 증기로 직유화시키고 있다. 초침, 침목, 증기는 서로 다른 개념을 지닌 단어들이다. 이질적인 단어들을 연결시킴으로써 순식간에 지나가 버리는 인생의 허무함을 잘 묘사하고 있다.

직유는 記述的 直喩 *descriptive simile*와 強義的 直喩 *intenifying simily*로 나눌 수 있다. 기술적 직유란 사물을 선명하게 기술하는 것을 목적으로 삼는 것이며 강의적 직유는 주로 사물의 인상을 강조하는 것을 목적으로 하는 직유다.

또 기술적 직유는 單純直喩 *simple simile*와 擴大直喩 *enlarged or expanded simile*로 구분한다.

단순직유는 '단어와 단어가 보조형용을 매개로 하여 비교서술' 하는 것이다.

지금은 남의 땅 — 빼앗긴 들에도 봄은 오는가?
나는 온몸에 햇살을 받고
푸른 하늘 푸른 들이 맞붙은 곳으로 가르마 같은 논길을 따라 꿈속을
가듯 걸어만 간다.
입술을 다문 하늘아 들아
내 맘에는 내 혼자 온 것 같지를 않구나
네가 끌었느냐 누가 부르더냐
답답하다 말을 해다오.
바람은 내 귀에 속삭이며
한 자욱도 섰지 마라 옷자락을 흔들고
종다리는 울타리 너머 아가씨같이 구름 뒤에서 반갑다 웃네.
고맙게 잘 자란 보리밭아
간밤 자정이 넘어 나리던 고운 비로
너는 삼단 같은 머리털을 감았구나 내 머리조차 가쁜하다
혼자라도 가쁘게 나가자.
마른 논을 안고 도는 착한 도랑이 젖먹이 달래는 노래를 하고 제 혼자
어깨춤만 추고 가네.
나비 제비야 깝치지 마라 맨드라미 들마꽃에도 인사를 해야지
아주까리 기름을 바른 이가 지심매던 그들이라도 보고 싶다.
내 손에 호미를 쥐어다오
살찐 젖가슴과 같은 부드러운 이 흙을 발목이 시리도록 밟아도 보고
좋은 땀조차 흘리고 싶다.
강가에 나온 아이와 같이
짬도 모르고 끝도 없이 닫는 내 혼아.
무엇을 찾느냐 어디로 가느냐 우스웁다 답을 하려무나.
나는 웃음에 풋내를 띠고
푸른 웃음 푸른 설움이 어우러진 사이로 다리를 절며 하루를 걷는다.
아마도 봄신명이 지폈나보다.

　　　그러나 지금은 — 들을 빼앗겨 봄조차 빼앗기겠네
　　　　　　　　　— 이상화 <빼앗긴 들에도 봄은 오는가> 전문

　'가르마 같은 논길', '삼단 같은 머리털', '젖가슴 같은 부드러운
이 흙' 등은 다 단순직유다. 이 시에서 '종다리는 울타리 너머 아가
씨같이 반갑다 웃네'는 확대직유에 속한다. 확대직유란 단어와 글월
이 서로 비유되거나 글월과 글월이 서로 비유되는 것을 말한다.

　　　그립고 아쉬움에 가슴 조이던
　　　머언 먼 젊음의 뒤안길에서
　　　인제는 돌아와 거울 앞에 선
　　　내 누님같이 생긴 꽃이여
　　　　　　　　　— 서정주 <국화 옆에서>에서

　'내 누님같이 생긴 꽃이여'는 단순비유지만 '내 누님' 앞의 시구
는 '내 누님'에 대한 보조관념이 길게 확대된 확대비유라 하겠다.

　　　비가 옵니다.
　　　밤은 고요히 깃을 벌리고
　　　비는 뜰 우에 속삭입니다.
　　　몰래 지껄이는 병아리같이
　　　　　　　　　— 주요한 <병아리>에서

　"비는 뜰 위에 속삭입니다/ 몰래 지껄이는 병아리같이"는 도치법
의 구문이지만 '같이'를 사용하여 행과 행이 연결되면서 확대비유를
이루고 있다.
　強義的 직유는 "게눈 감추듯이 먹어 치운다" 등의 속담에서 볼 수
있듯이 속담적 성질을 띤 것이 많으므로 俗談直喩 *Proverbial simile*

라고 일컫기도 한다. 이 직유는 두 가지 사물이나 의미를 확대비유나 단순비유로 표현하는 것이 아니라, 뜻을 강조하기 위해서 쓰이는 직유다. 예를 들면 '자린고비처럼 인색한 사람', '홍부처럼 선량한 ……' 등으로 표현된다.

> More beautiful and soft than any moth
> With burring furred antennae feeling its huge path
> Through dusk, the air-liner with shut-off enginess
> Glides over suburbs ……
> 나방보다 아름답고 부드러운
> 부드러운 털의 觸手로 커다란 길을 찾는다.
> 저녁 노을 속에 엔진을 멈춘 비행기
> 교외 위를 미끌어지다.
>
> — C. D. Lewise <당신을 위한 시>에서

이 시는 스펜더 *Stephen Spender*의 작품을 이용하여 직유의 한 예를 들고 있다. 엔진을 멈추고 착륙하려고 하는 비행기가 노을이 물든 하늘을 조용히 손으로 무엇을 찾듯이 미끄러져 내려오는 모양이 잘 나타나 있다. 시각적인 효과가 선명하다. 제낭구는 직유의 특징을 "정열이나 힘보다는 명료함과 정확함을 야기시킴에 있다"고 설명하고 있다. 시각적인 회화성이 직유의 또 하나의 특징처럼 생각된다.

나. 은유

은유 *metaphor*는 그리스어의 metaphrein에서 온 말이다. metaphrein은 meta(over, beyond)와 Phrein(bring, carring)의 합성어이다. 은유는 두 가지 이상의 말이 합성될 때, 한편의 말이 다른 한편의 언어적인 속성에 겹쳐질 때 이루어진다. 'A=B'가 직유의 공식이라면 은유는 "A는 B이다"

123

라고 나타낼 수 있다.

'철통 같은 방위'라고 하면 직유이지만 '철통의 방위'라고 하면 은유가 된다. 은유의 특징은 비교의 思考를 초월하는 데 있다. 원관념과 보조관념 사이에 있는 공통성을 믿고 둘 사이의 설명을 빼고 단번에 동일시해 버리는 것이다.

예를 들면, 식사 때 어떤 사람의 행위가 꼭 죽을 먹는 돼지와 같은 혐오감을 일으켰을 때, "저놈은 돼지다"라고 말한다. 우리들의 감정에 관한한 그 사람은 돼지와 동일하다. 혹은 봄날 부드러운 바람이 사랑스러운 소녀의 손의 감촉과 같을 때, "봄은 부드러운 손을 가졌다"라고 말한다. 이것은 은유를 낳게 하는 기초적인 과정이다.

— S. I. 하야카와 <意味論>에서

이때 "저놈(A)은 돼지(B)다"라는 문장표현이 은유다. A가 본질적으로 바뀌어 B에 접근함으로써 전혀 새로운 변질 작용을 일으키는 것이다.

은유는 수사법의 하나일 뿐 아니라 일상에서도 많이 볼 수 있는 광범한 언어 현상이다. '늑대의 탈을 쓴 인간', '책상다리', '침묵은 금이다', 영어의 Spirit(원의는 breath), to draw the line(한계 이상의 일은 하지 않는다), to be on the fence(형세를 보아 거취를 정한다) 등은 은유이지만 거의 은유적 용법을 잃은 죽은 은유 *dead metaphor* 라 하겠다. 왜냐하면 이러한 은유는 널리 사용되고 있을 동안 관용적인 표현이 되어서 은유성을 잃으면서 표준적인 어휘 속에 수용되든가 그렇지 않으면 점차 없어져 버리든가 했기 때문이다.

터친 內臟이다.
한 무더기 蛔蟲을 쏟는다.
어느새 旣定事實이 되어버린
이 軟禁狀態

皇帝는 계속 無電을 치지만
그야말로 隔靴搔癢일 수밖에 없는
창궐하는 무좀이다.

— 이형기 <장마>에서

시 제목인 <장마>를 詩行들이 은유하고 있다. 장마를 ① 터진 내장 ② 한 무더기 회충 ③ 계속치는 무전 ④ 창궐하는 무좀으로 은유함으로써 우리에게 장마의 절절한 이미지를 심어주고 있다. 은유가 네 번이나 바뀌며 혼합되어 있다.

너는 나의 古典이다.
두꺼운 책갈피이다.
萬隻의 배들이 해안에 가져다 부리는
빛나는 낱말들의 무게를
나로 하여금
겨우 한 삽씩 떠내게 한다.
어렵게 한줄의 詩를 허락한다.

— 정진규 <너>에서

'너'는 '나의 고전'으로 '그 고전의 책갈피'로 은유화되어 있다. 하지만 이런 단순한 은유는 의미가 없다. '어렵게 한 줄 시를 허락한다'로 다시 은유화함으로써 고전이라고 한 은유가 새롭게 살아나고 있다. 고전의 어려움, 한 줄의 시를 쓸 때의 시인의 진통, 그 속에서 느끼는 희열, 그런 것으로 '너'를 은유하고 있다.

은유는 위의 예문에서 보는 바와 같이 새로운 의미로서 사물이나 대상을 탄생케 한다. 하지만 새로운 탄생이며 단정인 만큼 독단에 흐르기 쉽다. 은유적인 표현을 쓸 때에는 참신하면서도 보편성을 잃지 않도록 힘써야 한다. 자칫하면 은유가 가진 언어의 내포성이 이해를

어렵게 한다. 또한 은유가 지나치게 남용되면 문맥이 어지러워져서
역시 이해에 장애를 초래한다.

> 사랑은 달빛이며
> 이슬이며
> 잎새에 이는 바람이다.
>
> — 이석 <사랑>에서

은유가 참신하면서도 보편성을 띠고 있다. 시인은 사랑의 은은함
을 달빛에, 사랑의 슬픔을 이슬에, 사랑의 신선함을 잎새에 이는 바
람으로 표현하고 있다.

이상과 같이 "A는 B이다"의 형식으로 된 은유를 置換隱喩 *eipbor*
라고 하고 '~이다'가 제거된 은유를 竝置隱喩 *diapbor*라고 한다.

> 깊은 밤에
> 나를 잠들지 못하게 하는
> 것은 꼭 한 가지이다.
>
> 깜빡 켜졌다 꺼지는
> 약 1초 동안의 불꽃
> 참을 수 없어
> 가령 내가 어둠 속을 더듬어
> 성냥을 그었을 때
> 피었다 스러지는
> 한 개비의 全生涯
> 시체를 찾을 길조차
> 없는 완전연소
>
> 다시는 돌아올 길 없는

나와의 결별

깊은 밤에 나를 잠들지 못하게
하는 것은
꼭 한가지이다.
찾을 길 없는 바로 그
불꽃이다.

— 김윤희 <물을 찾아서>에서

이 시에서 보이는 비유들이 병치은유이다. '깜빡 켜졌다 꺼지는 /
약 1초 동안의 불꽃', '시체를 찾을 길조차/ 없는 완전연소', '다시
는 돌아올 길 없는 / 나와의 결별' 등의 문맥들이 서로 다른 독립된
이미지를 주면서 동격으로 배치되어 있기 때문이다. 이러한 병치도
전체 시의 흐름으로 볼 때는 두 개의 사물이 결합하여 나타내는 은
유의 한 양식이라 하겠다.

　다. 의성, 의태, 의인

이 셋을 한데 뭉뚱그려 擬喩法이라 부르기도 한다.
의성, 의태는 사물의 소리나 동작을 실제와 같이 묘사하는 방법이
다. 의성어나 의태어의 활용은 원시시대부터 발생하여 왔을 것이다.
즉 새나 짐승의 흉내로써 감정을 나타내고 의사 소통을 하면서 생긴
깃이라 할 수 있다.

　하늘의 屛風 뒤에
　볕은 가지 가지 끝에서
　　　포롱
　　　포롱

127

　　포롱

뛰는

天上의 樂器들

　　　　　　　　　　　　　— 박남수 <종달새>에서

종달새가 날아가는 소리를 은유로 쓴 것이다. 소리만이 아니라 그 동작도 '포롱'을 한 단계씩 높임으로써 새의 나는 모습을 시각화하여 보여주고 있다.

　　— 삐이 뱃쫑! 뱃쫑

하는, 놈도 있고

　　— 호올 호로롯

하고 우는 놈도 있고

　　— 찌이잇 잴잴잴!

하는 놈도 있고 온통 산새들이 야단이었습니다.

　　　　　　　　　　　　　— 박두진 <사슴>에서

행마다 의성어가 등장하는 시이다. 새들의 울음소리를 직유로 리드미칼하게 표현하고 있다.

의태법은 사물의 동작이나 특징을 묘사하는 것으로 示姿法이라고도 한다. 동화나 동요 같은 데 많이 쓰인다.

　　시간 속에 늙어 온 남자가

　　후드득후드득 비를 맞는다.

　　둔해 가던 감각들이

　　깜짝깜짝 놀라면서 비를 맞는다.

　　　　　　　　　　　　　— 최승호 <여우비>에서

주렁주렁 열댓 자식 빌어
梨花 고개 무너지던
얼굴 얽은
어머니여
어머니여

— 김경희 <배밭>에서

'후드득후드득, 깜짝깜짝'은 모습을 나타내는 의태어이고, '주렁주렁' 한 어머니가 많이 낳은 자식을 나타내는 의태어라 하겠다. 이런 의태어는 단순한 형태나 동작의 모방이어서는 안된다. 그것을 사용함으로써 몇 배의 긴 설명보다 상징음으로써 효과를 이루도록 해야 한다.

의인법은 생물이나 무생물에게 인격을 주어서 사람처럼 표현하는 방법이다. 고려시대의 假傳體小說인 <麴醇傳>, <竹夫人傳>, <孔方傳>, <장끼전> 등은 술, 대나무, 동전, 꿩을 의인화시킨 소설이다. 그밖에 <조침문>도 바늘을 의인화한 수필에 해당한다.

만들어도 만들어도 형상화되어지지 않는
너의 꽃핌을 나는 얼마나 그려 왔던가.
오늘은 파마넌트의 머리칼
노오란 실국화 한송이 어느덧 성년이 되어 있다

— 강우식 <실국화>에서

실국화를 성년으로 보고 실국화의 꽃잎을 파마넌트의 머리칼로 의인화시키고 있다.

눈감고 내리는 비, 새벽 쓰린 속에
빗소리 가득 넣고

말없이 잠깨인 花田里 변두리
어디에서나 숨죽여 잠든 집들 깊이깊이 몸 숨긴 골목들
어쩌다 멀쩡한 情神처럼
立看板 하나 서 있다.
튼튼한 얼굴로 하늘은 빠져나가
뒤에 섰다.

― 홍신선 <친구와 잠자리>에서

'비, 화전리, 집들, 골목, 입간판, 하늘'을 모두 의인화하고 있다.
이렇게 사물들을 의인화함으로써 그것들의 이미지가 생명체인 듯이
선명해지고, 긴장된 분위기를 자아내고 있다.

이슬은 어둠의 汁이 되어
푸른 풀잎에 내려 푸르게 반짝이다
따갑게 볕에 마를 때의 기쁨

― 이유경 <이슬>에서

이 시는 이슬을 사람처럼 기쁨을 느끼는 것으로 인격화시키고 있다.
의인법에는 명사적 용법, 동사적 용법, 형용사적 용법 등이 있다.
이와 같이 시인들이 신이나 자연현상과 같이 초인간적인 것에 인간
의 성질을 부여하면 동물이나 식물도 인격화되는 것이다.
상상력이 분방한 시인이 예술적인 세계를 구축하려 할 때 열중하
면 할수록 현실적인 사고는 희미해지고 그 대신 대상에 대하여 자신
의 주관적 감정이 이입되어 의인법을 쓰게 된다고 하겠다.

라. 풍유법

풍유 *allegory*는 비유에 있어 원관념을 뒤에 숨기고 다른 보조관념으로 뒤에 숨겨진 본래의 의미를 암시하는 것이다.

> 알레고리는 다음과 같은 특징을 지닌다. ① 많은 의미의 요소로 이루어진다. ② 각 요소는 한 개의 의미만을 지닌다. ③ 요소들 사이의 연관관계는 의미들 사이의 연관관계로 대응된다. ④ 구체적인 의미를 표현한다.
> — 콜웰 <학생을 위한 문학안내>에서

알레고리의 대표적인 작품으로는 <이솝우화>나 <동물농장>을 들 수 있다. 이런 작품 속에는 주로 사회에서 빚어지는 탐욕상이나 도덕의 타락상 등이 은근히 동물이나 무생물에 빗대어져 표현되는 특징이 있다. 그러므로 풍자적인 요소를 지니고 있기도 하다. '소 잃고 외양간 고친다', '빈수레가 더 요란하다', '숭어가 뛰니까 망둥이도 뛴다' 등은 잠언적인 요소를 띤 풍유이다.

> 마음 속에 기르고 있는 거북이 한 마리가 잠시 소홀한 틈을 타 바깥으로 기어나왔습니다. 거북아 거북아 아무리 불러들여도 뒤도 돌아보지 않고 앞으로 기어만 갑니다. 이놈은 아마도 내가 저를 키워 바다로 나가리라 생각한 듯 미리미리 바다를 둘러볼 요량인가 봅니다. 거북아 거북아 제놈의 생각이 그른 것이라고 알아들을 만큼 이야기해 줘도 막무가내로 성깔을 부리는 저놈을 어쩔까요 심사가 틀린 저놈을 다시 불러들이기란 어렵지 않을까요. 그러하다면 멋대로 보내줄 수밖에 없겠지요. 거북아 거북아 아직 하늘로 올라가 별이 되기에 너무 어린 거북아 만사는 제 운수 탓이지요.
> — 박제천 <세번째 女>에서

여자를 거북이로 의인화하고 있다. 이 의인화된 거북이가 제 분수도 모르고 하늘의 별(스타)이 되겠다고 자꾸 가정 밖으로 나가고 있는 것을 풍유한 작품이다. 이렇게 풍유법은 자기가 말하고자 하는 주제를 겉으로 드러내지 않고 은근히 풍자, 암시하는 방법이다.

마. 반어법

반어를 영어로 아이러니 *irony*라고 한다. 콜웰 *Colwell*은 "아이러니는 말과 의미 사이에서 긴장과 갈등을 포함한다. 여기서 긴장은 사소한 차이가 아닌 아주 대조적인 것이다"라고 아이러니를 정의하고 있다. 또 아리스토텔레스는 "반어란 진실의 내적 핵심으로 가는 속임수"라고 하였다.

달음박질하다 넘어졌을 때 아프면서도 안 아프다고 한다든지 좋으면서 싫다고 하는 정반대의 표현이 반어법이다. 이런 반어법은 흔히 위트나 파라독스의 요소를 포함하기도 한다.

> 날아가던 돌이 문득 공중에 멈췄다.
> 공중에 떠 있다.
> ─說에는 그 돌이 정치적이라고 한다.
>
> ── 정현종 <공중에 떠 있는 것들>에서

돌이 공중에 멈출 수 없는데 정지된 것으로 보는 것은 반어라 할 수 있다. 그리고 '날아가던 돌'을 루머로 대치하여 보면 반어적인 구성이 사회성을 띠고 있음을 알 수 있다.

이런 반어는 내용면으로는 비극적 반어와 희극적 반어로, 형식면으로는 극적 반어 *dramatic irony*와 소크라테스적 반어 *Socratic irony*

로 구분짓는다.

소크라테스적 아이러니란 상대방을 유식한 사람으로 대하고 자기는 무식한 사람이 되어서 차차 얘기하는 도중 상대방을 꼼짝할 수 없는 궁지로 몰아넣어 오히려 상대방의 무식함을 폭로하는 것을 말한다.

아이러니는 그 밖에도 시대의 변천과 함께 낭만적 아이러니, 키에르케고르가 인간의 불안과 절망에 연결되는 실존의 내적 성격으로 분석한, 실존적 아이러니 같은 것이 있다.

> 비꼼과 다소의 풍자 *satire*가 있는 반어적 표현이므로, 겉으로 나타난 말과 이면의 숨은 뜻과는 반대 관계가 있는 것이 특징이다. 엄숙한 것을 웃으면서 말하는 데에 유머의 본질이 있다면 똑같이 안팎의 반대관계가 있다 할지라도 아이러니의 경우엔 부정적인 면을 찌르면서 엄숙한 것을 간접적으로 나타낸다. 유머는 부정이 약하고 부드러우나, 아이러니는 그 부정이 날카롭고, 온정이 결여되어 있다. 또 풍자보다는 공격적 파괴성이 약하다.
>
> — 문덕수 편저 <세계문예대사전>에서

유머, 풍자, 아이러니의 차이를 잘 볼 수 있다.

오늘날 시인들이 아이러니를 즐겨 쓰는 것은 그 비판적이요 해학적인 요소 때문이라 하겠다. 아이러니 수법의 시를 씀으로써 시인은 그 특유의 안목으로 문명과 시대를 비판하게 된다.

바. 제유, 환유

이 두 가지 방법은 원관념을 연상되는 다른 말로 바꾸어 한 부분으로 전체를 나타내는 방법이다.

Not marble, nor the gilded monuments
of princes, shall outlive this powerful rhyme —
대리석도, 왕자들을 위해 금빛으로 빛나는 기념비도
이 힘찬 시보다 오래 남지 않을 것이다.

— 셰익스피어 〈소넷55〉에서

이 시에서 셰익스피어는 예술의 영원성을 표현키 위해 rhyme이라는 말로 the poem(詩전체)를 나타내기 위해 그 일부인 운율을 나타내고 있다.

제유 *synecdoche*란 어떤 일부를 나타내서 전체를 표현하거나 전체로 일부를 나타내는 비유법이다. 가령 '백의의 천사' 하면 '간호원'을, '삼천리 금수강산' 하면 '대한민국'을 나타내는 것 등이다.

스펜서는 제유에 대하여 다음과 같이 말하고 있다.

또 '모든 사람들은 펌프를 잡아라' 하기 보다는 '모든 손은 펌프를 잡아라' 하는 것이 좋다. 뒤의 것은 의도되고 있는, 특별한 태도를 취하고 있는 그러한 사람들을 암시하고 있다. 또 그러한 태도를 상정하는 노력을 덜어주기 때문이다. '슬픔을 지닌 백발을 무덤으로 옮긴다' 라는 표현도 같은 이유에서 효과적이다.

이 글에서 '모든 손은', '백발을 무덤으로' 는 제유이다.

환유 *metonymy*는 원인으로 결과를, 그릇으로 내용을, 표지로 그 실체를 나타내는 비유법이다. '왕관' 으로 '왕' 을, '술병' 으로 '술' 을 나타내는 것 등을 말한다.

제3장

소설문학이론

1. 소설이란 무엇인가
2. 소설의 유형
3. 소설과 작가와 현실
4. 소설구성의 제요소

Ⅰ. 소설이란 무엇인가

1) 소설의 기원

소설은 어떻게 형성되었는가. 즉 소설의 기원과 발생을 어떻게 보는가에 대한 견해는 여러 가지가 있다.

그 중에서 중요한 견해로는 첫째로 소설의 기원을 고대 서사시에서 찾으려는 경향과 둘째로는 로망(Roman 혹은 Romance)에서 찾으려는 경향, 그리고 셋째로는 근대사회의 대두와 함께 인간성의 탐구와 인생의 표현을 그 특징으로 하여 나타난 근대소설에서 그 연원을 찾으려는 경향이 그것이다. 그러면 이들 세 가지 견해에 대해 살펴보기로 한다.

가. 서사시로부터 유래되었다는 견해

소설의 기원을 서사시에서 찾으려는 주장은 모올톤 *R.G. Moulton*

이나 우리나라의 김동리, 혹은 조연현 등에게서 찾아볼 수 있다.

우선 모올톤은 <문학의 현대적 연구 *The morden Study of literature*>에서 서사시는 …… 고대의 운문설화 *Verse-narrative*와 근대소설을 포함한다고 논술하여 서사시의 범위를 크게 확대하고 있는데 이를 환언하면 근대소설의 기원이 말하자면 서사시에 있다는 견해를 밝힌 것이다.

그런데 모올톤은 서사시의 종류로서, 일찍이 허드슨 *W. H. Hudson*이 그의 <문학연구서설 *An Introduction to the study of literature*>에서 밝힌 고대나 중세 때의 성장의 서사시 *epic of growth*와 문예부흥시대의 예술의 서사시 *epic of art* 이외에 인생의 서사시 *epic of human*를 추가하여 서사시가 성장의 서사시 — 예술의 서사시 — 인생의 서사시로 발전해 왔음을 주장하고 아울러 근대소설의 연원이 고대 서사시에서 출발하고 있음을 밝히고 있다.

그런데 성장의 서사시가 신화나 전설의 자연적인 集成인데 반하여 예술의 서사시는 고대 서사시의 개작, 또는 고증이며 모올톤에 의하여 추가된 인생의 서사시는 앞에 말한 두 종류의 서사시가 운문인데 반하여 산문이며, 신화나 전설에서 제재를 취하기 보다는 현실에서 그 제재를 찾는 점이 근대소설적 요소에 훨씬 접근하고 있다고 보여진다.

이와 같이 소설의 기원을 서사시에서 찾으려는 견해는 우리나라의 문학사에도 적용이 가능하다고 보는데 이에 대하여는 정한숙도 다음과 같이 설명하고 있다.

소설의 발생을 서사시의 발전 과정을 통해 살핀 이 견해는 ……
<삼국유사>와 <제왕운기>에 기록된 단군개국 신화의 관계, 그리고 <삼국사기>의 동명왕 전설과 이규보의 <동명왕편>의 문학

적 변모 과정을 이해하는 데 많은 시사를 던져준다.

<삼국유사>와 <삼국사기>는 상고 및 삼국시대의 역사를 기록한 유일한 史書이다. 단군신화 및 동명왕 전설은 그것이 상고의 일에 속한 것이니만큼 상대 口傳·전설 및 신화의 문자화라고 볼 수밖에 없다. 한편 이승휴의 <제왕운기>는 중국과 고려 충렬왕까지의 역대사실을 七言 및 五言의 운문으로 기록한 韻書이다. 한낱 민간에 떠돌던 개국신화를 시적 운율에 실어 민족적 색채를 드러낸 데에 이 운서의 역사적 가치가 있다 할 것이다.

또한 이규보의 <동국이상국집> 권 3에 실린 <동명왕편>은 <삼국유사> 동명왕 本紀의 개작이라는 데에 그 의의는 더욱 크다. 그는 동명왕의 신이적 전설을 완전히 전하려 하면서, 동시에 섬세 화려한 五言의 장편 서사시를 창작했다. 이 발전 과정은 예술의 서사시로 이전하는 명확한 전이 과정이 아닐 수 없다.

나. 로망(혹은 로맨스)에서 유래됐다는 견해

소설의 기원을 로망에서 찾으려는 견해도 많은 연구가에 의하여 주장되었다고 보여진다.

우선 A. Warren은 서사적 소설의 주요한 두 양식은 영어로는 '로맨스'와 '노벨'이라 불리어진다고 말하고 또한 novel은 非虛構的인 이야기 형식으로서 서간문·일기·비망록·연대기·역사 등 문헌으로부터 발달되어 나온 것이며. Romance는 서사시와 중세 로맨스의 후계자라는 설명을 하고 있다.

또한 A. Thibaudet도 그의 <소설의 미학>에서 소설을 가리키는 Roman의 뜻을 설명하여 이르기를

　　소설 Roman은 그 이름이 가리키듯이 승려문학자의 시대에 라틴어로
쓰어지던 정규의 서적에 대하여 세속의 속어로 쓰어진 것을 뜻한다.
Roman이란 말이 드디어 이야기를 의미하게 된 것은 로망어로 기록된 것
의 대부분이 이야기였기 때문이다.

라고 말하고 있으며, 또한 로망어는 공중 앞에서 낭송하기 위한 언어
로서 성지순례자와 부인 등 2종의 公衆이 있음을 상기시키고, 2종의
공중은 2종의 소설을 산출시켰으니 남성적 양식과 여성적 양식, 즉
소설에 있어서의 도리아식과 이오니아식, 무훈시와 기사도문학이 발
생했으며 이것이 나중에 진정한 의미의 로망이 된 것이라고 설명하
고 있다.

　　또한 일본의 本間久雄 역시 Thibaudet의 견해에 적극적으로 동조
하여 말하기를

　　傳奇小說은 영어로 Romance라고 한다. Romance는 어원적으로 링구
아로마나 *Lingua Romana*로서 링구아 라티나 *Lingua Latina*에 대립된다.
링구아 라티나가 중세 유럽에 있어서 교회와 지배층의 승려나 관리들이
사용한 고전적인 라틴어임에 반하여 링구아 로마나는 사투리와 속어가
섞인 서민계급이 사용하던 라틴어였다. 후에 Romance란 말은 이 링구아
로마나로 쓰어진 작품에 전용되었으며 중세기에 있어서의 이들 작품은
이를테면 <아더왕의 죽음>에서 보는 것처럼, 중세 기사의 사랑과 모험
을 다룬 것이 대부분이었고 이것이 다시 전용되어 그러한 기사적 사랑과
모험의 가공적 이야기 전체를 뜻하게 되었으며 다시 근대에 와서는 이
Romance라는 말이 이른바 낭만주의와 연관시켜 해석하도록 되었다.

고 설명하고 있다.

　　또한 우리나라의 백철도, 소설의 전신은 Romance이며 설화이고
이야기라고 설명하고 이같은 점은 동서양의 소설의 기원을 찾아보는

데 있어서 우연한 일치를 보인다고 밝히고 있다. 그러므로 우리의 고대소설은 모두 이 Romance에 해당되는 傳奇小說인 것이다.

Clara Reeve도 novel은 사실적인 인생과 풍습, 그리고 그것이 씌어진 시대에 대한 묘사이지만 Romance는 아직까지 실제로 발생한 일이 없는 일, 또는 장차 발생할 가능성이 없는 일을 고상하고 기품 있는 언어로 기술한 것이라고 정의하고 있다. 이것은 말하자면 Romance가 비일상성·비사실성의 속성을 지닌 傳奇體小說 형태임을 지적한 말이다.

어쨌든 서구의 Romance나 우리의 설화가 공통적으로 갖추고 있는 속성은, Romance가 라틴어가 아닌 속어로 씌어진 문학이었는데 우리의 설화도 사대부 계급이 사용하던 한문으로 씌어진 문학이 아니고 당시의 언문으로 씌어진 문학이었으며, 또한 주인공의 일대기를 다룬 전기체형식을 취하며 생사의 두 세계를 넘나드는 등 다분히 공상적 색채가 농후하고 선과 악의 대결에 있어서도 결말에는 선의 승리로 끝나는 철저한 권선징악적 교훈성을 띠고 있는 점 등은 동서양의 소설의 기원을 찾는 데에 하나의 일치점으로 드러나 흥미를 끌지 않을 수 없다.

다. 근대사회의 대두와 더불어 출현되었다는 견해

소설의 개념을 인생의 표현이요 인간성의 탐구라는 측면에서 파악할 때 소설의 기원은 훨씬 아래로 내려올 수밖에 없게 된다.

즉 소설이 오로지 서사시나 로망의 어느 한쪽만을 기원으로 하여 발달되었다기보다는 설화와 공상적·허구적 이야기가 바탕이 되어 형성되었다고 보기 때문에 진정한 소설은 근대사회의 대두로부터 그 출발을 삼는 것이 타당하다는 것이다. 또한 서사시가 그려내고 있는 신이나 영웅의 이야기, 로망이 취급하고 있는 환상적·공상적인 꿈의 세계만으로 근대인은 만족할 수 없기 때문에 그들은 자신들의 이야기, 즉 보편적인 인물 및 인생에 대한 이야기에 보다 많은 관심을 가지게 되는 것이다.

이런 의미에서 Long이 그의 <영문학사>에서

> Richardson의 <파멜라 *Pamela*>가 간행되기 전에는 어느 문학에도 참다운 소설은 나타나지 않았다. 여기서 말하는 참다운 소설이란, 창작의 흥미를 모험이나 사건 본위에 둔 것이 아니고, 평범한 인간생활의 이야기를 정서적으로 전개하여 자연의 진실에 이르도록 한 이야기의 저작을 말한다.

고 한 말은 소설의 기원을 18세기 근대사회로부터 잡아야 한다는 주장이다. 이에 대하여는 일본의 木村毅도 그의 <小說研究 十二講>에서

> 문예부흥기가 암흑시대의 구속에서 인간성을 해방하였으므로, 이탈리아의 Boccaccio(1313~1375)의 소설같은 것은 오늘의 소설과 상당히 가까운 것으로서, 따라서 소설연구가들은 이것을 근대소설의 선구로 보고, 또한 미국의 소설평론가 Baldwin은 적어도 <데카메론> 가운데 3편은 오늘날의 단편소설로서도 완전히 그 조건을 구비하고 있는 것이 있다고 말한다.
> 그것이 18세기에 평민이 종래의 귀족·승려의 폭압에 반항하여 봉기하고, 사상적으로는 개인주의·자유주의·평화주의가 일어나면서 동시에 엄밀한 의미의 근대소설이 발견되고 길러지고 창조되고 완성되어졌다.

고 설명하고 있다.

그런데 어떤 이유로 많은 문학사가와 평론가들이 18세기, 즉 프랑

스 혁명이라든가 미국의 독립, 또는 산업사회를 촉진시킨 개인주의 · 자유주의 · 평화주의의 대두로부터 소설의 기원을 삼는가를 알아보기 위해 Samuel Richardson(1689~1761)의 <파멜라>를 살펴보기로 하자.

우선 작품 <파멜라>의 줄거리는 여주인공 파멜라가 하녀의 신분으로서 젊은 주인인 B의 온갖 유혹을 받지만 파멜라는 이것을 물리치고 정조를 지키면서 주인 B의 마음을 올바르게 고쳐 놓게 되며 그러는 과정에서 은연중에 B에 대하여 애정을 느끼게 되어 결국은 두 사람이 결혼한다는 이야기다. 그런데 이 작품이 근대소설의 효시로서 평가되고 있는 이유는 여러 면에서 찾을 수 있겠다.

첫째로 전대의 서사시나 로망이 뛰어난 용모나 고귀한 신분의 교양인을 주인공으로 삼았던 데 비하여 파멜라는 하녀 출신의 비천한 신분이라는 점이다. 이것은 초인적인 영웅이나 至高至善의 선남선녀가 아니라 보편적인 인간과 인생을 탐구한다는 근대소설의 특성을 그대로 살린 것이다.

둘째로는 인간의 평등이나 자아의 각성이라는 면에서 이 작품은 근대적인 주제를 다루고 있다는 점이다.

셋째로는 자신을 박해하는 적을 사랑하게 되기까지의 심리과정을 치밀하게 드러내 보임으로써 단순한 외적 행동에 대한 리얼리즘의 방향을 내적 행동으로까지 확대시켰다는 데서 큰 의의를 찾을 수 있을 것이다.

물론 <파멜라>이전에도 Daniel Detoe의 <로빈슨 크루소>, J. Swift의 <걸리버 여행기> 등 근대소설 형성에 선구자적 역할을 한 작품이 많으나 명실공히 근대소설로서의 제요소를 갖추지는 못했다고 평가되고 있다.

한편 우리나라에서의 근대소설은 서구보다 약 2세기 뒤늦은 1910
년대에 춘원에 의하여 겨우 개화가 되지만 신문명 도입 과정에서 빚
어진 졸속과 무리는 주체성과 자주성을 잃은 채 무비판적으로 수용
되어 바람직한 자아각성이 이루어지지 못했으며 이어서 전개된 일제
의 식민지 치하에서 문학은 침체를 벗어나지 못하고 있다가 해방 이
후에야 겨우 궤도를 찾아가고 있는 실정이다.

2) 소설의 정의

소설에 대한 정의는 한 마디로 단정을 내리기가 결코 쉽지 않다.
그리하여 E. M. Forster도 그의 <소설의 양상 *Aspects of the novel*>
에서 다음과 같이 장황한 예를 들며 소설의 정의에 고심하고 있는 것
이다.

소설의 근본적인 양상이 이야기하는 양상이라는 데는 우리 모두가
찬성할 것입니다. 그러나 우리가 동의하는 어조는 서로 다를 것이고,
결론은 지금의 語調 거기 달려 있는 것입니다.

세 가지 어조를 들어 보기로 합시다. 어떤 타입의 사람에게 "소설
이란 무얼하는 겁니까?"하고 물어보면 그는 조용히 대답할 것입니다.

"글쎄요, 잘 모르겠는데요. ― 질문 치고는 묘한 질문이군요. 소설
이야 소설이지요, 뭘. ― 글쎄 잘 모르긴 하지만, 말하자면 이야기를
한다고나 할까요."

이 사람은 온순하고 애매한데, 아마 버스 운전이라도 하면서 문학
에 관해서는 필요 이상의 관심이 없습니다.

또 한 사람은 골프장에 있다고 상상을 해 봅니다만 무척 괄괄하고
똑똑할 겁니다. 그는 이렇게 대답할 것입니다.

"소설이 무얼 하냐구? 그야 물론 이야기를 하지, 그렇잖으면 내게는 필요없는 물건이야. 난 이야기를 좋아하니까. 나로서는 확실히 아주 나쁜 취미지만 이야기는 좋단 말이야. 예술도 가져가고 문학도 가져가고 음악도 가져가도 좋지만 재미있는 이야기는 나를 달라구. 그리고 말이지, 이야기는 이야기다운 게 좋더군. 마누라도 역시 그렇대."

그리고 세번째 사람은 약간 침울하고 불만스러운 듯한 어조로 말합니다.

"그렇지요, 글쎄, 그렇겠지요. ― 소설은 이야기를 합니다."

나는 첫번째 사람을 존경하고 칭찬합니다. 둘째번은 싫고 무섭습니다. 그리고 셋째번은 나 자신입니다.

그렇지요, 글쎄, 그렇지요. ― 소설은 이야기를 합니다.

이것 없이는 소설이 있을 수 없는 근본적인 면이긴 합니다. 모든 소설에 공통하는 최고의 요소입니다.

이상과 같이 '소설은 이야기'라고 결론을 내린 E. M. Forster 자신도 그 정의 자체가 미흡했던지 '소설은 적당한 길이의 산문으로 된 가공적인 이야기 *The novel is a fiction in prose of a certain extent*라고 보충하고 있지만 소설이 단순한 이야기라고 정의를 내려서는 그 개념이 확연히 드러나지 않는다. 말하자면 신화나 전설, 또는 희곡과 시나리오에도 이야기는 있는 법이니까 이들을 어떻게 구분하여 설명한다는 말인가.

그러면 과연 소설의 정의를 어떻게 내릴 것인가. 여기에서 우리는 Goethe가 <箴言과 省察>에서 말한, "실제로 작품을 쓰고 있는 예술가의 이야기를 듣는 것이 가장 좋다. 왜냐하면 진리에 가까운 이야기를 직접 말해 줄 것이기 때문이다"라는 구절에 주목할 필요가 있다.

괴테의 이 말은, 문학이나 예술이나 혹은 소설의 정의가 무엇인지 알고자 하면 사전을 뒤지기에 앞서 위대한 예술가의 작품을 직접 읽고 보고 들으라는 뜻이다. 그러나 몇 편의 소설이나 몇 곡의 음악을 듣고서 그걸 이해하기도 결코 수월한 게 아니다. 그러므로 여기에서는 실제로 작품을 썼거나 또는 문학을 연구해 온 학자들이 나름대로 소설에 대하여 내린 정의를 살펴봄으로써 대체적인 소설의 윤곽을 파악해 볼 수밖에 없다.

가. 소설을 市井의 이야기나 연애·모험의 이야기로 보는 견해

① 小說家者流 蓋出於稗官 街談巷語 道廳塗說者之所造也

— <漢書 藝文誌>

② 소설이란 독자에게 기쁨과 교훈을 주기 위하여 기교를 부려서 쓴 연애 모험담의 픽션이다.

— Abbe Wet

③ 소설은 대체로 연애를 우습고 재미있게 쓴 이야기다.

— S. Johnson

이상에서 본 바와 같이 소설을 이야기로 파악하는 견해는, 요즘에도 소설을 Story라 말하고 단편소설을 Short - story라고 부르며 장편을 Roman(혹은 Romance)라고 하는 사실을 상기해 볼 때 일차적으로 타당성이 있는 견해라고 보여진다. 그런데 이들은 한결같이 시정의 이야기나 모험 혹은 감미로운 남녀의 연애를 다룬 이야기를 소설이라 부르고 있다.

나. 소설을 인생의 표현이요 인간성의 탐구로 보는 견해

① 소설은 증류된 인생이다.

— Clayton Hamilton

② 소설은 인생의 해석이다.

— W. H. Husdon

③ 소설은 인생의 서사시다.

— R. G. Moulton

④ 소설은 실생활의 반영이고 그림자요 축도다.

— Sholokho

⑤ 소설은 실생활의 풍습과 그것이 씌어진 시대의 그림이다.

— Clara Reeve

⑥ 소설이란 생활에 대한 인상, 즉 직접적인 체험이다.

— Henry James

⑦ 소설은 이야기, 즉 캐릭터에 대해서 꾸며 놓은 이야기다.

— R. P. Warren, C. Brooks

이상에서 본 바와 같이 소설을 인생의 표현이며 인간성의 탐구로 보는 견해는 대단히 많은 사람들에 의하여 표명되고 있다. 이것은 결국 소설이 인생의 이야기이며 생활의 반영이요 거울이기 때문이다.

다. 소설을 가공적 산물로 보는 견해

① 소설은 가공적인 사건의 서술이다.

— Andre Maurois

② 소설은 적당한 길이의 산문으로 된 가공적인 이야기다.

— E. M. Forster

③ 소설은 가공적인 역사이다.

— A. Warren, R. Wellek

이밖에도 앙리 마티스는 "진정한 소설가는 그의 가능한 인생에서 무한한 방향을 더듬어 온갖 인물을 창조하고 그의 현실 생활에서 독특한 필치로써 허구의 인생을 만들어낸다"고 설명하고 있고, '현실을 재구성해서 허구화한 진실한 이야기'라고 정의를 내리는 사람이 있는 등 각양각색의 견해를 밝히고는 있지만 모든 정의가 소설이 지닌 어느 한 부분의 특질만을 강조하고 있는 느낌이므로 이들을 종합·정리해 본다면 소설이란 결국 '허구적인 이야기와 서술적인 산문으로 인생을 표현하는 창작문학'이라고 정의를 내릴 수 있을 것이다.

3) 소설의 특성

소설의 정의가 허구적인 이야기와 서술적인 산문으로 인생을 표현하는 창작문학이라고 할 때, 이를 구체적으로 분석해 본다면 과연 어떤 특성을 지니고 있는 것일까.

이에 대하여도 많은 사람들의 언급이 있었는데 예를 들면 구인환

은 ① 허구의 세계 ② 진실성 있는 인생표현 ③ 인간탐구와 인생표
현 ④ 형식미와 예술적인 기교 등의 항목으로 나누어 설명하고 있고,
김동리는 소설이 근본적으로 이야기라는 전제 밑에 이 이야기는 ①
구성적인 이야기 *plot* ② 서술된 이야기 *narrative* ③ 인생의 이야기
character ④ 창조적인 이야기 *fiction*이어야 한다고 설명하고 있다.

그러나 이들의 견해가 표현의 차이는 있을 망정 허구적인 이야기,
인생을 표현한 이야기, 논리적으로 서술된 이야기, 형식미와 기교미
를 갖춘 이야기를 소설의 특성으로 잡고 있음을 알 수 있다. 그러면
이들을 각 항목별로 나누어 살펴보기로 한다.

가. 허구적인 이야기

소설이 시대상의 반영이요 사회의 거울이라는 말을 흔히 하지만
소설이 있는 그대로의 현실을 복사한 것은 절대로 아니다. 이것은 모
름지기 사회 현실이 작가의 주관을 통하여 굴절·변용되어 새로운
창조와 환상의 세계를 이루고 있는 것이다.

'참말 같은 거짓말'이니 '가공의 진실'이라는 표현은 이래서 가능
한 것이다. 또한 작가를 가리켜서 '제2의 창조자 *second creator*' 라
부르는 이유도 바로 여기에 있는 것이다.

그러므로 소설은 어디까지나 거짓말로 꾸며진 이야기, 즉 픽션
*fiction*인 것이다. '있는 이야기'보다는 '있을 만한 이야기', 즉 사실
싱보다는 신실성이 우선되어야 하는 것이 소설의 세계인 것이다.

프랑소아 모리악 *F. Mauriac*은 자신의 작품 <테레스 데케르>를
설명하는 글에서, "현실이 나에게 준 것을 이용하여 나는 실재의 여
자와는 다른 좀더 복잡한 여성, 테레즈 데케르를 창조하려고 했던 것
이다"라고 말하고 있다. 이것은 다시 말하면, 소설이란 현실에서 출

발하여 이것을 거점으로 작가의 상상력에 의해 또다른 질서의 세계를 변형시켜 놓는 것이다.

나. 인생을 표현하는 이야기

소설은 궁극적으로 인생을 표현하고 인간성을 탐구하는 것을 목표로 한다. 과거의 소설이 스토리 중심의 소설이었는데 반하여 근대소설은 캐릭터, 즉 우리 주변에 살아 있는 인물의 모습을 표현해 내는 데에 중점을 두고 있음은 소설의 목표가 인생과 인간성에 대한 표현이요 탐구라는 것을 단적으로 말해주는 것이다. 그리하여 많은 사람들이 '소설은 증류된 인생'이니 '소설은 성격에 대하여 꾸며놓은 이야기'라느니 또는 '소설가의 주제는 곧 인생', '소설은 인생의 해석', '소설은 인생의 표현' 등등에서 보다시피 소설은 즉 인생학인 것이다.

끝으로 F. Mauriac의 말을 들어보자.

소설가는 모든 인간 속에서 가장 신을 닮았다. 그는 신을 모방하는 자다. 그는 산 인간을 창조하고 운명을 구명하고 사건과 재앙을 짜아 올리고 그것을 뒤섞고 종국에로 인도한다. 그것은 끝내 허공 속에서 그려진 인물일까, 아마 그러하리라. 그러나 <전쟁과 평화>의 로스토프와 카라마조프의 형제는 살아 있는 어느 인간에 못지 않은 실재성을 가지고 있다. 현재의 우리가 증인이다. 이들 인물은 약동하는 생명을 가지고 대대로 전달되고 있다.

다. 논리적으로 서술된 이야기

논리성 *logic*이란 말은 리얼리티 *reality*를 의미한다.

소설이 아무리 허구의 세계를 그려내고는 있지만 논리성, 즉 리얼리티가 결여되어 있다면 이것은 기상천외의 奇談이나 만화 같은 인상을 줄 뿐이다. 말하자면 소설에서의 리얼리티는 최초요 최후의 질서다. "리얼리티가 없는 소설은 소설이 아니다"라고 말한 W. H. Hudson의 말은 정곡을 찌른 말이다.

왜냐하면 소설 속의 인물이 살아서 숨쉬고 우리의 귀에 나지막이 속삭이고 합리적으로 움직이도록 하는 것이 리얼리티요, 거짓말인 소설이 참말처럼 보이도록 하는 것이 리얼리티인 까닭에 소설에 있어서의 리얼리티의 중요성은 새삼 강조할 필요가 없는 것이다.

그러나 현실 세계의 사실 그 자체가 곧 소설 속의 리얼리티는 아니다. 말하자면 사실의 필연성 내지 개연성에 입각한 진실성이 소설에 있어서의 리얼리티인 것이다.

C. Brooks와 R. P. Warren이 말한 "동기화의 논리를 포함하여 논리성은 플롯의 사건을 모두 통일성으로 묶어 놓는다"는 말은 소설 작품에 있어서의 논리성, 즉 리얼리티를 강조한 말임에 분명하다.

그리고 소설이 서술된 이야기라는 의미는 희곡이라는 다른 장르의 문학이 있기 때문에 생겨난 것이다.

R. G. Moulton에 의하면 "소설은 서술 *narration*되는 것이고 희곡은 표출 *presertation*되는 것"이다.

즉 소설은 어느 특정한 설화자에 의하여 서술되는 이야기요, 희곡은 무대를 전제로 해서 그 무대에 출현하는 인물들의 대화와 동작으로써 이야기가 표출되는 것이다.

라. 형식미와 기교미를 갖춘 이야기

소설이 하나의 예술인 이상 여기에는 구성과 문체면에서 일정한

형식과 기교가 있어야 할 것이다. 소설이 단순한 이야기와 다른 점은
이 때문이다.

E.M. Forster는 <소설의 양상>에서 구성 *plot*을 정의하여 말하기
를 '인과관계에 중점을 둔 사건의 서술'이라고 말하고 이를 설명하
기 위해서,

> '왕이 죽고 다음에 왕비가 죽었다' 하는 것은 이야기 *story*이다. 그러나
> '왕이 죽고 왕비도 슬퍼서 죽었다' 하면 구성 *plot*이다. 그리고 '왕비가 죽
> 었다. 아무도 그 까닭을 몰랐더니 왕이 죽은 슬픔 때문이라는 것을 알게
> 되었다' 라고 하면 이것은 신비를 간직한 구성이며 고도의 발전이 가능한
> 형식이다.
>
> 또한 왕비의 죽음을 앞에 놓고 생각해 볼 때, 이것이 이야기에 나오면
> 우리는 '그래서 *and then?*' 하지만 구성에 나오면 '왜 *why?*' 한다. 이것이
> 두 양상의 근본적인 차이이다.

라고 말하고 있다.

즉 소설은 단순한 이야기가 아니라 구성적인 이야기여야만 된다는
것이다.

한편 기교미를 갖춰야 된다는 것은 소설의 철학성, 즉 인생관과 사
상 등을 내용으로 하는 '무엇'을 어떤 구조와 어떤 언어로 '어떻게'
표현해야만 되는가 하는 예술성도 동시에 지니고 있다는 말이다.

이상과 같이 우리는 소설이 현실세계의 사실을 있는 그대로 복사
하는 것이 아니라 작가의 주관에 의하여 사실이 변형될 수 있는 허
구의 이야기이고, 기인이나 초인이 아닌 평범한 인간의 생활과 인간
성이 그려져야 하고 거짓말이 참말처럼 보이도록 하는 리얼리티가
있어야 하며, 일정한 형식에 따라 언어예술의 아름다움을 표현하는
이야기여야만 된다는 것을 알았다.

4) 소설의 기능

소설의 기능이나 목적을 논하기 위해서는 소설과 작가와 독자의 관계를 우선 살펴보아야 할 것이다. 즉 독자들은 왜 소설을 읽으며, 작가는 왜 소설을 쓰는가 하는 문제를 해명하면 자연히 해답이 나올 것이다.

이같은 문제는 비단 소설에 국한된 것이 아니라 문학 일반에 걸쳐 두루 연관된 문제겠지만 우선 작가가 왜 소설을 쓰는가 하는 문제부터 생각해 보기로 하자.

이에 대한 대답은 물론 여러 가지가 나올 수 있다. 그 첫째로 H. Hudson이 말한 자기표현본능 *self-expression instinct*을 들 수 있겠다. W.H. Hudson은 그의 <문학연구서설 *An introduction to the study of literature*>에서 인간은 자기표현본능에 의하여 문학을 창조한다고 다음과 같이 설명하고 있다.

> 문학의 배후에 있는 커다란 본능은 분명히 네 개의 심리적 목적을 위해 뭉쳐져 있다고 나는 생각한다.
> 즉 자기 표현에 대한 우리의 욕구, 인간과 그들의 행위에 대한 우리의 흥미, 우리가 살고 있는 현실세계와 실존을 떠오르게 하는 상상세계에 있어서의 우리의 흥미 및 형식으로서의 형식에 대한 우리의 사랑이 그것이다.

그런데 인간의 자기표현본능이 문학을 창조한다면 그것은 구체적으로 무엇인가.

인간은 심리적으로 자신의 인식을 외부에 표출하여 이를 남으로부터 인정받고 싶어하고 자신을 둘러싼 주위의 사물이나 인간에 대해서 명확하게 묘사하고 정의를 내리고 싶어하는 것이다.

이같은 본능은 결국 인간과 인간, 인간과 사회, 그리고 현실과 이상 등 모든 관계에 대한 자신의 인식을 정리하여 소설이라는 그릇에 담아 내놓게 되는 것이다.

한편 C. Darwin과 같은 진화론자에 의하면 카나리아가 아름다운 목소리를 내고 수퀑이나 공작의 꼬리가 아름다운 것 등은 흡인본능의 소산인데, 인간도 남의 관심을 끌기 위해 장식물을 붙이고 기성을 발하고 차장을 하는 것과 같이 창작 행위를 통하여 남의 관심을 끌고자 한다는 이론을 제시했는데, 작가가 남의 이목을 끌기 위해 소설을 쓴다고는 볼 수 없으나 이것도 자기표현본능의 일종으로 여길 수는 있을 것 같다. 그러나 작가가 아무리 자기표현본능에 만족하고 희열을 느낀다 하더라도 종국에는 작품을 읽을 독자를 '공격의 대상'으로 삼지 않을 수 없다. 독자가 없는 소설은 무의미하기 때문이다. 그러므로 소설의 진정한 기능은 독자에게 무엇을 주느냐 하는 문제로 귀결될 수밖에 없게 된다.

이에 대하여도 많은 주장이 있어 왔으나 대체로 소설을 인식구조에서 보아 공리주의적인, 즉 교시적 기능의 입장과 미적 구조에서 보아 순수예술적인, 즉 쾌락적 기능의 입장이 있다. 다시 말하면 소설이 독자에게 읽힘으로써 무언가 교훈을 주고 깨우쳐 주며, 한편으로는 정신적인 즐거움이나 미적 쾌락을 안겨주는 기능을 소설이 갖고 있는 것이다.

이에 대하여 좀더 자세히 살펴보기로 하자.

가. 교시적 기능

소설의 교시적 기능은 인식구조의 입장에서 본 것이다. 즉 작품 속에 담긴 주제나 사상·정서 등이 독자의 간접체험을 통하여 머리 속에 오랫동안 남겨지는 효과와 아울러 인간의 존재에 대한 해명과 삶의 지표를 제시함으로써 독자를 교시한다는 것이다.

그러나 이것은 어느 단체의 이데올로기문학이나 독재국가의 어용문학 등과는 엄격히 구별해야 하고 소설의 공리적 기능을 지나치게 편협하게 해석하여 계몽·선전 등의 목적소설과 동일시하는 것은 피해야 할 것이다.

그러나 상당수의 소설이 작품에 내재된 사상을 독자에게 전달할 목적으로 씌어진 것을 부인할 수는 없다. 특히 '文學糖衣說'을 주장하는 많은 작가들이 문학의 공리성을 내세우고 있는 것이다. 예를 든다면 Titus Lucretius (B.C. 99~55)는 우주원자설을 운문으로 읊은 그의 장편시 <自然界>에서

> 의사가 어린애에게 쑥탕을 먹이려 할 때, 그릇 가에 달콤한 꿀물을 칠하여 철없는 아이들이 쓰디쓴 쑥탕을 먹게 한다. 그러나 어린이는 꿀물에 속아 쓴 약을 먹었지만 그로 말미암아 건강을 회복하게 된다. 그와 마찬가지로 이 철학 속에는 아직도 철학의 맛을 보지 못한 사람들에게 너무도 쓴 내용이 들어 있기에 나의 추리를 운문으로 된 달콤한 노래로써 여러분 앞에 바치려 했다. 이와같이 시라고 하는 쾌적한 꿀을 발라 놓음으로써 독자의 마음을 끌 수 있을 것이고, 또 독자는 건전한 철학과 그 유익성을 섭취할 수 있을 것이다.

라고 밝혀 놓고 있다.

사실 이같은 공리주의 문학관이나 문학낭의설은 고전수의 시인이나 계몽주의 문학자들에게 받아들여져서 문학교훈설로 정착하게 되었으니, 예를 들면 볼테르나 루소의 사상이 프랑스 혁명에 계몽적 역할을 한 것을 비롯하여 입센의 <인형의 집>이 여성 해방의 사상을, 그리고 <엉클 톰스 캐빈>이 미국 남북전쟁의 도화선이 된 것 등

이루 말할 수 없는 작용을 해왔던 것이 사실이다. 또한 우리나라의 육당이나 춘원의 문학도 개화·계몽의 성격을 강하게 띤 사회 교화와 공리적 문학이었음은 물론이다.

그러나 소설에 있어서의 교시적 기능은 구체적 형상화를 통하여 인생의 진실을 제시하고 위대한 사상을 정서화시켜 독자의 공감을 얻는 '교양적 가치'에서 소설의 교시적 기능이 본래의 의의를 찾을 수 있을 것이다.

그리하여 구제의 문학, 문제 제시의 문학으로 그쳐야지 미적 구조가 형상화되지도 않은 채 작가의 의식적인 사상만이 표면에 노출되었을 때, 이는 소설로서는 실패작임이 분명하다.

나. 쾌락적 기능

소설의 쾌락적 기능은 미적 구조에서 본 순수예술적 측면이다.

그런데 소설의 기능에서 이 쾌락적 기능을 주장하는 사람은 대단히 많다.

예를 들면 Walter Scott도 "나는 여러 사람이 즐거워 하도록 소설을 쓰고 있다"고 말하고 있고, W.H. Hudson도 "소설의 하나의 기능은 여가를 유쾌하게 보내고 실생활의 긴장상태에 휴식을 주어 즐겁게 하는 점이다"라고 말한다. 또한 한국의 백철 역시 "문학의 기능을 이루는 그 첫째는 쾌락적인 것이다. 즉 독자에게 즐거움을 주는 효과이다"라고 설파하고 있다.

그러나 소설이 독자를 감동시키고 즐겁게 하는 기능을 가지고 있는 것은 숨길 수 없는 사실이지만 그 즐거움이나 쾌락이 대중적인 흥미나 오락에 빠지거나, 관능적이고 저속한 쾌락만으로 일관되어도 안 되고 오로지 정신적인 즐거움과 미적 쾌락이 되어야만 한다.

그리하여 소설에 있어서 쾌락이나 정서가 균형있게 조화를 이루고 나타나야 하는데 정서적인 고상성이 희생되어서도 안 되고 고상성이 또한 필요한 것이지만 쾌락이 희생되어서도 안 되는 것이다.

최재서도 쾌락의 종류를 ① 하등감각에서 오는 관능적 쾌락 ② 시각과 청각에서 오는 감각적 쾌락 ③ 이지에서 오는 지적 쾌락으로 나누고 관능적 향락주의와 속악성을 경계하고 지적 체험에 의한 쾌락이 중요시 된다고 밝히고 있다.

사실 소설에서 쾌락, 즉 재미를 빼면 남는 것은 과연 무엇일까. 그러나 지나치게 재미만을 추구하다 보면 고상한 미적 쾌락이 아니라 통속적인 관능이나 저급한 오락적 재미로 타락하기 쉬운 것은 두말할 필요도 없다. 또한 한국 소설계의 현재를 살펴볼 때 이같은 통속적 쾌락이 상업주의와 결탁하여 건전한 독자의 눈을 흐리게 하고 소설 감상의 방향을 오도하여, 정서적 감동을 주고 정신과 영혼을 위안해 주는 진정한 예술적 작품이 배척을 받는 현실을 크게 반성을 해야 할 것으로 생각된다.

다. 진정한 소설의 기능

S. Richardson은 ① 소설은 종교와 도덕을 포함한 교훈적 의미를 지녀야 한다. ② 소설은 재미있어야 한다. ③ 소설은 인생을 정확히 그려야 한다고 그의 <파멜라 *Parmela*>에서 말하고 있다.

즉 소설은 교시적 기능과 쾌락적 기능 뿐만 아니라 인생과 인간에 대한 탐구와 해명이 수반되어야만 진정한 소설의 기능을 다한다는 설명일 것이다.

사실 소설이 갖는 기능은 교시와 쾌락만으로 그쳐서는 안 될 것이다. 여기에는 반드시 인간 존재에 대한 해명과 인생에 대한 삶의 지표가 제시되어야만 한다고 본다.

특히나 요즘과 같은 산업사회 속에서 다변화된 삶의 양식을 갖고 방황하고 있는 불안한 현대인에게는 소설이 순간적인 쾌락이나 엄숙한 사상만으로 인간을 구제할 수는 없을 것이다.

인생과 현실의 실체와 다양한 삶의 양식을 보여줌으로써 인간이 추구하는 바람직한 이상의 세계를 펼쳐 보이고 활기찬 삶의 의욕을 불어넣어 줘야 할 것이다.

인생의 진상을 우리에게 보여 주려는 소설가는 예외에 속하는 사건을 일체 피하지 않으면 안 된다.
소설가의 목적은 우리를 즐겁게 하거나 감동케 하기 위해서 우리에게 줄거리를 이야기하는 것이 아니라 그 사건 속에 숨은 깊은 뜻을 우리로 하여금 생각케 하며 이해하게 하려는 것이다.

모파상의 이 말은 인생의 진상, 즉 인생의 진리를 독자에게 전달하는데 온 정열을 쏟아야 한다는 뜻이다.

결국 소설의 기능은 인간과 인생에 대한 진실한 해석을 하되 이를 미적 구조로 형상화시켜 독자로 하여금 고상한 미적 즐거움을 갖게 하고 참다운 삶의 의의를 일깨워 주는 데에 그 기능이 있다고 하겠다.

2. 소설의 유형

소설의 유형, 즉 소설의 종류는 보는 관점에 따라서 여러 가지 측면에서 이를 분류할 수 있을 것이다.

예를 든다면 소설이 다루고 있는 소재에 따라서 이를 배경중심과 행동중심으로 구분하여, 먼저 배경중심으로 분류해 보면 농촌소설, 역사소설, 해양소설, 항공소설, 시정소설, 사막소설 등으로 나누고 행동중심으로는 추리소설, 탐정소설, 과학소설, 전쟁소설 등이 있다.

한편 소설의 주제에 따라서는 비극소설, 희극소설, 명랑소설, 순정소설, 운명소설 등으로 구분할 수 있으며, 미학적인 가치에 따라 분류하면 대중소설(통속소설), 순수소설(본격소설)이 있다.

또한 소설의 구성의 초점상 이를 분류하면 성격소설, 시대소설(사회소설), 심리소설, 정치소설, 종교소설, 계몽소설 등으로 나눌 수 있다.

한편 문예사조에 따라 이를 분류해 보면 낭만주의소설, 사실주의 소설, 자연주의소설, 사회주의소설, 심리주의소설, 상징주의소설, 실존주의소설 등으로 구분할 수 있다.

그리고 소설의 분량에 따라서 콩트(掌篇小說), 단편소설, 중편소설, 장편소설 등으로 나눌 수 있다.

그런데 이상과 같은 소설의 분류는 그것이 하나의 편의적인 분류법이지 완전무결한 분류는 결코 될 수 없다.

그리하여 여기에서는 우리가 흔히 사용하는 소설의 분량에 의한 구분, 즉 콩트, 단편소설, 중편소설, 그리고 장편소설에 대하여 약간 언급하고 E. Muir와 A. Thibaudet와 소설 분류에 대해서 살펴보고자 한다.

1) 분량에 의한 소설의 분류

가. 콩트(掌篇小說)

콩트 *conte*는 단편소설을 뜻하는 불어다. 그러나 우리나라에서는 단편소설과 엄격히 구별하여 사용하고 있다.

우선 이 콩트를 단편소설과 비교해 보면 분량면에서 짧아야 하는 것은 물론이지만 내용에 있어서도 단편소설보다 착상이 기발하여야 하며, 또한 풍자와 기지가 풍부해야 한다는 특징을 들 수 있겠다. 또한 단편소설이 인생의 진실한 면모를 온건한 태도로 그려 나가는 데 반하여 콩트는 어느 사건의 순간적인 모멘트 *moment*를 포착하여 이것을 날카로운 비판력과 압축된 구성법과 해학적인 필치로써 단적으로, 그리고 반어적으로 표현해야 된다고 일러 왔다.

이를 다시 요약해 본다면 ① 기발한 착상 ② 경이적인 모멘트 ③ 해학적인 필치 ④ 반어적 표현 ⑤ 풍자와 해학 ⑥ 크라이막스의 급전 등이 이루어져야 한다는 것이다.

본보기로 하마드 렐리호의 <독일군의 선물>을 소개한다.

전쟁은 끝났다.

그는 독일군한테 도로 찾은 고국으로 돌아왔다.

불이 침침한 길을 그는 급히 걷고 있었다.

어떤 여인이 그의 손을 잡고 술이 취한 것같은 말소리로 말을 건넨다.

'어디 가시나요? 우리 집에 가시는군, 그렇죠?'

그는 웃었다.

'아니요. 당신 집엔 웬 — 난 색실 찾구 있소.'

그는 여인을 돌아다 보았다.

두 사람은 가로등 옆으로 왔다. 그러더니 여인은 갑자기 '앗' 하고 소리를 질렀다. 그도 그만 여인의 어깨를 잡아 불 밑으로 끌어당기었다.

그의 손가락은 여인의 살속으로 파고 들었다. 눈이 빛났다.

'요안!'

하고 그는 여인을 포옹했다.

나. 단편소설

단편소설은 우선 형식상으로 짧아야 한다. E. A. Poe는 '단편소설은 반시간 내지 한 시간 내에 읽을 수 있는 짧은 것'이어야 한다고 지적하고 단어수로는 1,500~8,000단어로 한정시키고 있다. 우리나라에서는 200자 원고지로 100장 내외를 통상 단편소설의 매수로 한정하고 있다.

둘째, 내용상으로는 장편소설이 인산 및 인생을 그리되 그것을 남김없이 총체적으로 그려내는 데 비하여 단편소설은 인생의 한 측면을 그린다. 그러나 이 인생의 한 측면은 부분을 통하여 전체를 파악할 수 있는 것이어야 한다고 말해지고 있다.

셋째, 구성상으로는 통일 *unify*, 긴축 *compression*, 독창 *originality*, 교묘 *ingenuity*해야 된다.

넷째, 단편소설이 추구하는 목표는 인상의 통일, 작품의 효과와 단일, 또는 극적 효과와 단일한 삽화에 있다.

이밖에도 단편소설의 특징은 여러 가지가 지적될 수 있겠으나 군더더기 없는 간결한 문체와 압축된 구성, 그리고 통일된 효과를 주어야 한다는 것이 핵심적 요소가 될 것이다.

중국의 문호 胡適이 '단편소설은 가장 경제적인 문학 수단을 써서 사실 중의 가장 精彩있는 일부분 혹은 방면을 묘사하여 그것으로 십분 독자를 감명시키는 글'이라고 말한 것은 단편소설의 특징을 지적한 말이 아닐 수 없다.

다. 중편소설

이 중편소설은 성격상 장편소설의 범주 안에 들어야 하는 소설형태인데 원고지 500장 안팎의 분량으로 장편소설보다 길이가 짧다는 특징 밖에는 없다. 최재서는 '단편과 장편 새에 드는 중간적 문학작품'이라는 표현으로 중편을 말하고 있는데, 앙드레 지드의 <좁은문>, 염상섭의 <만세전>, 최인훈의 <광장>, 이청준의 <소문의벽> 등이 중편소설의 범주에 든다고 하겠다.

우리나라에서의 중편소설은 장편소설이 주종을 이루는 외국에 비하여 단편소설 위주의 소설문단을 이루어 오다가 1960년대 이후 많은 붐을 이루고 성행되기 시작했는데 신문의 신춘문예에서도 중편소설을 모집하고 있으며 각 문예지에서도 중편소설의 게재에 많은 지면을 할애하고 있어 한동안 각광 받는 장르가 될 것 같다.

라. 장편소설

장편소설은 그동안 우리나라에서 크게 성행하지 못했던 장르였다. 그리하여 겨우 명맥을 이어온 것은 대중소설이나 신문 또는 잡지의 연재소설형태였다. 그러나 근자에는 전작장편이 나오는 등 활기를 띠기 시작한 것은 우리나라의 소설계를 위하여 퍽 고무적인 현상으로 받아들여지고 있다.

우선 장편소설은 ① 사회와 인생을 총체적으로 다루며, ② 단편소설이 기교 중심인데 비하여 주제와 사상성에 비중을 두고 다루며, ③ 구성에 있어서도 복잡구성을 취하거나 많은 에피소드를 삽입시킴으로써 구성을 발전·연결시켜 나가고, ④ 등장인물도 평면적 인물과 입체적 인물이 등장하되 특히나 입체적 인물이 주인공으로 등장하며, ⑤ 서술의 초점, 즉 시점도 전지적작가시점이 알맞고, ⑥ 분량에 있어서는 원고지 1,000장 이상이면 장편에 속하는 특징을 지니고 있다고 하겠다.

이상과 같이 소설의 분량에 따라 콩트, 단편소설, 중편소설, 장편소설 등으로 소설을 분류했으나 이것들이 갖는 특징이 오로지 분량에만 있지 않다는 점에 특히 유의해야 하겠다. 즉 양의 문제 이상으로 각각의 소설이 지니는 성격이 확연히 구분된다는 점이다. 다시 말하면 단편소설을 길게 썼다고 해서 장편소설이 될 수 없으며, 장편소설의 내용을 요약했다고 해서 단편소설이 될 수 없는 것이다. 이에 대하여 조연현은 다음과 같이 설명하고 있다.

먼저 단편은 인생의 단편적 표현인데 비하여 장편은 인생의 종합적 표현이다. 둘째로 단편은 대체로 단일구성 위에서 조직되는 데 비하여 장편은 복잡구성 위에서 조직된다. 셋째는 단편은 주제 중심으

로 짜여지는데 비해 장편은 주제와 함께 몇 개의 부주제와 혼합해서
짜여진다. 넷째로 단편에는 인물의 성격이 제시되는 데에만 그치지만
장편에는 성격의 성장이 취급된다. 다섯째로 단편은 대개 사건의 발
단과 결과로서 성립되지만 장편은 사건의 변화와 발전이 추구된다.

　　단편과 장편은 양의 문제 이외에 이와 같은 성격적 차이를 갖기
때문에 양으로서는 장편에 해당하지만 단편적 성격의 소설도 있고
양은 단편에 해당하지만 장편적 성격의 소설도 있다. 중편은 그 성격
에 있어 장편에 해당되며, 콩트는 그 성격에 있어 단편에 해당된다.

2) Edwin Muir의 소설 분류

　　E. Muir는 그의 저작 <소설의 구조 *The Structuer of the novel*>
에서 다음과 같이 소설을 분류하여 기술하고 있다.

가. 성격소설 *novel of character*

　　Steevenson의 <보물섬>이라든지 Walter Scott의 <아이반호
Ivanhoe>같은 소설은 스토리 중심의 행동소설인데 이같은 소설은
개개의 사건이 특별한 중요성을 가지지만 성격소설에서는 사건은 전
형적 보통의 것이고 등장인물에 대하여 좀더 설명하고 새 인물을 등
장시키는 것이 첫째 특징으로 되어 있다.

　　또한 이 성격소설은 인물의 성격을 공간적으로 탐구하는 소설이며
생활의 양상을 그리고, 이 소설의 가치는 사회적이며 여기에서는 끝
까지 움직이는 인물을 볼 수 있다고 E. Muir는 설명한다.

　　성격소설이 생활의 양상을 그린다면 극적 소설은 체험의 양상을 형상

화하는 것이다.

성격소설의 가치는 사회적이고, 극적 소설의 가치는 개인적이거나 보편적이다. 전자에서는 사회에서 살고 있는 인물을 볼 수 있고, 후자에서는 처음부터 끝까지 움직이는 인물을 볼 수 있다.

다시 말하면, 성격소설은 공간적 사회, 평면적인 사회를 배경으로 해서 당시의 풍습을 보여주고 주인공의 성격과 생활의 양상을 나타내는 소설인 것이다.

E. Muir는 성격소설의 대표적인 작품으로 Thackeray의 <허영의 시장 *Vanity Fair*>을 들고 다음과 같이 설명하고 있다.

행동소설에서는 인물이 플롯에 맞게 만들어지지만 성격소설에서는 인물을 분명히 나타내기 위해서 플롯이 마련되어진다. <보물섬>에서는 인물은 보통이고 플롯이 특수하지만 <허영의 시장>에서는 인물이 특수하고 상황은 보통이다.

나. 극적 소설 Dramatic novel

극적 소설은 강렬한 행동이 나타나고 극적인 개성을 그려내는 소설형태다. 그러므로 공간의식은 희박하고 시간 속에서의 플롯의 집중적인 전개만을 중요시하기 때문에 시간소설이라고도 부를 수 있다.

또한 극적 소설은 주인공의 체험을 시간의 흐름 속에서 파악하여 체험의 양상을 그리게 된다.

이 소설의 대표적 유형으로 E. Muir는 E. Bronte의 <폭풍의 언덕>, T. Hardy의 <귀향>, J. Austen의 <오만과 편견>, Herman Melville의 <모비 딕> 등을 들고 있다.

또 극적 소설과 성격소설의 차이에 있어서 중요한 점은 성격소설의 인물이 변해가는 배경 속에 거치고 사회에 있어서의 여러 가지 생활을 거치지만 인물 스스로는 별로 변하지 않는 데 반하여 극적 소설에서는 장면은 전혀 변치 않고 인물 자신 속에 하나의 완결된 인생 체험의 영역이 나타내진다. 즉 성격 소설에서는 장면은 변치 않고 상호작용에 의해 변한다. 그러므로 극적 소설의 세계는 시간 속에 있고 성격소설의 세계는 공간 속에 있다고 설명한다.

> 성격소설이 묘사하는 상상의 세계가 '공간' 안에 있듯이 극적 소설이 묘사하는 상상의 세계는 '시간' 안에 있다는 것이다.
>
> 극적 소설에서는 '공간'이 다소 주어져 있지만 '시간' 가운데서 일련의 사건이 구축된다. 성격소설에서는 '시간'이 전제가 되고, '공간' 가운데서 일련의 사건이 계속해서 분배되고 개조되는 정적인 패턴으로 나타나는 것이 대체적인 요지이다.
>
> 소설의 각 부분에 균형과 의미를 부여하는 것은, 성격소설에서는 인물 중심의 플롯이 한정되고 고정되어 있는 점인데 극적 소설에는 일련의 사건의 진행과 그 해결이다.
>
> 다시 말하면, 성격소설의 가치 기준이 사회적인 반면에, 극적 소설의 가치 기준은, 우리가 보기에 따라서 개인적일 수도 있고 일반적일 수도 있다. 우리는 한 사회 안에서만 살고 있는 인물을 보기도 하고 그 인물들이 처음부터 끝까지 살아 움직이는 모습을 보기도 한다.

이어서 E. Muir는 성격소설과 극적 소설의 두 형태의 소설들이 서로 정반대되는 것도 아니고 본질적인 의미에서 서로 상보적인 것도 아니며, 차라리 '시간' 가운데에서는 개인적인 인생을, 그리고 '공간' 가운데에서는 사회적인 인생을 보는 두 가지의 분명한 방법이라고 설명한다.

다. 연대기 소설 *chronicle novel*

극적 소설이 '공간'에서 제한을 받고 '시간'에서는 자유로우며, 성격소설은 '시간'에서 제한을 받고 '공간'에서는 자유로운데 이 두 가지 유형의 소설을 조화시켜 시·공을 총체적으로 함께 그리는 소설이 이 연대기 소설이라고 E. Muir는 설명하고 있다.

즉 총체소설이라고도 부르는 이 연대기 소설은 개인의 편력을 거대한 사회를 배경 삼아 그리기 때문에, 극적 소설과 성격소설의 양면 효과를 거둘 수 있다는 것이고 시·공에 두루 걸친 포괄적인 인생을 그릴 수 있으며 보편성을 달성시킬 수 있는 소설이라는 것이다.

E. Muir는 Tolstoi의 <전쟁과 평화>, D. H. Lawrence의 <아들과 연인>, J. Joyce의 <젊은 예술가의 초상>, V. Woolf의 <야곱의 방> 등이 이 범주에 드는 소설이라고 말하고 있다.

또한 이 연대기 소설에서는 극적 소설이 지닌 내면적 시간이 아니라 외면적 시간에 의하여 등장인물의 변화와는 아무런 관련이 없는 물리학상의 시간으로서 등장인물이 변화하고 소설이 다 끝나더라도 시간은 계속 흐르고 있다는 생각이 들도록 되어 있다. 그리하여 <전쟁과 평화>와 같은 연대기 소설의 시간의 경과는 Percy Lubbock가 그의 <소설기술론 *The Craft of Fiction*>에서 말한 대로 탄생·성장·죽음, 그리고 다시 탄생하는 인생의 순환의 이미지를 보여주는 것이라고 밝히고 있다.

라. 시대소설 *The period novel*

이 시대소설은 풍속소설이라고도 할 수 있는 것으로도, E. Muir에 의하면 '한 세대 전만 해도 소설 형식으로서 커다란 생명력을 가지고 있었지만 지금은 쇠퇴일로에 있는 소설'로 평가를 받고 있는 것 같다.

그리하여 시대소설은 소설 가운데서 사회를 재창조하지 않고 단지 사회를, 혹은 사회에 대한 그들의 관념을 드러내 보일 뿐이며 한 시대의 풍습을 스케치하듯이 그려내어 한 폭의 그림을 우리의 눈 앞에 펼쳐보일 뿐이라고 설명했다.

또한 시대소설은 본질적으로 미적 형식이라고는 말할 수 없는 것으로서 시대소설 작가는 이러한 소설의 법칙을 준수하지 않고 오히려 무시함으로써 보편성에 도달하고 있는 것이다. 시대소설은 후대에 가서 역사적인 흥미, 특별한 환경분위기밖에는 나타낼 수 없는 요소에만 중점을 둔다고 E. Muir는 말하고 있다.

이같은 소설의 예로 E. Muir는 Golsworthy의 <포어사이트 가족 *The Forsyte Saga*>, T. Dreiser의 <아메리카의 비극>, 그리고 H. G. Wells의 <新 마키야벨리 *The New Machiavelli*> 등을 들고 있다.

이상과 같이 E. Muir의 소설 분류를 살펴보았는데 이밖에도 Thibaude는 소설을 나누기를, 개인이 아닌 집단사회의 모습을 그린 총체소설 *Roman brut*, 현실과 인간의 모습을 극히 자유롭게 그린 피동소설 *Roman passif*, 등으로 나누고, N. Frye는 로망 *Roman*, 노벨 *novel*, 고백 *confession*, 해부 *anatomy*로 나누는 등 소설의 유형은 많은 사람에 의해 각양각색의 형태로 분류되고 있다.

3. 소설과 작가와 현실

1) 작가의 자질

인간은 생활 속에서 많은 것을 느끼고 경험한다. 그러나 보통사람들은 이 같은 느낌과 경험을 무질서한 채로 그냥 버려 둔다. 그러나 예술가는 다르다. Carl Gustav Jung에 의하면 인간의 창조적 활동을 판타아지라고 말하고 마음 속 세계와 마음 밖의 세계는 이 판타아지의 작용에 의하여 통일되는 것이라고 설명하고 있다.

특히 예술가의 판타아지는 보통 사람보다 능동적이며 활발하다는 것이다. 그런 까닭에 예술가는 아주 미세해서 의식되지 않는 연상의 조각, 또는 연상의 조짐까지도 다루이, 거기에 직딩한 여러 요소들을 결합시켜 이것을 완전한 造型으로 발전시키는 의식적 경향을 지니고 있다고 설명한다. 그런데 Jung의 영향을 받은 리이드는 예술가의 판타아지를 통하여 이것을 어떻게 작품으로 형상화하는지 다음과 같이 말하고 있다.

먼저 형식이나 사상으로 향하려는 정서적 지향이 생긴다.

다음에 의식·무의식의 영역에 숨어 있는 여러 가지 형상기억이 되살아나 움직이기 시작한다. 이러한 형상은 중심이 된 지향의 비평을 받아 선택되거나 배척되기도 한다. 선택된 형상은 전개되어 변용해간다.

만약 정서적 지향이 급격하고 강렬하게 일어나게 되면, 많은 형상이 그 지향에 도움이 되고자 재빨리 모여들 것이다. 이 경우에도 역시 형상의 취사선택이 필요하다. 창작활동의 완성이란 결국 이 많은 형상으로 발전·변용·배치·구성되는 과정이라고 할 수 있다.

결국 예술가는 마음 속의 세계와 마음 밖의 세계를 조화·통일시키는 구상력이 뛰어나야 하는데 예술가의 자질에 대하여 설명한 A. Richards의 말은 이를 강하게 뒷받침해 주고 있다. 즉 그는 예술가의 자질로서 상상력 *imagination*을 꼽고 이에 대하여 아래와 같이 설명하고 있다.

① 이미지를 뚜렷하게 그려내는 능력.

② 비유를 사용해서 추상적인 것을 설명할 수 있는 능력.

③ 다른 사람의 정서적 상태에 동감하기 쉬운 힘.

④ 보통 전혀 무관계한 사물 사이에 새로운 관계를 만들어내는 능력.

⑤ 얼핏 보아서 모순되어 보이는 것으로 생각되는 사물 사이에 적당한 관계를 유지하게 하는 것, 이것은 일정한 목적을 가지고 경험을 정리하는 능력이기 때문에 기술적인 예술을 의식적으로 만들어내기 위해서는 이러한 종류의 상상력이 필요하다.

⑥ 반대 또는 불화의 성질에다가 균형과 조화를 주고 낡고 흔해빠진 것에 신선하고 발랄한 느낌을, 이상한 정서의 상태에 이상한 질서를 부여하는 종합적인 마술적 능력, 잡다한 것을 통일적 효과로 환원하고 사상의 계열을 하나의 통일적인 사상이나 감정으로 정리하는 음악적인 희열감.

이상과 같은 리차즈의 말에 따르면 결국 예술가, 즉 작가는 반대의 성질에 균형과 조화를 부여하고 평범한 사물에 신선한 느낌을 불어넣어 주는 종합적 능력을 지니고 있어야 된다는 것이다.

그러나 작가가 이같은 구상력을 갖추고 있다고 해서 마음대로 작품을 써낼 수 있는 것은 물론 아니다. 이같은 구상력은 하나의 자질일 뿐이고 이 자질을 바탕으로 구원한 작가정신을 유감없이 발휘해야만 할 것이다.

2) 작가 정신

소설 속에는 애증의 갈등이 있고 희노애락이 있으며 내일을 향한 삶의 지표가 있고 어제에 대한 참회와 반성이 있다.

또한 이상을 추구하려는 인생의 처절한 삶의 현장이 있고 부정과 싸우는 정의가 있는가 하면 찬란한 생을 구가하는 절정의 환희도 있다.

작가는 이러한 생의 단면을 그려내기 위하여 각고의 아픔을 딛고 일어서서 잉태와 분만의 과정을 거치는 산고를 감수한다.

그러면 왜 작가는 이러한 고난의 길을 스스로 택하고 있는 것일까.

그 이유는 인간과 인생에 대한 탐구와 역사적 현실을 투시하여 오늘의 인간이 어떻게 살아가야 하는가에 대한 해명과 인간존재의 의미를 제시해 주려는 구원한 작가정신의 발현 때문일 것이다.

그러면 이같은 작가정신은 과연 무엇인가. 이에 대하여 구인환은 작가정신이란 문학창조의 주체적인 정신으로, 예술로서의 작품을 형상화하는 에티몬 *Etymon*이고, 현실을 역사적으로 투시하고 인식하는 작가의 방출체이며, 수용된 현실을 예술적 구조로 형상화하여 미를 추구하는 장인정신이라고 설명하고 거기에는 현실을 투시하고 해부하는 날카로운 비평의식과 영원한 미의 황홀에 탐닉하려는 미의식이 그 기저를 이룬다고 말하고 있다.

그리고 이 작가정신은 사상성을 심화시키려는 의식적인 면과 예술성을 정화시키려는 기술적인 면에서 다음의 세 가지를 들고 있는데 그 첫째는 인간 존재의 해명 정신이고, 둘째는 고발과 지향적 정신, 셋째는 미의식을 추구하는 장인정신이라는 것이다.

이것은 즉 작가는 인간의 탐구와 인생의 창조를 통하여 바람직한 인간상을 형상화시킴으로써 인간이 왜 존재해야 하는가를 해명해야 하며, 현실의 부정과 모순에 대해서는 이를 과감히 비판하고 고발함으로써 인간의 이상세계 건설에 앞장서야 하고, 생의 진실을 꾸준히 추구함으로써 진실은 미이고 선이라는 영원한 명제를 結晶시키는 정신으로써 작품을 써야 한다는 말이다.

사실 인간의 본질은 행복을 추구하고 평화를 사랑하며 착하고 진실된 삶을 영위하고자 한다. 그러나 사회 속의 인간은 이같은 욕구를 이상대로 실현할 수가 없다. 그것은 인간의 욕구를 가로막는 각종 사회적인 인식과 규범과 제약 때문에 생겨나는 것이다.

이같은 상황에서 빚어지는 갈등과 모순과 불합리를 해명하고 고발하고 비판함으로써 진실된 인간존재의 의미를 구명하고자 하는 작가 정신은 숭고하면서도 외로울 수밖에 없다.

<인형의 집>에서 노라는 인간존재의 해명을 위해서 집을 뛰쳐 나오고 유부녀 차탈레이 부인은 젊은 산지기와의 사랑 속에서 인생의 의미를 되찾게 되는데 이같은 인간들을 그려내는 작가의 정신은 항상 기존의 질서와 도덕과 윤리에 맞서는 모험을 감행해야 하고 새로운 가치관을 확립하여 이상적인 인간상을 창조하려는 부단한 추구가 있어야만 하는 것이다.

또한 작가정신은 인간의 발전과 이상향을 향한 욕구에 장애물이

되는 사회 현상의 부정적 측면을 과감히 드러내어 고발하고 증언하는 방향으로 발휘되어야만 한다.

그러나 이같은 작가정신은 현실의 맹목적인 부정이나 파괴가 아니라 미래 지향의 새로운 긍정이며 건설이라는 것을 알아야 한다.

현실을 멀리서 바라보기만 하는 피안의 문학, 현실과 타협하여 안주하려는 안일한 문학은 그 생명이 없다. '구제의 문학'이라는 말은 이래서 가능한 것이다.

또한 작가정신은 영원한 미의식을 추구하는 장인의 기질로서 발휘되어야 한다. 소설이란 주제나 사상이나 구성만으로 완성되는 것이 아닌 까닭에 작가는 미에 탐닉하여 정화된 언어예술을 이룩해야만 되는 것이다.

그것이 아무리 위대하고 훌륭한 사상일지라도 그것을 작품으로 형상화시킴에 있어서는 언어나 문체나 기법 등이 완벽하게 동원되어야만 사상이 살아나고 소설이 소설로서 숨을 쉬게 되는 것이다.

그런데 여기에서 주목할 필요가 있는 것은 작가정신이 인간성 탐구와 인생을 창조하는 개인의식의 발현이나, 사회의 부정과 모순을 고발하여 이상을 향한 지향성을 보여주는 사회의식의 확장, 또는 소설구성의 완결성과 기법의 미적 추구에 골몰하는 장인정신의 발로에 있어서 이것들은 상호 균형과 조화를 이루고 짜여져야 하는데 만일 이같은 작가정신이 어느 일방에 극단적인 편향성을 띠고 나타난다면 소설은 실패할 소지가 많다는 것이다.

예를 들면 지나치게 개인의식의 발현에만 골몰한 나머지 그 시대가 안고 있는 역사적 상황을 전혀 도외시한다면 그 소설은 현실 도피의 문학이니 역사성 부재의 소설이니 하는 비난을 면치 못할 것이고 반면에 지나치게 사회현실에 뛰어들어 그 주제나 사상을 표면화하다 보면 목적문학이나 설교적 계몽문학이라는 낙인이 찍힐 수밖에 없는 것이다. 또한 심오한 인간구제의 소설도 아니고 뚜렷한 사상도 없이 오직 기교에만 전념한다면 그 소설의 가치는 오락성의 흥미밖에는 유발시키지 못할 것이기 때문이다.

그러므로 작가정신은 투철한 사회의식을 바탕으로 구원한 인간성의 탐구와 인생의 창조를 목표로 하되 미의식의 추구가 부단히 계속돼야 할 것이다.

3) 소설과 현실

현실은 소설의 소재가 된다. 그러나 현실 그 자체가 소설이 될 수는 없다. 이제까지 소설은 '사회의 거울'이니 '시대의 그림'이니 해서 사회현실의 복사나 반영이 곧 소설인 것처럼 인식되던 때도 있었으나 현실이 있는 그대로 소설 속에 담길 수는 없다는 것이다. 물론 현재 전개되고 있는 현실이 작가의 주관에 의하여 소설 속에 담길 수는 있다. 그러나 작가의 주관에 의하여 충분히 변용되고 굴절된 현실이어야만 소설의 소재로서의 가치를 지니는 것은 두말할 것도 없다.

여기에 있어서, 현재 진행되고 있는 현실을 '있는 현실'이라 하고 작가의 주관에 의하여 변용되고 굴절된 미래 지향성의 현실을 우리는 '있어야 하는 현실'이라고 부른다.

그러므로 '있는 현실'을 소설에 담는다는 것은 한 시대의 풍속도나 유행을 마치 한 폭의 정물화처럼 소설의 배경에 깐다는 의미와 통한다.

그러므로 여기에는 현실을 날카롭게 투시하여 이를 미래 지향적으로 초극하려는 간절한 의식이 결여되기 쉽다. 다만 있는 그대로의 현실이 펼쳐져 있을 뿐이다.

예를 들면 박태원의 <川邊風景>이나 펄벅의 <大地> 등은 청

계천을 배경으로 살아가는 서민들의 생생한 생활상이 적나라하게 펼쳐지고 또한 개화에 눈을 뜨기 시작하는 중국 대륙을 배경으로 당시 중국인의 풍속과 생활상이 장엄하게 펼쳐지고는 있으나 '있는 현실'을 그린 풍속도라고 볼 수 있겠다.

또한 '있는 현실'을 소재로 삼고 있는 작품이 현실을 고발하고 있다 하더라도 그 고발은 단순히 당대의 고발로 그치지, 이것이 계시적 성격이나 미래 지향성을 띠지 못한다.

한편 '있어야 하는 현실'은 '있는 현실'을 초극하여 우리 인간이 이루려는 이상향에 한 걸음 접근하려는 보다 강렬한 의지의 발현이다.

우리 인간은 정체된 오늘의 현실 속에서 안주할 수 없기에 부단히 '있는 현실'에서 '있어야 하는 현실'로 지향하고 있다. 그러므로 소설이 담고 있는 현실도 모름지기 '있어야 하는 현실'의 지향성을 닮아야 한다.

물론 '있는 현실'을 전혀 무시할 수는 없다. 작가는 '있는 현실'을 똑바로 투시하여 이를 극복할 수 있는 예지와 통찰력을 길러 '있어야 하는 현실'로 이를 승화시켜야 될 것이다.

4. 소설 구성의 제요소

집을 지으려면 목재와 시멘트와 모래와 자갈, 그리고 판자와 철근 등이 필요하다. 이밖에도 물과 못과 벽지 등이 있어야 완전한 집 한 채를 지을 수 있을 것이다. 또한 이같은 재료를 솜씨 있게 다룰 수 있는 숙련된 목수가 있어야 함은 물론이다.

소설도 마찬가지다. 한 편의 소설을 만들어 내기 위해서는 여러 가지 구성요소가 있어야 되는 것이다.

흔히 소설의 3요소라 하여 '누구'가 '어디'서 '무엇'을 했느냐 하는 즉 인물(성격) · 배경(환경) · 사건(행동)을 들기도 하고, 또는 주제 · 구성 · 문체 등을 3요소로 꼽기도 하지만 많은 연구가에 의하여 소설의 구성요소는 제각기 달리 말해지고 있는 실정이다.

우선 E. M. Forster는 그의 <소설의 양상 *Aspects of novel*>에서,

① Story ② People ③ plot ④ Fantasy ⑤ Pattern and Rhythm ⑥ Prophecy 등을 들고 있으며,

W. H. Hudson은 <문학연구서설 *An Introduction to the study of Literature*>에서,

① Plot ② Character ③ Dialogue ④ Time and place of action ⑤ Style ⑥ philosophy of life 등을 열거하고 있고,

C. Brooks와 R. P. Warren은 그들의 <소설의 이해 *understanding Fiction*>에서,

① plot ② character ③ theme를 들고 이를 세분하여 다시 ① atmoshere ② point of view ③ distance ④ Scale 등을 설명하고 있다.

또한 T. Goodman은 <소설작법 *The Writing of fiction*>에서,

① 언어 ② 이미저리 ③ 캐릭터 ④ 패턴 ⑤ 정서 ⑥ 사상 ⑦ 갈등 등 모두 일곱으로 나누어 설명한다.

한편 S. Kumar와 K. McKean은 <소설의 비평적 연구 *critical approches to fiction*>에서,

① plot ② character ③ language ④ theme ⑤ setting ⑥ technique 를 든다.

또한 W. Kenney는 <소설 분석방법 *How to analyze fiction*>에서,

① 플롯 ② 성격 ③ 배경 ④ 시점 ⑤ 문체와 토운 ⑥ 구조와 기법 ⑦ 주제로 나누고 있다.

이상과 같은 제가의 설을 참조로 하여 여기에서는 ① 주제 ② 구성 ③ 성격(인물) ④ 배경(환경)의 넷으로 나누어 소설 구성요소에 대하여 살펴볼까 한다.

1) 주 제

가. 주제의 정의

주제에 대한 나름대로의 정의를 내리기 전에 우선 몇 사람의 설명을 인용해 보면 다음과 같다.

① 주제는 사상이고 의미이고 인물과 사건에 대한 해석이며 전체 서술 가운데서 구체화된 보편적이며 단일화된 인생관이다.

— C. Brooks, R. P. Warren

② 주제는 스토리의 의미이다. 소재와 혼동해서는 안된다. 작가가 자기의 소재에 대하여 말하지 않으면 안되는 것이 주제다.

— R. V. Cassil

③ 소설에 있어서 가장 최초로 존재하는 것은 주제라고 볼 수 있다. 따라서 어떤 주제를 발견할 능력이란 작가의 기초적인 재능이라고 할 수 있다. 이 주제가 제출되기 전까지는 작가는 아무 손댈 곳을 모른다. 주제는 소설의 시초요 전체다. 주제에 의하지 않고는 소설은 그 형태를 이룰 수 없다.

— P. Lubbock

④ 작가가 소재를 다루어 나가는 통일된 원리가 곧 주제다. 즉 어떤 소재에 대하여 느낀 인생의 의미를 구체화시킨 것이 곧 주제다. 환언하여 동기의 구체화가 즉 주제인 것이다.

— 김동리

⑤ 주제는 작품의 내용이며 작가의 사상이다. 그러므로 주제의 선명한 파악이 소설 제작의 출발점이며 종착역이다.

— 안수길

이상에서 본 바와 같이 주제에 대한 해석은 그 표현이 각각 다르나 그 근본적인 해석은 차이가 없음을 알 수 있다.

즉 주제란 작품에 나타나 있는 의미이며 작가의 중심사상이요, 소재를 해석해 나간 통일된 힘이라고 정의를 내릴 수 있을 것이다.

나. 주제의 설정

그러면 작품의 중심사상이요 핵심인 주제는 작가에 의하여 어떤 과정을 거쳐서 설정되는가를 살펴보기로 하자.

이에 대하여 김동리는 "주제는 동기에서 잉태되며 소재의 재구성에서 분만된다"고 말하고 자신의 <황토기>를 예로 들어 설명하고 있다.

즉 작자가 경남 사천군의 다솔사에 있을 때, 만허선사란 분으로부터 어떤 장사의 이야기를 듣고 나서 <황토기>를 쓰게 되었는데 그 구체적인 동기는 아래와 같았다는 것이다.

> 나는 이 이야기를 듣고 어떤 충격을 받았다. 왠지 모르게 가슴이 뭉클했던 것이다. '왠지 모르게 가슴이 뭉클했던' '어떤 충격' 이것이 곧 위에서 말한 동기 *motive*였던 것이다. 나는 이 '가슴이 뭉클했던' '어떤 충격' 그것을 저버릴 수는 없었다. 나는 그 이야기를 들었을 때 왜 이렇게 가슴이 아팠던가, 그 순간 내가 받은 '어떤 충격'의 내용은 무엇이며 의미는 무엇일까. 나는 그것을 나타내고 싶었다……그러니까 만허선사의 '늙은 두 장사'의 이야기는 소재(혹은 제재라고도 한다)요, 그 소재를 들었을 때 내가 받은 충격은 동기 *motive*다. 테마(주제)는 동기가 구체화된 것이라고 한다. 그러면 '두 장사'의 이야기(소재)에서 받은 충격(동기)은 나에게 있어 어떻게 구체화되었던가……나는 우선 그 늙은 두 장사의 억울한 인생이란 것을 생각했다. 보통 사람과는 비교할 수도 없는 초인적인 힘을 가지고서도 그것을 정당하게 써보지 못한 채 이름 없는 잡초처럼 세상에서 사라지는 억울한 심정.
> 둘째로, 나는 두 장사의 불우한 운명이란 것을 생각해 봤다. 그것은 확

실히 범인이 아닌 초인적인 능력을 가진 사람들이다. 그럼에도 불구하고 그 초인적인 역량을 발휘할 기회를 얻지 못한 채 명목없이 늙어가는 비통한 심경.

셋째로, 나는 그 늙은 두 장사의 절망적인 고독이란 것을 생각했다. 이 세상에서 아무도 알아 주는 이 없는 자기들의 초인적인 힘 ― 그것도 이제는 노경에 들었으니 앞날에 대한 기대도 걸어 볼 수 없다. 영원한 고독, 절망적인 고독.

이러한 억울함과 비통함과 고독함이 한데 뭉쳐서 그러한 까닭모를 싸움이 되고 그러다 사라진 것이라고, 나대로의 해석을 내리었다.

퍽 장황한 인용이었지만 작자 자신이 자신의 작품을 두고 설명해 나간 것보다 더 좋은 예문이 없다고 생각하며 인용해 본 것이다.

그러니까 위의 설명을 간추려 본다면, 두 장사의 이야기를 듣고 받은 충격이 즉 동기 *motive*이고, 이 충격의 의미와 내용을 생각해 보니 그것은 작자 자신이 평소에 들어서 느껴왔던 장사에 대한 이미지 위에 이를 새롭게 받아들인 것으로서 첫째로는 억울한 인생이요, 둘째는 불우한 운명이고, 셋째는 절망적인 고독이라고 생각했던 것이다. 이같은 충격의 의미와 내용을 생각해 본 것이 말하자면 동기의 구체화의 제1과정인 것이다. 여기에다 작자는 플롯을 세우고 문장의 의상을 입혔다고 설명하고 있다.

여기에서 김동리는 소재를 먼저 취하고(이것이 비록 완전한 소재가 아니더라도) 여기에 주제를 설정하여 작품을 완성했는데, 작자의 개성이나 습관에 따라 주제를 설정하고 나서 소재를 취하고 여기에 다시 소재를 정리하여 플롯을 세울 수도 있다.

그러나 같은 소재를 가지고도 작자에 따라서 다른 주제를 설정할 수가 있는데 이것은 작자의 인생관의 차이 때문이다.

다. 주제의 내면화와 표면화

주제의 내면화

주제가 어떤 사상의 설명이어서는 안 된다. 주제는 모름지기 내면화·무형화 되어서 작품 속에 보이지 않도록 용해되어 있어야 한다.

그러므로 주제의식이 표면화되어 주인공들이 이 주제를 위해 외곬수로 활동하고 있으면 소설의 매력은 반감되고 궁금증도 있을 수 없다.

따라서 소설의 주제는 최종적으로 독자에 의해 재현되는 것이다. 즉 작가가 작품 속에 용해시켜 놓은 주제를 다시 건져내어 형상화하는 것은 결국 독자다. 그러므로 주제는 작가가 작품 속에 용해시켜 놓은 주제를 독자가 재구성하도록 내면화되어야 효과적이다.

그러나 현대소설이 점점 난해한 주제를 설정함으로써 종래의 읽히는 소설에서 생각하는 소설로 변모되고 있다.

이같이 오늘날의 소설이 어려워지는 이유는 소설작가가 종래의 이야기꾼으로서의 소설가가 아니라 인생의 眞貌를 밝혀내야 하고 역사와 문명에 대한 비판도 가해야 하고 현실에 대한 고발과 구원한 철학의 명제에도 접근해야 하는 어려운 상황에 처해 있기 때문에 이같은 상황에서 항상 새로운 주제를 찾아 고심하고 현대인의 복잡한 인간심리를 작품 속에 담으려하는 소설가의 소명의식 탓이 아닌가 여겨진다.

어쨌든 현대소설에 있이시는 주제가 내면화뇌어 한 눈에 수제를 파악할 수 없기 때문에 때로는 독자 등을 당황하게 하는 경우도 있다.

또한 작가가 설정해 놓은 주제가 독자에 의하여 다른 양상으로 파악될 수도 있으며 주주제 이외에 부주제가 작품의 주제 역할을 대신할 수도 있는 것이다.

181

가령 <인형의 집>을 예로 들어 보면, 집을 뛰쳐나온 노라의 행동이 주제와 밀접한 관련을 맺고 있다고 하겠는데 과연 노라의 행동이 무엇을 뜻하는가. 혹자는 남녀평등을 뜻하는 것이라고 주장하고, 또 어떤 이는 여성해방을 나타내는 것이라고 설명하고 있다. 그러나 노라가 집을 뛰쳐나온 행동이 과연 남녀평등이나 여성해방을 위한 행동이었을까. 또한 작자 입센이 작품에서 나타내고자 했던 주제가 바로 이것이었을까.

물론 남녀평등이나 여성해방의 사상이 이 작품의 중요한 사상임은 틀림이 없으나 이것들이 주제라고 보기는 어렵다.

조연현은 이에 대하여 이같은 사상은 작품에 있어서의 소위 '편의적 주제'라고 설명하고 있다. 즉 노라가 집을 떠나는 것은 남녀가 동등이라는 의식에서보다도 자신에 대한 인간적 각성에 있었기 때문에 <인형의 집>은 결국 남녀평등이나 여성해방이라는 편의적 주제와 자아의 각성과 발견이라는 자신의 기본적 정신을 남녀평등이라는 편의적 형식을 통해서 표현했을 뿐이라는 것이다.

어쨌든 현대소설에 나타나는 주제는 갈수록 내면화되고 난해해서 이를 추출해 내는 독자의 안목도 높아져야만 한다는 주장이다.

특히나 J. P. Sartre나 Kafka, 또는 A. Camus와 같은 상황소설의 작가의 작품에서는 이같은 주제의 내면화 현상이 두드러지게 나타나고 있다 하겠다.

주제의 표면화

소설에 있어서 지나친 목적의식이나 사상성을 드러내다 보면 주제의 표면화라는 결과를 초래하게 된다.

종래 권선징악을 내세운 고대소설이나 봉건타파와 계몽을 앞세운 신소설 혹은 춘원의 초기소설들은 너무나 강렬한 주제를 표면화하여 약점이 되고 있다.

가령 신소설에 있어서는 신문명의 도입이라든가 자유결혼사상, 남녀평등사상, 또는 신학문에 대한 향학열 고취 등의 개화사상이 노골적으로 표면화됨으로써 작자의 강력한 주장이 확연히 드러나고는 있으나 소설로서의 흥미는 기대할 수 없게 하고 있다.

또한 춘원의 <흙>에 있어서도 농촌계몽이라는 주제가 지나치게 표면화되어 있어서 강력한 인상을 독자에게 주고 있으나 사건의 진행에 따른 독자의 궁금증이나 기대감은 반감되고 있다고 하겠다.

그러나 현대소설에 있어서도 "이 소설은 근대화 과정에서 몰락하는 농촌의 모습을 다룬 작품이다"라고 작자가 직접 작품의 서두에서 의도(주제)를 말해 버림으로써 주제를 간접적으로 암시하는 작품도 있기는 있다. 그러나 주제의 표면화는 독단적으로 독자를 몰고 가는 강한 영향력과 함께 작자의 의도가 확연히 드러나는 효과를 발휘할 수 있으나 작품 속에 용해되어 있는 작품의 주제를 건져내어 이를 재구성하는 독자의 입장에서는 소설적 흥미를 잃게 될 것은 분명하다.

아무튼 소설에 있어서의 주제는 지나치게 표면화되어 작자의 의도가 이미 분명히 밝혀져서는 안 되겠고, 또한 주제의 내면화에 있어서도 작품 전체에 주제가 용해되게 하든지 또는 인물의 행동이나 대화, 또는 서술 등의 간접적인 방법을 동원하여 작품의 어느 일 부분에 이 주제를 암시함으로써 작자의 작품 의도를 결국에는 독자가 눈치챌 수 있도록 설정해야 할 것이다.

수제는 감춰질수록 좋다. 그러나 영원히 감춰지는 주제는 안 된다. 감추면서도 드러내는 주제, 이것이 바람직한 주제의 설정방법이라고 말할 수 있을 것이다. 그런데 주제를 드러냄에 있어서 작가는 온갖 교묘한 기법을 동원하여 감추는 중에 드러내는 기술이 필요하다.

"작가의 일은 기법을 감추는 데 있고 비평가의 할 일은 그것을 다시 찾아내는 데 있다"는 H. Read의 말은 이것을 말하는 것이다.

라. 주제 파악의 방법

작품 속에 용해되어 있는 주제를 건져내어 파악한다는 일은 결코 쉬운 일은 아니라고 본다.

그러면 이같은 주제를 우리는 어떻게 파악할 수 있는가.

이에 대하여 이재선과 신동욱은 저서 <문학의 이론>에서 주제 파악의 방법으로 ① 플롯 *plot*과 액션 *action*을 통한 방법 ② 토운 *tone*을 통한 방법 ③ 분위기 *atmosphere*를 통한 방법 ④ 무드 *mood* 를 통한 방법 등으로 구분하고 있으며, R. F. Dietrich와 R. H. Sundell 은 <소설의 예술 *Art of fiction*>에서,

"주제는 물론 성격이나 토운, 플롯, 그밖의 모든 요소의 전체적 효 과에서 추출되어진다. 그러나 많은 소설에 있어서는 주제의 요점이 어느 특출한 계획이나 인물에 의해 전해진다"고 말하고 있다. 그러면 여기에서는 이들의 이론을 정리하여 ① 액션 *action*을 통한 방법 ② 토운 *tone*을 통한 방법 ③ 분위기 *atmosphere*를 통한 방법 ④ 대단 원 *denouement*을 통한 방법 등으로 나누어 살펴보고자 한다.

액션을 통한 방법

먼저 액션 *action*이란 중요하고도 통일성 있는 일련의 사건이라고 정의되고 있다. 그런데 주인공의 액션을 자세히 관찰해 보면 주제파 악의 단서를 잡을 수 있다는 것이다.

왜냐하면 작가는 작품 속의 주인공의 액션을 통하여 자신이 밝히 고자 하는 사상과 주제를 드러내고자, 주인공의 액션을 부단히 통일 성 있는 한 방향으로 몰아갈 것이기 때문이다.

가령 김동인의 <감자>를 예로 들어보자. <감자>에는 복녀라는 여인이 나오고 그녀의 남편이 나오며, 중국인 왕서방, 그리고 송충이 잡이의 감독 등이 인물로 등장하는데 여기에서의 주인공은 복녀다. 그러므로 작품 <감자>에서는 주인공인 복녀가 직접 경험하는 내용이 이 작품의 액션이 되는 것이다.

그런데 이 작품의 주제가 흔히 '한 여성이 도덕적으로 타락해 가는 모습을 그림으로써 인간의 약점과 허상을 낱낱이 보여주는 것'이라고 말해지고 있는데, 이같은 주제를 우선 염두에 두고 그 역순으로 주인공인 복녀의 액션을 더듬어 보기로 하자.

우선 복녀는 사농공상의 사회조직 속에서 제2위에 드는 농민의 딸로서 순박하기 이를 데 없는 여인이었다. 그러나 '도덕이라는 것에 대한 기품'이 어느날 갑자기 그녀로부터 떨어져 나가게 된다. 즉 송충이 잡이를 나섰던 복녀가 감독에게 정조를 바치고 그 댓가로 '일 안 하고 품삯 많이 받는 인부'가 되면서부터였다.

그리고 복녀는 자신의 행위에 대하여 하등의 부끄러움이나 후회도 없이 그로부터 더욱 타락의 진경을 보이기 시작한다. 이것이 처세의 비결이었던 것이다. 그녀는 거지에게도 몸을 팔았다. 그리고는 중국인 왕서방의 정부가 되었다.

돈을 벌기 위하여 이처럼 점점 타락해 가는 복녀의 액션을 더듬어 가다보면 작가가 말하고자 하는 주제가 어렴풋이나마 잡히게 마련이다.

그런데 여기에서 주의해야 할 점은 주인공의 액션이 아닌 부차적인 스토리의 전개, 이를테면 송충이잡이 감독이 부당한 행위로 여인들을 농락하고 있는 비리의 세계라든가, 왕서방이 돈으로 여인을 사고 있다는 등의 이야기는 이 작품의 주제 파악에 하등의 관련이 없는 것이다. 오직 주인공의 액션만이 주제 파악의 요체가 되며 부인물들의 액션은 주인공의 액션을 도와주는 보조적 기능으로 끝나는 것이다.

토운을 통한 방법

토운 *Tone*이란 소재와 독자에 대한 작가의 태도가 스토리 속에 반영된 것이라고 말해진다.

그러므로 작품의 주제를 토운을 통하여 파악한다는 것은 작품에 나타난 작가의 태도를 중시하는 방법인데, 즉 작가가 문체나 재료를 처리해 나가는 태도인 토운을 잘 살펴보면 주제를 파악할 수 있다는 것이다.

우선 채만식의 <태평천하>나 김유정의 여러 단편소설을 보면 작가가 작품에 대하여 사용하고 있는 문체나 소재를 처리해 나가고 있는 태도가 퍽 풍자적이고 해학적임을 알 수 있는 바와 같이 작가가 내세우고 있는 주제가 현실의 모순이나 불합리에 대한 풍자요 해학임을 간파할 수 있는 것이다.

즉 <태평천하>를 보면 주인공인 윤직원의 일거수일투족이나 풍모가 퍽 풍자적으로 그려져 있어서 그의 행위나 의식의 불합리성에 대한 비판을 목적으로 작품이 씌어지고 있다는 사실을 파악할 수 있으며 여기에서 자연히 주제에 접근해 갈 수 있는 어떤 실마리를 잡게 된다. 또한 김유정의 여러 단편들을 보면 정제되지 않은 투박한 토속어가 주인공의 성격은 물론이고 작품의 주제와도 긴밀한 상관관계를 보여주고 있음을 알 수 있다.

또한 최인훈의 <총독의 소리>에 나타난 문체, 그리고 이상의 <날개> 등에 나타난 토운을 보면 주제의 파악에 큰 도움이 되고 있음을 알게 된다.

그러나 토운을 통하여 작품의 주제를 파악한다는 것은 퍽 어렵고 미묘할 수밖에 없다. 왜냐하면 작가가 소재를 처리함에 있어서 문체가 해학적이라거나 강건하다거나 하는 것은 주제를 설명해 나감에 따른 작가의 태도일 뿐이지 이것이 주제 자체를 직접적으로 암시해 주고 있는 것은 결코 아니기 때문이다.

분위기를 통한 방법

분위기 *atmosphere*란 배경이나 인물 등에 의해서 작품에서 제기되는 일반적이며 보편적인 情調 *feeling*다.

그런데 대체로 작품의 분위기를 형성하는 것은 배경이며 이같은 배경이 독자로 하여금 연상작용을 일으키도록 유도하여 작품의 주제를 암시해 주고 있음을 알 수 있다.

가령 현진건의 <운수 좋은 날>에서 제목만 보아서는 내용 자체가 운수가 좋은, 즉 해피 앤딩의 소설인 것 같으나 사실은 그와는 정반대다. 또한 이야기의 전개 자체도 가난한 인력거꾼이 뜻밖에도 손님이 많이 걸려들어 많은 돈을 벌고는 있으나 이같이 좋은 운수가 실상은 운수 나쁜 사건의 결말을 반어적으로 시사해 주고 있음을 알아야 한다.

즉 <운수 좋은 날>의 서두를 보면

　　새침하게 흐린 품이 눈이 올 듯하더니 눈이 아니 오고 얼다가 만 비가 추적추적 나리었다.

라고 작자는 서술하고 있는데, 이같은 배경의 서술을 통한 분위기의 조성은 불길한 징조의 예고임을 독자들은 알아차려야 될 것이다.

이밖에도 황순원의 <소나기>, 김동리의 <황토기>, 장용학의 <요한시집>, 이상의 <날개> 등에서도 분위기를 통하여 주제를 파악할 수 있는 실마리를 잡을 수 있다.

대단원을 통한 방법

대단원 *denouement*이란 소설에 있어서 발단 *exposition*, 분규 *complication*, 그리고 절정 *climax*에 뒤이어 오는 소설 구조의 마지막 단계다.

즉 한편의 소설이 끝나는 결말, 다시 말하면 '최종적인 해결' 또는 '플롯의 풀림' 단계가 대단원인 것이다.

이와 같은 소설의 결말에서 주제가 파악된다.

왜냐하면 이 대단원은 소설의 마지막 부분이니까 논문으로 말한다면 결론과 같은 부분이고 작가 자신도 한 편의 소설을 마침에 있어서 이 대단원에서 어떤 맺음을 의식하지 않을 수 없기 때문에 이 부분에서 주제를 표출하거나 암시해 놓으려는 시도를 직·간접적으로 보이기 때문이다.

오 헨리의 <마지막 잎새>, 모파상의 <목걸이>, 황순원의 <소나기> 그리고 많은 소설들이 이 대단원에서 주제를 나타내고 있음을 볼 수 있다.

이상과 같이 주제 파악의 방법으로서, 액션을 통한 방법, 토운을 통한 방법 그리고 분위기를 통한 방법과 대단원을 통한 방법 등에 대하여 살펴보았는데 진정 주제를 파악함에 있어서 이같은 방법 중의 어느 하나만으로 손쉽게 주제가 파악되는 것은 절대로 아니다.

때로는 위의 방법 모두를 총동원해도 결코 주제를 파악하지 못하는 경우도 있을 수 있다.

또한 주제를 파악함에 있어서 또 하나의 어려움은 소설의 종류에 따라서 단일주제가 있을 수도 있으나 단편이나 꽁뜨 등이 아닌 장편소설에 있어서는 그 주제가 복합주제를 나타내고 있을 수도 있으며 주인공에 따라서 주제가 강할 수도 있고, 또는 약할 수도 있어서 독자가 주제를 파악하는 데에 혼란을 야기시키고 있는 점일 것이다.

결국 주제를 파악한다는 일은, 작가가 무색투명한 물 속에 용해시켜 놓은 소금과 설탕과 백반 등을 찾아내어 그 성분을 밝혀내는 작업이라 볼 수 있는 것으로서, 작품을 완전히 읽고 소화하여 나름대로의 판단이 섰을 때에만 주제 파악이 가능하다고 볼 수 있겠다. 즉 작품을 완전히 이해할 수 있는 독자의 능력이 주제 파악의 열쇠인 것이다.

2) 구 성

가. 구성의 정의

구성이란 용어는 결구 혹은 플롯, 또는 구축 · 짜임새 등 다양하게 불리어지고 때로는 형태 *forms*나 구조 *structure*로 표현하는 사람도 있다.

어쨌든 소설에 있어서의 구조란 간단히 말해서 소설의 설계, 즉 짜임새라고 할 수 있겠는데 이에 대하여도 많은 학자들이 나름대로의 정의를 내리고 있으니 이를 우선 살펴보기로 하겠다.

① 플롯이란 말은 세 가지의 매우 다른 뜻을 지닐 수 있다. 스토리를 이어가는 기술, 성격을 창조하는 기술, 상태를 만드는 기술이 그것이다.

— A. Thibaudet

② 플롯이란 한 편의 소설에 나타난 행동의 구조다. 또한 플롯이

란 하나의 스토리 안에서 생겨나는 것이며 사건에 관련된 인물
이나 사건의 의미와는 상이한, 만들어진 사건의 연속이다.

— C. Brooks, Warren

③ 플롯이란 행동의 인과관계에 의한 연결, 그 이상도 그 이하도
아니다.

— R. V. Cassil

④ 스토리는 시간적 순서대로 배열된 사건의 서술이다. 그러나 플
롯도 사건의 서술이지만 인과관계에 중점을 둔다. '왕이 죽고
왕비가 죽었다'는 스토리지만 '왕이 죽자 왕비도 슬퍼서 죽었
다'는 플롯이다.

— Forster

⑤ 플롯은 주제를 전달하기 위한 행동의 배열이다.

— Dietrich, Sundell

⑥ 한 편의 소설을 효과적으로 제작하려는 의도의 반사이며 작품
을 성공시키려는 논리다.

— 정한숙

⑦ 플롯이란 행동의 모방이다. 즉 행하여진 것(사건)의 결합이다.

— Aristoteles

⑧ 소설이라고 하는 복잡한 예술에는 진실이라고 하는 요소 이외
에 미라고 하는 요소도 없어서는 안 된다. 이 미의 요소가 나의

생각으로는 플롯이라는 것이다.

— P. Bourget

이상과 같은 여러 학자들이 정의를 종합해 볼 때, 플롯의 개념은 비교적 명확히 드러난다.

즉 플롯이란 주제를 나타내기 위해서 인과관계에 중점을 두고 예술미와 논리성에 입각하여 구축된 사건의 배열인 것이다.

나. 구성의 단계

이 구성의 단계는 구성의 전개과정, 혹은 구성의 단층이란 용어로도 불리는데 구성을 어떻게 해야 하는가의 문제를 의미한다. 다시 말하면 논문에 있어서도 서론·본론·결론이 있듯이 소설에 있어서도 사건의 배열을 어떤 양식으로 전개해야 하는가 하는 것이 구성의 단계인 것이다. 일찍이 <시학>에서 기점·중추·종결의 삼단계로 구성을 이야기한 바 있고, 수많은 사람들이 나름대로의 구성의 단계를 말하고 있으나 모든 소설이 이같은 도식대로 구성되는 것만은 결코 아니다.

참고로 몇 학자들의 구분을 소개하면 다음과 같다.

우선 Forster와 J. C. Harris는 <소설의 기초법 *The basic formulas of fiction*>에서 ① 도입 *situation* ② 전개 *complication* ③ 위기 *crisis* ④ 절정 *climax*으로 구분하고 있으며, H. W. Leggett는 ① 발단 *initial situation* ② 제 1행동단계 *1st stage of action* ③ 제 2행동단계 *2nd stage of action* ④ 발발 *issue* ⑤ 결말 *conclusion*로 구분하고 있다.

한편 Harold Weston에 의하면, ① 의도 *intention* ② 의도의 장해

barrie of the intention ③ 장해의 반전 *reversal of intention* ④ 위기 *crisis* ⑤ 위기의 반전 *reversal of the crisis* ⑥ 단원 *catastroph*으로 나눈다.

또 Dietrich와 Sundell은 <소설의 예술 *art of the novel*>에서 ① 발단 *exposition* ② 발전 *development* ③ 절정 *climax* ④ 해결 *resolution* 등으로 구분하고 있다.

이상에서 보는 바와 같이 많은 사람들이 플롯의 단계를 구분하고 있는데 말하자면 소설의 구성은 어느 사건이 발단되고 나면 이 사건이 분규와 해결의 과정을 반복·교차하면서 결말에 이르도록 짜야 된다는 것을 공통적으로 말하고 있음을 알 수 있겠다.

이같은 분규와 해결의 과정은 장편소설에서는 말할 것도 없고 단편소설에 있어서도 무수히 반복·교차되고 있음을 보게 된다.

그 한 예로 오 헨리의 작품 <찬송가와 순경>의 줄거리를 소개해 본다.

거지 한 사람이 공원 벤치에 누워서 다가올 겨울을 걱정하고 있다. 날씨가 추우면 벤치에서 잘 수가 없기 때문이었다. 그래서 생각한 것이, 가벼운 죄를 짓고 겨울 동안만 교도소 신세를 지면 집없는 처지에 겨울은 무사히 넘길 수 있다는 기발한 착상이었다. 그래서 이같은 생각을 당장 실천에 옮길 속셈으로 그 거지는 사람들이 많이 모여 있는 곳으로 슬금슬금 다가가서 어떤 사람이 들고 있는 우산을 슬쩍 훔쳤다. 그러나 그 사람은 거지를 붙잡으려고 쫓아오지 않았다. 왜냐하면 그 우산은 남한테서 훔쳐 온 우산이었기 때문이었다.

첫번째 시도에서 실패한 거지는 두번째로 어느 식당에 들어가 무전취식을 했다. 그러나 그곳에서도 그는 의도가 좌절된다. 그 식당의 지배인 얼마나 배가 고팠으면 무전취식을 했겠느냐고 동정하며 그를 그냥 돌려보내는 것이었다. 그 거지는 마지막으로 교통순경에게 다가가서 순경의 궁둥이를 발로 걸어 찬다. 그러나 걸어 차려는 순간에 미끄러져 넘어지는 바람에 그것 역시 실패로 끝나고 말았다. 순경은 자기 옆에 넘어져 있는 거지를 일으켜 주며 어디 다친 데는 없느냐고 위로하며 친절하게 옷까지 털어주었다. 그래서 거지는 뜻을 이루지 못하고 거리를 정처없이 걷다가 찬송가가 울려 나오는 교회당 앞에서 발길을 멈추고 그 안으로 들어간다. 그리고 거지는 목사의 설교를 듣고 감화를 받아 다시는 죄를 짓지 않고 자력으로 노력해서 살겠다고 굳은 결심을 하게 된다. 그리고 교회당을 빠져 나오는데 순찰중이던 순경이 거지를 붙잡고 신분증을 보여달라고 한다. 그러나 그 거지가 신분증이 있을 리 없었다. 그래서 그는 부랑자라는 혐의를 받고 순경에게 붙잡혀 교도소로 끌려갈 수밖에 없었다.

이같은 소설의 사건이나 인물의 성격은 엎치락뒤치락 반전되고 교차되며 대단원에 이르는 것이다.

그러면 이같은 소설의 구성 단계를 Brooks와 Warren의 이론에 근거하여 ① 발단 *exposition* ② 분규 *conplication* ③ 절정 *climax* ④ 대단원 *denouement*으로 나누어 구체적으로 살펴보기로 하겠다.

발 단

등장인물이 소개되거나 사건의 실마리가 보이기 시작하거나 또는 배경이 정해지는 서두가 발단 단계라고 볼 수 있다.

Brooks와 Warren은 ＜소설의 이해＞에서, "이 발단 부분에서 캐릭터가 반드시 소개되어야 하고 배경이 정해져야 하는 기본상황이 정해져야 한다. 다시 말하면 어느 정도 발단의 윤곽이 드러나야 하는 것이다"라고 밀하고 있다.

몇 작품의 예를 한번 살펴보기로 하자.

싸움, 간통, 살인, 도적, 징역, 이 세상의 모든 비극과 활극의 근원지인 칠성문 밖 빈민굴에 오기 전까지는 복녀의 부처는 (사, 농, 공, 상의 제 2 위에 드는) 농민이었다.

193

― 김동인 <감자>의 서두

　정글은 구름처럼 연속되어 있었다. 푸르렀다. 푸르다 못하여 노리끼리 한 빛이 태양광선에 반사될 때마다 눈이 부셨다. 어디서인지 포성이 쿵 쿵 울려오는 것이었다. 이곳으로 온 다음, 인제 그런 소리 따위에는 공포를 느낄 수 없었다. 거의 습성처럼 되어 버렸다.
　그런데도 혁은 저도 모르게 몸을 흠칫 떨었다. 죽음을 의식했던 것이다.

― 박연희 <밤에만 자라는 돌>의 서두

　누추하고 궁색스럽기가 몰락한 양반의 도포자락같은 서울의 어느 변두리 지역에, 제 말로 일본 와세다대학 경제학부를 중퇴했다는 안장대란 사나이가 주위의 나지막한 집들을 조롱이나 하듯이 홀로 이층 양옥을 짓고 떵떵거리는 허세 속에 살고 있었습니다.

― 조건상 <안장대의 꿈>의 서두

　여기에 인용한 몇 작품의 서두에서 알 수 있듯이 여기에는 배경과 인물과 사건의 실마리가 공통적으로 보이기 시작하고 있음을 알 수 있다.

　즉 <감자>에서는 빈민굴인 칠성문 밖이 배경으로 나오고 주인공인 복녀가 나오고 사회의 음지인 그곳에서 장차 벌어질 사건들이 예견되고 있는 것이다.

　또한 <밤에만 자라는 돌>에서는 정글이 무성한 월남전선을 배경으로 혁이라는 병사가 겪는 외로움과 공포의 상황이 전개되려는 조짐이 보여지고 있으며, <안장대의 꿈>에서는 서울 변두리 지역을 배경으로 안장대라는 속물이 벌일 기상천외의 해프닝이 느껴지는 서두가 아닐 수 없다.

　이상과 같이 소설의 발단 부분, 즉 서두에서는 대체로 배경과 인물과 사건의 조짐이 넌지시 엿보이기 시작하는 것이다.

분 규

주인공의 행동이 전개되고 인물의 성격이 정착됨과 아울러 갈등과 변화가 일어나기 시작하는 단계가 이 분규라고 볼 수 있다.

<소설의 이해>에서는 이 분규에 대해서는 다음과 같이 설명하고 있다.

> 긴장을 구축해 나갈 뿐만 아니라 또한 스토리에 주어진 독특한 상황에서 문제점을 발전시켜 나가는 사건과 캐릭터의 상호작용이다.

즉 사건이 복잡하게 얽히면서 긴장감을 독자에게 주고 인물의 활동이 사건과 직접적인 연관을 갖고 전개되기 시작하는 단계가 이 분규의 단계라는 것이다.

예를 들어, 남편을 잃고 매사에 까다로운 시어머니 한 분을 모시고 사는 젊은 과부의 옆방에 용모가 준수한 청년 하나가 하숙생으로 들어왔다. 그로부터 시어머니의 눈초리가 며느리를 감시하기 시작했다는 이야기가 전개되기 시작하면 여기서 분규의 가능성이 보이고 긴장감이 느껴지는 것이다.

그런데 이 분규의 단계에서 유의해야 할 점은 그것이 사건의 해결을 논리적으로 준비해 나가기 시작해야 한다는 점이다. <소설의 이해>에서는 이것을 통일 *unity*과 의미 *significance*라는 말로 표현하고 있다.

소설이 허구이면서도 일상적인 이야기보다 너 감동을 주는 것은 소설 속에 내재되어 있는 이론성 때문이다.

다시 말하면 소설에 있어서의 논리성은 리얼리티를 의미하는 것이고 이같은 리얼리티가 결여되어 있다면 사건 전개에 신뢰감이 없어져서 하나의 기담이나 우연한 사건의 연속이 되고 마는 것이다.

그런데 단편소설에 있어서는 이같은 분규가 단일해야만 효과적이다. 너무 복잡한 분규를 일으켜 놓으면 주제를 향한 사건의 통일성을 기할 수 없기 때문이다.

절 정

긴장과 갈등이 최고조에 달하면서 전개와 분규가 마무리 지어지는 정점이 절정이다.

<소설의 이해>에서는, 소설에 있어서 상승적 사건의 최정점이며 갈등 속의 여러 힘이 최고로 강렬해지는 순간이라고 설명되고 있다.

이 절정은 때로는 다음 단계인 대단원과 합치되는 수도 있다. 그러므로 이 단계와 대단원에서 주제가 강조되는 수가 많다.

예를 들면 모파상의 <목걸이>에서, 마틸드가 목걸이를 빌렸었던 동창생을 우연히 만나, 10년 전의 이야기를 하고 사실은 그 목걸이를 잃었었는데 다시 그것과 꼭 같은 목걸이를 사기 위해 많은 돈을 빌렸기 때문에 그 빚을 갚기 위해 10년 동안 고생했던 이야기를 고백하자, "어머나 내 목걸이는 가짜였는데…5백 프랑이나 할까…"라고 대답하는 대목에서 소설은 끝나는데, 이 대목이 결국은 소설의 절정이요 대단원의 구실을 하고 있다.

빌렸다가 잃어버린 목걸이가 겨우 5백 프랑 짜리 가짜 목걸이인 줄도 모르고 4만 프랑 짜리 목걸이를 사서 되돌려 주고 나서 빚을 갚기 위해 고생했던 지난 10년 동안의 숱한 사연이 그만 물거품처럼 꺼져 버리는 허탈의 순간인 것이다.

결국 작가는 이 대목을 쓰기 위해서 작품을 썼는지도 모른다. 또한 여자의 허영심과 운명의 희롱같은 인생의 이야기를 함축성 있게 요약한 마지막 대목은 이 소설의 절정이며 대단원이다.

대단원

<소설의 이해>에서는 등장인물의 운명이 분명해지는 부분으로서, 실패 혹은 성공의 순간이며 등장인물이 자기 자신의 맨 마지막 위치를 이해하는 순간, 혹은 독자가 등장인물의 위치를 마침내 완전히 이해하는 순간이라고 대단원을 설명하고 있다.

결국 이 대단원은 주제가 단적으로 암시되는 순간이라고 말할 수 있다.

그러므로 이 대단원은 발단에 못지 않게 소설 구조상 대단히 상징적이고 암시적인 부분이라고 해야 할 것이다.

몇 작품에서 대단원의 처리를 어떻게 하고 있는지 살펴보기로 하자.

> 그는 자신이 엄청난 배반을 하고 있다는 생각이 들었다. 제3제국으로? 그녀들을 버리고 새로운 성격을 택하기 위하여? 그 더럽혀진 땅에 그녀들을 묻어 놓고 나 혼자? 실패한 광구를 버리고 새 굴을 뚫는다? 인간은 불굴의 생활욕을 가져야 한다? 아니다. 아니다, 아니지, 인간에게 중요한 건 한 가지뿐. 인간은 정직해야지, '신'도 '사상'도 주지 않던 '기쁨'을 준 그녀들에게 정직해야지.
>
> ― 최인훈 <광장>의 결말

> 복녀의 송장은 사흘이 지나도록 무덤으로 못갔다. 왕서방은 몇 번을 복녀의 남편을 찾아갔다. 복녀의 남편도 때때로 왕서방을 찾아갔다. 둘의 새는 무슨 교섭하는 일이 있었다. 사흘이 지났다. 밤중 복녀의 시체는 왕서방의 집에서 남편의 집으로 옮겨 왔다. 그리고 시체에는 세 사람이 둘러 앉았다. 한 사람은 복녀의 남편, 한 사람은 왕서방, 또 한 사람은 어떤 한방의사, 왕서방은 말없이 돈 주머니를 꺼내어 십원짜리 지폐 석장을 복녀의 남편에게 주었다. 한방의사의 손에도 십원짜리 두 장이 갔다.
>
> 이튿날 복녀는 뇌일혈로 죽었다는 한방의사의 진단으로 공동묘지로 실려갔다.
>
> ― 김동인 <감자>의 종말

나는 미친 듯이 손을 들고 차도로 뛰어들어 그 택시의 뒷자석에 쑤셔 박히듯 몸을 내던졌다.

갑자기 찐득이는 눈물이 주르르 가방 위로 쏟아졌다. 기뻤다. 아니, 그냥 슬프고 억울했다.

— 조건상 <탈주>의 종말

이상에서 본 바와 같이 대부분의 작가들은 소설의 종말, 즉 대단원에서 소설의 마무리와 함께 주제를 암시하고 있는 것이다.

<광장>에서는 사상적으로 방황하던 이명준이 결국은 중립국으로 가던 도중 이제까지의 자신의 행위에 대한 회의에 빠져 자살을 택하게 되는 이유가 밝혀져 있고, <감자>에서는 죽은 시체를 놓고 금전이 거래되는 인간의 추악상이 적나라하게 펼쳐지고 있으며, <탈주>에서는 말썽 많은 전셋집에 어수룩한 다른 사람을 대신 밀어넣고 도망치는 주인공의 '기쁨'과 '슬픔'과 '억울함'의 복잡한 감정이 종말에 요약되어 있다고 하겠다.

다. 시 점

시점이란 소설에서 이야기하는 화자의 입장, 즉 누가 이야기를 하느냐 하는 것으로서, 서술의 초점 *focus of narration*이라고도 한다.

그런데 소설에 있어서 이 시점에 따라 플롯의 조직이나 환경의 배치, 또는 이야기의 흐름, 문체 등이 많이 달라지게 된다.

이들 시점을 구분해 보면 먼저 1인칭 시점과 1인칭 관찰자 시점, 그리고 작가관찰자 시점과 전지적 작가시점 등으로 나눌 수 있다.

1인칭 시점

주인공이 주인공 자신의 이야기를 하는 *main character tells own*

*story*형태의 시점이다.

그런데 이 시점으로 씌어진 소설에 있어서 작품 속의 '나'는 물론 허구 속의 '나'이지만 독자에게 거리감을 안 느끼게 하여 소설 속의 이야기가 사실이라는 환상을 갖게 해 주는 효과가 크다. 그러므로 이 시점은 주인공의 내면세계를 제시하는 데에 가장 좋은 방법이라 할 수 있겠다. 왜냐하면 주인공의 느낌을 순간 순간 어떤 것에 구애됨이 없이 진술해 나갈 수 있기 때문이다.

이 1인칭 시점은 또한 서술의 초점 *focus of narration*과 성격의 초점 *focus of character*이 완전 일치하는 시점으로서, 소설 속의 주인공과 화자가 같은 인물로서 등장하기 때문에 대단히 주관적·심리적 효과는 크지만 제 3자의 외면세계를 객관적 입장에서 묘사하는 데는 제한을 받게 된다는 약점이 있다.

작가가 현실 속에 나타난 자신의 이야기를 소설화하면 사소설이 되겠는데 이 사소설도 물론 1인칭 시점의 소설이지만 1인칭 시점의 소설이 곧 사소설은 아니다. 그러므로 1인칭 소설을 쓸 때는 자기 자신에 국한된 이야기를 뛰어넘어 탈개인적 소설로 승화시킬 필요가 있다.

가령 손창섭의 <신의 희작>은 '자화상'이란 부제가 붙어 있는 사소설적 양상을 띠고 있지만 그것이 손창섭이라는 작가 개인의 이야기라기 보다 우리 모두의 이야기로서 받아들여지는 것이다.

오영수의 경우에도 사소설이 많은데 그의 사소설은 구원한 인간성의 탐구라는 면에서 탈개인적 공감대를 형성한다.

1인칭관찰자 시점

소설 속의 부인물 *minor character*이 주인공의 이야기를 말하는 형식이다. 다시 말하면 화자는 소설 속의 부인물에 불과하고 그는 하나의 관찰자 입장에서 주인물의 이야기를 하고 있는 것이다. 그렇다고 해서 화자인 '나'의 이야기가 전혀 없다는 말은 아니다. 있기는 있되 성격의 초점이 주인물에게 주어진다는 의미다. 그러므로 '나'에 관한 이야기는 주관성을 띠고 있고, 주인물에 관한 이야기는 객관성을 띠고 있는 종합적 성격을 가진다.

이상의 <날개>, 주요섭의 <사랑 손님과 어머니> 등이 대표적인 예가 될 것이다.

또한 이 시점은 본격적인 이야기를 하기 위해서 서두에 설명이 붙기 때문에 <Initial point of view>라는 말도 사용되고 있는데 가령 김동인의 <광화사>나 <광염 쏘나타> 등에 이 기법이 나타나 있다.

그런데 이 시점은 1인칭 시점보다 심리 표현이 더욱 추상에 흐르기 쉽고, 또한 제한을 받게 된다. 그러나 이런 제한 때문에 얻어지는 이점이라면 화자의 서술 전체가 단일한 효과를 거둘 수 있게 되어 있다는 점이다. 또한 1인칭의 서술방식을 택하고 있기 때문에 독자의 신뢰감을 얻는 데도 효과적이다.

채만식의 <치숙>도 1인칭관찰자 시점으로 씌어진 소설의 하나로 볼 수 있겠는데 그 서두를 소개하면 다음과 같다.

> 우리 아저씨 말이지요, 아따 저 거시키, 한참 당년에 무엇이냐 그놈의 것, 사회주의라더냐, 막걸리라더냐 그걸 하다, 징역 살고 나와서 폐병으로 시방 앓고 누웠는 우리 오촌 고모부 그 양반……
>
> 머, 말두 마시오. 대체 사람이 어쩌면 글쎄……내원! 신세 간데 없지요.

이 작품 <치숙>은 서술자인 소년이 주인공인 오촌 고모부에 대하여 말하고 있지만 서술자인 소년의 이야기도 비교적 많이 서술되고 있고 작가가 비판하고자 하는 대상이 오히려 서술자인 소년인 까닭에 퍽 미묘한 뉘앙스를 풍기는 소설의 하나이다.

작가관찰자 시점

흔히 3인칭 소설이란 말은 이 시점으로 씌어진 소설을 말한다.

이 시점은 작가의 주관을 배제하고 외부적인 사실을 관찰하여 서술하며 배경이나 외적 행동, 또는 제스처와 대화를 주로 그 묘사의 대상으로 삼는다.

이 시점은 또한 작가가 자신의 주관에 의하여 설명을 붙일 수 없기 때문에 생기는 약점과 이점이 동시에 나타나는데, 우선 작가가 아무리 뛰어난 사상을 지니고 있더라도 그것을 표출하는 데에 한계가 있기 때문에 생기는 약점과 한편 주제의 설명을 생략하고 주인공의 행동이나 대화만으로 주제가 표출되도록 함으로써 독자가 스스로 주제를 파악하도록 하는 이점이 그것이다.

현대소설, 특히 단편소설에 있어서 이 시점이 많은데, 인생의 단면을 예리하게 관찰하여 객관적 입장에서 서술하고 있기 때문에 리얼리즘 소설에 많이 등장하고 있는 시점이라 볼 수 있다. E. 헤밍웨이의 <살인자들>이 대표적인 예로 꼽히고 있는데 작자는 카메라로 대상물을 찍어 내듯이 인물 하나 하나의 용모와 복장과 행동을 그려 낼 뿐 자신의 주관은 일체 배제하고 있다.

> 흰 벽에 접해져 있는 길다란 나무의자에 40대쯤 돼 보이는 남자 한 사람과 30대쯤 돼 보이는 뚱뚱한 사나이가 나란히 앉아 있었다. 그들과 약간 떨어져서 역시 같은 의자에 대학생처럼 보이는 젊은 남자와 여자가 나란히 앉아 있었고, 그 옆으로 30대로 보이는 깡마른 사나이가 눈을 반쯤 감은 채 한쪽으로 비스듬히 넘어갈 듯 기댄 자세로 앉아 있었다. 이 비스듬히 기댄 자세로 앉아 있는 사나이가 이따금씩 바로 옆자리의 젊은 여학생 쪽으로 상체를 숙였다가 일으키곤 했다.
>
> ― 양문길 <보호받는 풍경>에서

발목까지 빠져드는 눈길을 두 사내가 터벌터벌 걷고 있었다. 우중충 흐린 하늘은 곧 눈발이라도 세울 듯, 이제 한창 밝은 정월 보름달이 시세를 잃고 있는 밤이었다.

앞장서 걷고 있는 사내는 작은 키에 다부져 보이는 체구였지만 그 걸음걸이가 어딘지 모르게 허전 허전한 느낌을 주는 것이었다.

이 사내로부터 두서너 걸음 뒤져 걷고 있는 사내는 멀쑥한 키에 언뜻 보아 맺힌 데 없다는 인상을 주면서도 앞선 쪽에 비해 그 걸음걸이가 한결 정확했다.

큰 키의 사내가 중절모를 눌러 쓰고 밤색 오바에 푹 싸이다시피 방한(防寒)에 빈틈이 없어 보이는가 하면 키 작은 사내는 희끔한 와이셔츠 위에 다만 양복 하나를 걸쳤을 뿐, 그 차림새가 퍽도 을씨년스러워 보였다.

— 전상국 〈동행〉에서

이상에서 보다시피 작가관찰자 시점은 대상의 묘사에 있어서 독자의 눈앞에 풍경을 펼쳐 보이듯이 그려내야 한다. 그래야만 작품의 리얼리티가 생생하게 부각될 수 있는 것이다.

전지적 작가 시점

이 시점은 작가가 전지전능한 신과 같은 존재로서, 다만 단순한 관찰자의 입장에서 주인공의 행동을 묘사하기도 하고 내면의 심리를 해부하여 펼쳐 보이기도 한다.

그러기에 이 시점을 'olympus적 시점'이라고도 하는데, 올림푸스 신의 능력을 닮은 작가가 소설 속의 인물들을 자유자재로 조종하여 행동하게 하며 그들의 사유나 감정까지도 파악하여 기술하는 방법이다.

또한 작가가 단순한 관찰자의 위치에서 서술하는 작가관찰자 시점은 작중의 인물과 작가가 일정한 거리를 두고 있게 마련이지만 전지적 작가시점은 작중인물과 작가의 거리가 한결 좁혀진다고 볼 수 있다.

또한 화자의 위치도 자유롭게 변할 수 있다. 다시 말하면 서술하는 초점과 각도가 얼마든지 변화할 수 있는 시점이므로 장편소설에 알맞는 방법이라 하겠다.

우선 채만식의 <태평천하>를 한번 살펴보기로 하자.

맨 웃어른 되는 윤직원 영감이 그렇게 싸움을 줄창치듯 하는가 하면 일변 경손이는 태식이와 싸움을 합니다. 서울아씨는 올케 고씨와 싸움을 하고 친정 조카며느리들과 싸움을 하고 태식이와 싸움을 하고 친정 아버지와 싸움을 합니다.

고씨는 시아버지와 싸움을 하고, 며느리들과 싸움을 하고, 시누이와 싸움을 하고…그래서, 싸움 싸움 싸움, 이 집안은 싸움을 근저당해놓고 씁니다.…

그러한 데다가 자아, 집안 살림을 맡아서 하니 그 재미를 봅니까. 자식들이래야 다아 장성해서 뿔뿔이 흩어져 살고, 어미는 생각도 않지요, 손자 경손이놈은 귀엽기는 커녕, 까불고 앙똥해서 얄밉지요. 남편이래야 남이 아니면 원수요. 시아버지라는 영감은 괜히 못 먹어서 으르렁 으르렁하고, 걸핏하면 짝 찢을 년이네 오두가 나서 그러네 하고 그 욕질이지요.

위에 인용된 글에서 보더라도 작가는 전지전능한 신과 같이 각 개인의 입장에 서서 한 집안의 세세한 내력을 해부하여 설명하고 있다.

한편 김동인의 <감자>에도 비록 부분적이긴 하지만 전지적 작가 시섬이 보이고 있는데, 예를 들면 "복녀의 부처는 (사, 농, 공, 상의 제 2위에 드는) 농민이었다"라는 대목에서 괄호 속에 설명문을 넣는 것 등도 작가가 작품 속에 고개를 내밀고 일일이 참견하고 있는 전지적 작가 시점이 아닐 수 없다.

이같은 예는 김동리의 <밀다원시대>에도 보인다.

"실상은 조형(현식) 생각도 하고 이형(중구) 생각도 해서 방 한 칸을 비워두었읍데이" 했다.

여기에서 '현식'이니 '중구'니 하는 말은 화자의 말이 아니라 독자의 이해를 돕기 위한 작자의 군더더기 설명인 것이다.

라. 기타 구성의 요소들

구성 *plot*에 있어서 시점 이외에 중요한 것으로는 복선, 패턴 *pattern*, 그리고 스케일 *scale*과 페이스 *pace*, 대화 *dialogue* 등이 있다.

결국 이같은 요소들이 하나도 허루함이 없이 짜여져 있어야만 소설로서 성공할 수 있는 것이다.

복 선

복선이란 말하자면 소설에 있어서의 필연성과 관계가 있는 기법이다. 즉 어떤 사건이 단순한 우연적 사건이 아니라는 점을 나타내기 위해서 미리 그 사건이 일어날 수 있다는 가능성을 암시해 놓는 기법이다.

그런데 우리가 말하는 우연이라고 하는 것은 원인이 밝혀지지 않은 채 결과만이 나타났을 때를 의미하는 것이므로 이같이 사건이 우연으로 발생된 것이 아니라는 인상을 주기 위해서는 사건이 일어날 수 있는 원인을 사전에 약간 암시해 놓아야 하는 것이다.

그러나 어떤 사건이 일어나기 직전에 그 원인을 암시해 놓는 것보다는 결과에 대한 원인을, 결과를 상상할 수 없는 훨씬 이전에 암시해 놓는 것이 작품의 흥미를 떨어뜨리지 않는다는 점에서 효과적임은 두말할 것 없다.

그리고 이 원인의 서술은 독자가 재빨리 눈치채지 않도록 간단한 암시나 짧은 표현으로 취급해야만 작품의 신비감이 더할 수 있을 것이다.

조건상의 <삼인조>에서는, 어떤 맹인이 사물을 볼 수 없는데도 여기 저기 조심스럽게 둘러보고 있는 모습이 퍽 우스꽝스러웠다는 대목이 있는데, 그 맹인은 실상 맹인이 아닌데도 맹인 행세를 하는 사기꾼이었기 때문에 독자가 이같은 사실을 알아 버리기 이전에 이같은 암시를 주어 복선의 효과를 얻으려 했던 것이다.

이런 경우에도 복선을 지나치게 의식하여 독자가 사실을 알아차리도록 노골적으로 서술해 놓으면 소설의 흥미가 떨어져 버릴 것은 말할 것도 없다.

패 턴

소설에 있어서의 패턴이란 작품 속에 반복되는 주인공의 의미있는 행동을 뜻한다.

<소설의 이해>에서는 '플롯 안에서 일어나는 우발적인 사건과 작은 사건의 반복과 같은 의미있는 반복'이라는 말로 이를 설명하고 있다.

이 패턴은 하나의 작품에서 누가적 효과 *cumulative effect*를 발생시키며 이것은 결말의 사건을 합리화시켜 주거나 주제를 강조하기 위한 행동의 반복이므로 주제와 관련해서 생각해 볼때 대단히 논리적인 면이 있다.

가령 김동인의 <감자>에서 주인공인 복녀가 매춘을 반복해서 하는 행위는 도덕적으로 타락해 가는 어느 여인의 이야기를 다룬다는 주제면에서 볼 때 대단히 논리적인 성격을 띠고 있다.

스케일과 페이스

스케일이란 소설의 길이, 즉 작품의 어느 부분을 그 중요도에 따라 길게 또는 짧게 서술하는 것을 뜻하고 페이스란 문장이나 서술의 속도감을 뜻하는 것으로서 스케일이 크면 페이스도 유장하고 느리지만 스케일이 작으면 따라서 페이스도 빠르게 된다.

이것을 직접 작품과 관련지어 생각해 본다면, 주제와 관련이 있거나 주제를 강조할 목적이 있는 부분에서는 스케일을 크게 서술하고 그렇지 않은 부분에서는 짧고 간결하게 넘어감으로써 작품에 속도감을 주고 지리함을 느끼지 않도록 해야 한다.

예를 들어서, 모파상의 <목걸이>에서 무도회 장면 등은 주제와 관련되는 여성의 사치 심리를 나타내는 부분이니까 길게 묘사하여 서술하고 목걸이를 분실한 이후 빚을 갚기까지의 고생스럽게 지낸 10년은 주제와 직접 관련이 없으므로 몇 마디 말로 10년이란 세월을 건너 뛰어 버리는 것이다.

이같은 경우는 김동인의 <감자>에서도 다음과 같이 나타난다.

① 그 뒤로부터는 그의 얼굴에는 조금씩 분도 발리게 되었다.
  1년이 지났다.
  그의 처세의 비결은 더욱 더 순탄히 진척되었다.
② 복녀의 부처는 인젠 이 빈민굴의 한 부자였다.
  그 겨울도 가고 봄이 이르렀다.
③ 복녀는 엉덩이를 한 번 획 두른 뒤에 머리를 젖히고 바구니를
  저으면서 왕서방을 따라갔다.
한 시간쯤 뒤에 그는 왕서방의 집에서 나왔다.

짧게는 한 시간에서부터 길게는 몇 개월의 시간들이 단 몇 마디의

말로 처리되어 속도감이 빠르게 느껴지는 예가 아닐 수 없다.

오영수의 경우에도 문장이 짧고 페이스가 빠르기로 유명한데 그의 <메아리>를 예로 들어보자.

> 피난살이를 부산에서 했다. 아무리 버둥거려 봐도 살 수가 없었다. 살아갈 재간이 없었다. 무슨 짓이든 못할 게 없겠으나 할 짓이, 할 일이 없었다.
>
> 약만 쓰면 살릴 줄 뻔히 알면서도 그렇지 못해 아이까지 죽였다.
>
> 영선고개 판잣집마저 헐리게 되자 별 작정도 없이 그만 떠나 버렸다.
>
> 진주에서 몇 달동안 살았다.
>
> 목수나 미장이 뒷일꾼으로 다녀 봤다. 한 달에도 며칠, 그나마도 작자가 달아 품삯은 고사하고도 제 몫이 돌아오지 않았다.
>
> 그의 아내가 양은 그릇을 받아 이고 장사로도 나서 봤다. 주로 촌마을을 찾아다녔다. 본전도 더 깎지 않고는 팔리지 않았다.
>
> 할 일이 없었다. 살아갈 수가 없었다.
>
> 산청으로 들어갔다.
>
> 여기서는 더 할 일이 없었다.

대 화

소설에 등장하는 인물들의 말이 즉 대화다.

그런데 이것이 갖는 기능은 사건의 전개와 인물의 묘사에 있다고 말해진다.

이에 대하여 W. H. Hudson은

> 대화를 알맞게 전개시키는 기교는 작가의 시금석이라고 해도 좋다. 대화는 희곡에서와 같이 플롯을 진행시키기 위해서 사용된다. 그러나 대화의 주된 목적은 성격을 나타내는 데 있다.

고 말하여 대화의 기능과 목적이 사건의 진행과 주인공의 성격 창조에 있음을 시사하고 있다.

그러면 소설에 있어서의 대화는 어떻게 표현되어야 할 것인가.

이에 대하여 R. V. Cassill은, 대화에 대한 우리의 첫째 요구는 대화가 성격과 일치하고 자연스러워야 한다고 말하고, 소설의 대화가 결코 독립적 요소가 아니라고 강조한 후에 대화는 자연스럽게 말해져야 하며 그 중요성은 전체로서의 소설의 그것을 위한 열쇠가 되어야 한다고 말하고 있다.

W. H. Hudson은 이를 좀더 구체적으로 설명하여 이르기를, ① 스토리와 유기적으로 결합되어야 하고 ② 말하는 사람의 성격과 일치해야 하고 ③ 말하는 경우(환경)에 맞아야 하며 ④ 자연스럽고 참신하며 생생하게 살아 있고 재미있을 것 등을 내세우고 있다.

어쨌든 소설에 있어서의 대화는 서술과 묘사와 함께 사건진행의 한 방편으로 사용되고 있을 뿐만 아니라 인물의 성격창조에 있어서도 커다란 역할을 담당하고 있음으로 해서 소설의 구성에 비중이 큰 요소로 작용하고 있다.

대화의 실례를 몇 개 살펴보기로 하자.

　　"그 낚시하능 거 누구여?"
　　보아하니 저만치 보리밭 둑길에 지게에다 쟁기를 진 삼십가량의 젊은 사내일꾼과 육십이 가까와 보이는 촌로가 쇠고삐를 잡고 섰다.
　　그는, 누구여? 그 젊은 놈이 말버릇 더럽다 ― 싶어 들은 척도 않는다.
　　"아 귀가 먹었능가, 그 누구여?"
　　인젠 제법 핏대를 올리고 큰 소리를 지른다.
　　이렇게 굴러먹은 놈이기에 말끝마다 여라 ― 에래끼 순……그는 불끈 화가 치민다. 그러나 속담에 똥뀐년이 뭐 어쩐다고 화를 낼 명분이 신통찮다. 그는 피식! 장난기와 짜증이 뒤섞인 웃음을 한 번 웃고는

"나여!"

그러자 뒤미처

"나가 누구여, 나가?"

"아, 나란께로!"

"하, 이거 사람……글씨 그 나가 누구란 말여."

"누구라고 대줘도 모를 거여!"

"이거 정말, 사람 한번 살짝 환장하겠당께. 그 낚시 몽땅 걷지 못혀?"

"못혀!"

"어라……"

위에서 인용한 대화는 오영수의 <어느 여름밤의 대화>에 나오는 한 구절이다.

서울에서 시골의 친구집에 찾아간 주인공이 낚시 금지령이 내려진 저수지인 줄도 모르고 낚싯대를 드리웠다가 주민과 시비가 붙는 대목인데 주인공의 장난기 많은 성격과 주민의 직선적이고 투박한 성격이 이 몇 마디의 대화에서 선명히 드러나고 있으며, 더 인용되지는 않았지만 결국 이들은 대화 끝에 면사무소에 가자는 데까지 시비가 진전되고, 급기야는 면장이 자기의 제자라고 거짓말을 하여 그 주민이 뺑소니를 치기에 이르르는데, 사건의 진행이 오영수 특유의 해학적 대화로 이어져 작품으로 성공하고 있다.

"뱃섬 좀 치워 달라우요."

"남 졸음 오는데 늬자 치우시관."

"내가 치우나요."

"20년이나 밥을 처먹고 그걸 못치워!"

"에이구 칵 주구나 말디."

"이년 뭘!"

이상은 김동인의 <감자>에서 복녀부부의 대화인데, 평안도 사투리에다가 투박한 어투가 곁들여져서 주인공들의 출신지와 교양의 정도까지 금방 알 수 있는 대화가 아닐 수 없다.

이와 같은 대화를 통하여 사건의 진행은 물론이고 주인공의 성격과 사회적인 지위와 성분 등까지도 파악할 수 있는 것이니 소설에 있어서의 대화가 차지하는 비중을 잘 알 수 있을 것이다.

3) 성 격

가. 소설에 있어서의 성격의 중요성

성격은 인물이라고도 불리어진다.

그런데 근대소설의 특징은, 종래의 소설이 스토리 중심의 소설이었는데 비하여 인간의 탐구와 새로운 인생의 창조에 주력하여 성격중심의 소설이 되어가고 있다.

다시 말해서 소설을 쓴다는 것은 새로운 성격의 창조 작업을 의미한다고 말해지고 있는 것이다.

W. H. Hudson은 <문학연구서설>에서 성격의 중요성을 다음과 같이 설파하고 있다.

> 기교적 방면에서 본다면 작품의 성공여부는 오로지 성격묘사의 巧拙에 달려 있다. 희곡을 상연하는 경우에는 무대장치라든가 배우의 연기로써 성격을 뚜렷이 나타낼 수 있지만 소설에 있어서는 그렇게 쉽게 되지 않으며, 다만 상상력에 호소할 수밖에 없다. 그러므로 작가는 묘사로써 인물의 풍채와 행동을 생생하게 나타내야 한다.

물론 Hudson의 이같은 설명이 없더라도, 고전적 문학작품 속에는 한결같이 새로운 인물들이 숨쉬고 있어서 우리의 감동을 일으킨다는 점을 감안할 때, 소설은 인생 문제와 인간성 탐구의 문제에 전력투구해 왔으며 소설가는 새로운 인물을 창조해 내는 장인임을 알 수 있다.

그러나 Aristoteles 등은 사건을 성격보다 우위에 둠으로써 성격경시의 이론을 전개했는데, Aristoteles는 그의 <시학 *poetica*>에서 말하기를,

> 무릇 비극은 인간을 모방하는 것이 아니라, 인간의 행동과 생활과 행복과 불행을 모방하는 것이다. 그리고 행복과 불행은 행동 가운데 있고, 우리의 생활과 목적도 或種의 행동이지 성질이 아니다.
>
> 성격은 인간의 성질을 결정하나, 행복과 불행은 행동에 의한다. 따라서 극에 있어서의 행동은 성격을 묘사하기 위한 것이 아니라, 도리어 성격은 행동을 위하여 극에 포함되는 것이다. 따라서 행하여진 것, 즉 스토리 내지 플롯이 비극의 목적이요, 목적은 모든 것 중에서 가장 중요한 것이다.
>
> 또 행동 없는 비극은 있을 수 없는 것이나, 성격 없는 비극은 가능할 것이다.

라고 말하며 사건 중심의 소설을 설명하고 있는 것이다.

그러나 현대소설에 있어서는, '누구'가 '무엇'을 '어떻게' 했다는 소설의 구조에 있어서 '무엇'과 '어떻게'가 '누구'를 도와주는 보조 개념으로 존재하고 있는 것 같은 인상을 준다.

Zola, Flaubert, Balzac, 그리고 Dostoevsky의 작품에 나우는 생생한 인간탐구, 그리고 인물의 창조는 소설의 핵심이 성격임을 웅변으로 말해주고 있는 것이다.

이상의 <날개>에는 사건다운 사건이 없지만 소설로서 성공한 이유는 주인공의 성격을 생생하게 표출해 냈기 때문이고, 주요섭의 <사랑손님과 어머니>도 사랑 손님과 어머니라는 두 인물의 미묘한

211

감정이 하나의 훌륭한 성격으로 창조되었기 때문에 성공한 작품으로 평가되고 있는 것이다.

그런데 소설 속의 인물이 어떻게 설정되어야만 소설이 성공할 수 있는가.

이에 대하여 W. H. Hudson은, 성격묘사의 요점은 작가가 그 인물로 하여금 우리들의 상상세계에 있어서 실재하고 있는 인물이라는 생각을 하도록 진실하게 묘사되어 있는가에 있다고 말하고 있으며, R. V. Cassill은, 소설에 있어서의 캐릭터는 작위적 구조라고 말하고 캐릭터는 소설의 기본 요소인 언어나 묘사 · 행동 · 대화, 또는 장면과 타인물과의 상호작용 등의 결합에 의하여 형성되며 소설 속에 있는 허구적 인물은 실재인물과 같은 의미로 살아 있지 않고 평행적 의미로 살아 있는 것이다. 즉 캐릭터는 끝없는 사실의 세계가 아니고 작가가 그를 위해 설정해 놓은 환경 속에서 살고 있다고 말한다.

다시 말하면 소설 속의 인물은 실재의 인물처럼 생생하게 묘사하되, 실재의 인물이 소설 속의 인물은 곧 아닌 것이니, 실재의 인물을 소재로 해서 작가의 상상력에 의하여 새로운 영혼을 지닌 인물이 창조되어야만 소설 속의 인물은 생동감을 띠고 살아 있게 된다는 것이다.

나. 인물의 유형

소설 속의 인물들은 여러 가지 유형과 양상으로 나타날 수 있는데 이를 크게 나누어 보면, 첫째로 작품에서의 행동면에서 평면적 인물(평판적 인물 · 정적 인물 · flat character)과 입체적 인물(원형적 인물 · 발전적 인물 · 극적 인물 · round character)로 나누고 천성적인 면에서 전형적 인물 *typica character*과 개성적 인물 *particular* *character*로 구분할 수 있는데 이들을 살펴보면 아래와 같다.

평면적 인물과 입체적 인물

E. M. Forster에 의하면, 평면적 인물이란 단일관념이나 성질을 가진 인물이며 작품에 한 번 등장하면 변하지 않는 인물이라고 설명된다. 또한 이 평면적 인물이 갖는 특색으로는, 첫째로 언제든지 등장하기만 하면 쉽게 알아볼 수 있다는 점이다. 즉 그 인물의 이름인 고유명사로서 알아 볼 수 있는 것이 아니라, 독자의 정서적인 눈으로 쉽게 기억된다는 점이다. 그들은 환경의 변화에 아무런 영향도 받지 않으므로 항상 독자의 마음 속에 깊이 남아있다. 그리고 그들은 환경 속을 그저 통과만 하기 때문에 나중에 돌이켜 보면 마음의 위안을 받게 되고 그 작품이 없어져도 그 인물들은 살아 남게 된다는 것이 Forster의 설명이다.

예를 들면 <흥부전>에 나오는 흥부, <춘향전>의 춘향, 그리고 심훈의 <상록수>에 나오는 동혁과 영신 등은 평면적 인물이며 Charles Dickens의 소설에 나오는 많은 인물들도 환경의 변화에 전혀 영향을 받지 않는 평면적 인물로서 소설 속에 존재한다.

한편 입체적 인물이란 E. Muir의 설명에 따르면 일상적이고 습관적인 인물에 반대되는 인물로서 습관 타파, 자기 자신을 위하여 인생의 진리를 발견해 나가는 천성대로 행동하는 인물이라는 것이다.

예를 들면 Camus의 <이방인>에 나오는 뫼르소라든지 김동인의 <감사>에 나오는 복녀 같은 인물들이 이 유형에 해당된다고 보겠다.

그런데 소설 속의 인물들은 그것이 평면적 인물이든 입체적인 인물이든 이들이 서로서로의 조화 속에서 행동할 때 작품으로 성공하는 것이니, R. F. Dietrich와 R. H. Sundell의 <소설의 예술>에서는 이에 대하여 설명하기를 "평면적 성격은 전형적 성격이 되는 경향이 있고, 입체적 성격은 개성적 성격이 되는 경향이 있다. 그러나 입체적 성격이 또한 전형적 성격이 될 수 없다는 소설의 법칙은 없다. 정말로 성격의 전형성은 문제의 유형을 가장 잘 제시하는 특수한 인물의 일관된 성격을 통하여, 가장 잘 이루어진다고 작가들은 느낄 수 있는 것이다"라고 말하고 있듯이 두 인물이 지니고 있는 각각의 특성을 작가들은 소설에서 잘 조화시켜 나가야 한다.

예를 들어서 〈춘향전〉의 인물 중에서 주인공인 이도령과 춘향이 평면적 인물이라면 방자와 향단은 입체적 인물의 유형이라 말할 수 있겠는데 이같은 이질적인 인물의 조화 때문에 작품이 성공했다고 보여지는 것이다.

전형적 인물과 개성적 인물

우선 성격의 전형이란, 성격의 불변성이 그가 소속하고 있는 사회의 계급을 대표할 때를 말하는 것이며, 개성이란 개인이 갖고 있는 고유한 특성으로서 감정과 본능의 밑바닥에 가로 놓여 있는 공통의 공분모가 즉 개성이다. 이것은 남과 다른 용모 · 의복 · 행동 · 말씨 · 기질 · 감정 등으로 나타난다. 즉 사상에서보다 감정과 본능에서 주로 나타나는 것이다.

그런데 이같은 두 개의 유형을 소설에서 그려낼 때 주의해야 할 점은 전형적 인물과 개성적 인물의 양극의 대결도 중요하지만 한 인물이 두 개의 성격을 동시에 지닐 수 있도록 그려 내는 것이 이상적인 인물 설정이라 할 수 있다는 것이다.

즉 군인이 주인공으로 등장했을 때, 그 군인은 절도와 규율, 그리고 엄숙성이 느껴지는 강한 의지를 갖춘 군인으로서의 전형성 이외에 그 자신만이 지니는 개성과 특이성이 나타나야 하는 것이다. 군대라는 조직 속에서는 전형적인 군인으로 행동하더라도 가정에 돌아와서는 난을 키우고 부엌에 들어가 손수 음식도 만들 수 있는 인간적인 훈훈한 인정의 인물로 부각될 때 그 군인의 성격은 영원히 생명이 있는 인물로서 독자의 가슴에 살아 있게 되는 것이다.

그러나 작품 속에 등장하는 인물들은 자신이 속해 있는 집단이나 계급을 대표하여 성격의 전형성을 끝까지 고수하여 행동하게 되는 경우가 많은데 지나치게 전형성을 유지하여 개성을 잃는다든가 또는 그 반대로 개성만을 강조하여 전형성을 상실하고 있다면 그 인물의 성격은 생동감이 덜할 수밖에 없다는 점을 유의해야 할 것이다.

어쨌든 앞에서도 언급했듯이 평면적 인물은 전형적 인물이 되기 쉽고 입체적 인물은 개성적 인물이 되는 경향이 있는데 소설 속의 인물이 지나치게 어느 한 유형으로 굳어져 버릴 때 그 인물은 창조적인 인물이 되지 못하고 희화화된 인물로 떨어지고 만다.

다. 성격 창조의 방법

서술과 묘사, 그리고 대화의 적절한 배합과 조화에 의하여 소설의 문장은 이루어진다. 인물의 성격 창조에 있어서도 마찬가지다. 이것들을 분류해 보면 우선 직접적(해설적·분석적) 방법과 간접적(극적) 방법으로 나누고 직접적 방법에는 서술과 묘사가 있으며 간접적 방법에는 대화가 있다. 이밖에도 命名 *appellation*을 통하여 성격을 창조할 수도 있다.

여기에 있어서 서술은 작가의 기술을 통하여 인물의 성격을 나타내는 방법으로서 성격이 모질고 난폭하다, 돈 없는 홀아비다, 그는 학식은 있되 교양이 없는 철면피다, 등등 작가가 인물의 성격을 설명해 주는 방법인 것이다.

215

다음으로 묘사는 인간의 기분·심리·잠재의식 등을 묘사하는 내부묘사와 인간의 풍채·용모·표정·동작·언어·신분 등을 묘사하는 외부묘사로 나눌 수가 있겠는데 이 방법은 서술보다 직접적이기 않고 다음에 소개할 대화와 서술의 중간적 위치에 있는 성격 창조의 방법이라 할 수 있다.

예를 들면 매부리코, 단추구멍만한 눈, 밭고랑같이 패인 이마의 주름살, 때가 닥지닥지 묻은 남루한 옷의 사나이, 등등에서 보는 것처럼 작가가 직접 인물의 성격을 설명하는 것이 아니라 그 인물이 지니고 있는 외모나 동작을 묘사함으로써 독자로 하여금 인물의 성격을 파악하도록 하는 방법이다.

한편 대화는 등장인물이 직접 말을 하게 함으로써 그 인물이 사용하는 말투·억양·어휘 등으로 독자가 그 인물의 성격을 파악하도록 하는 간접적 방법이다.

그런데 서술과 묘사는 인물의 심리를 세밀히 분석하여 직접적으로 설명해 줄 수 있는 장점이 있지만 성격의 해설에 국한돼 버려서 작품의 생생함이나 독자의 상상력을 상실하게 하는 단점이 있다. 그리하여 성격의 직접적인 표출이 성격에 대한 직접적인 해설이 될 때 작자는 독자의 상상적인 참여를 위한 장면을 나타내 주는 것이 아니라 작자가 느끼고 생각한 것을 이야기해 주는 것에 불과하다.

한편 대화를 통하여 극적으로 인물의 성격을 드러내게 되면 독자들은 작가의 직접적인 설명을 들을 필요 없이 바로 주인공과 접하게 되는 장점이 있으며 독자의 상상력에 의한 판단을 허용함으로써 무한한 흥미를 느낄 수 있지만 자칫하면 주인공의 성격을 제대로 파악하지 못하는 오해를 범하기 쉬운 단점도 있다.

이를 다시 말하면, 서술이 많으면 소설의 구체적인 형상화와 리얼리티의 환상을 잃기 쉽고, 대화나 묘사가 많으면 플롯을 전개해 나가기가 어렵고 페이스가 느리게 되어 소설이 지녀야 될 생략이나 압축 등이 어렵게 된다.

그리하여 인물의 성격 창조는 서술과 묘사, 그리고 대화가 적절히 혼용되어 있음으로 해서 이룩될 수 있을 것이다.

다음에 성격 창조의 예문을 몇 개 소개해 본다.

> 생김생김으로 보아서 얼굴에 쥐와 같이 날카로운 이빨이 있으며, 눈에는 교활함과 독한 기운이 늘 나타나 있으며, 발룩한 코에는 코털이 밖으로까지 보이도록 길게 났고, 몸집은 작으나 민첩하게 되었고, 나이는 스물다섯에서 사십까지 임의로 볼 수 있으며, 그 몸이나 얼굴생김이 어디로 보든 남에게 미움을 사고 근접치 못할 놈이라는 느낌을 갖게 한다.
> 그의 장기는 투전이 일쑤며, 싸움 잘하고, 트집 잘 잡고, 칼부림 잘 하고, 색시에게 덤벼들기 잘 하는 것이라고 한다.
>
> ─ 김동인 〈붉은 산〉에서

> 어떻게 보면 달오(達五)는 사람이 좀 모자라는 듯도 하다. 그러나 자기 맡은 일에 충실하고 또 정직하기 때문에 조그마한 M물산 회사 창고 출납을 맡아 보고 있다. 얼마 안 되는 월급에도 불평을 해본 적이 없다. 그보다는 되려 창고 열쇠를 맡겨준 회사 측의 자신에 대한 신뢰에 감사했고 또 만족했다.
>
> ─ 오영수 〈여우〉에서

이상과 같이 김동인의 〈붉은 산〉에서는 주인공인 익호의 성격을, 그리고 오영수의 〈여우〉에서는 주인공 달오의 성격을 작가의 직접 서술에 의하여 창조해 내고 있다. 특히 김동인의 〈붉은 산〉에서는 서술과 묘사가 혼용되어 주인공의 성격이 잘 드러나고 있다. 그러나 인물의 성격이 선명하게 드러남에 반하여 독자는 작가가 설명하고 있는 테두리를 결코 넘지 못하고 상상력의 제한을 받고 있음을 보게 된다.

　　다음 날은 좀 늦게 개울가로 나왔다.

　　이 날은 소녀가 징검다리 한가운데 앉아 세수를 하고 있었다. 분홍 세
에타 소매를 걷어 올린 팔과 목덜미가 마냥 희었다.

　　한참 세수를 하고 나더니, 이번에는 물 속을 빤히 들여다 본다. 얼굴이
라도 비추어 보는 것이리라. 갑자기 물을 움켜 낸다. 고기새끼라도 지나
가는 듯.

　　소녀는 소년이 개울 둑에 앉아 있는 걸 아는지 모르는지 그냥 날쌔게
물만 움켜 낸다. 그러나 번번이 허탕이다. (중략)

　　그러다가 소녀가 물 속에서 무엇을 하나 집어 낸다. 하이얀 조약돌이
었다. 그리고는 홀쩍 일어나 팔짝팔짝 징검다리를 뛰어 건너간다.

　　다 건너가더니, 홱 이리로 돌아서며,

　　"이 바보"

　　조약돌이 날아왔다.

　　소년은 저도 모르게 벌떡 일어섰다.(중략)

　　소년은 이 갈꽃이 아주 뵈지 않게 되기까지 그대로 서 있었다. 문득 소
녀가 던진 조약돌을 내려다 보았다. 물기가 걷혀 있었다. 소년은 조약돌
을 집어 주머니에 넣었다.

　　　　　　　　　　　　　　　　　　　　　　　— 황순원 <소나기>에서

　　위의 인용된 것은 황순원의 <소나기>인데 주인공의 행동을 통한
간접적인 심리와 성격묘사가 매우 재치있게 그려진 대목으로 꼽히고
있다. 이러한 이야기가 동화가 되지 않고 소설이 될 수 있었던 것은
작가의 직접 서술에 의한 해설적 방법이 아니고 간접적 방법으로 주
인공의 성격을 표출해 냈기 때문이라고 본다. 한편 대화에 의한 성격
표출은 퍽 어렵고도 미묘한 것이지만, Brooks와 Warren이 <소설의
이해>에서 말한 것처럼, '성격표출에 있어서 가장 중요한 방법은 말
할 필요도 없이 등장인물 스스로가 말하게 하는 방법'임은 물론이다.

"어허, 잘 먹었네!"

"그야말로 한밥에 찬도 없이…"

학도는 조금 전의 그 기진한 기색은 흔적도 없이 금새 얼굴에 화기를 띠면서,

"무슨 벼락맞을 소릴 다…"

그리고 괴죄죄 때 묻은 손수건을 꺼내어 이마에 괸 땀을 닦고 입가를 훔치고, 코를 짜 내면서 숭늉을 들여온 식모아이를 보고,

"설겆이 하기 좋으라고 다 비웠심데이"

— 오영수 <박학도>에서

나를 찾아온 옛 친구 박학도의 꾸밈새 없이 소탈한 성격과 가난에 찌든 면모가 몇 마디의 대화와 순간적인 행동에서 여실히 드러나는 대목이 아닐 수 없다.

한편 命名 *appellation*에 의한 인물의 성격 창조는 그것이 어려운 기술은 아니지만 人名의 어감이 지니고 있는 뜻에 따라서 독자에게 어떤 연상 작용을 불러 일으키기 때문에 작가들은 명명에 대하여 많은 신경을 쓰고 있는 게 사실이다.

가령 조선작의 <영자의 전성시대>라는 소설을 예로 들어 보면 '영자'라는 이름이 갖고 있는 통속성 때문에 창녀 영자의 이미지가 잘 부각되어 드러나는 것이다. 만약에 '영자'라는 이름 대신에 '나혜'라든지 '선영'이라는 명명을 했다면 작품의 이미지는 달라질 수도 있을 것이다.

'점순', '돌쇠', '바우', '순복' 등의 이름에서 느껴지는 순박하고 우직스런 인상은 작중 인물의 성격을 단적으로 나타내는 것으로 이같은 이름만 보아도 우리는 인물의 성격을 파악할 수 있는 것이다.

한편 K나 S, M 등과 같이 영어의 알파벳으로 이름을 대신하는 경우에는 배경의 현대성과 함께 인물의 심리묘사를 중심으로 하는 소설에 어울리는 명명이 아닐 수 없다.

어쨌든 작가는 독자들의 통념에서 과히 벗어나지 않는 명명을 함으로써 인물의 성격을 표출하는데 무리가 없도록 해야 할 것이다.

이말자 교수, 김말동 박사 등의 명명은 그 직업이나 직위에 안 어울린다. 안 어울릴 뿐만 아니라 작중 인물의 성격에 정면으로 대치됨으로써 작품 자체를 망쳐 놓는 결과를 초래하기 쉽다. 비록 하찮은 문제같지만 유의해야 될 일이 아닐 수 없다.

4) 배 경

가. 배경의 정의

배경은 환경이라는 말로도 쓰이는데, 소설에 있어서 인물과 사건이 활동하고 발생하는 모든 시간적 · 공간적 영역과 기타 상징적 상관물 *objective correlative*로서의 자연환경, 소도구 등을 의미한다. 말하자면 소설의 무대 *stage*요 배경 *setting*인 것이다.

Warren과 Brooks는 <소설의 이해>에서 말하기를, 세팅 *setting*은 소설의 물질적 배경 *physical background*이며 장소의 요소 *element of place*이다. 또한 세팅의 묘사는 단순히 사실주의적인 정확성이라는 용어에서 판단되어질 것이 아니라, 그것이 소설을 위해 무엇을 성공시켰는가라는 용어에서 판단되어져야 한다고 말하고 있다.

나. 소설에 있어서 배경의 중요성

소설 구성에 있어서 주제와 플롯과 성격에 못지 않게 배경이 중요하다. 그것은 배경이 인물과 사건이 활동하고 발생하는 무대이기 때문이다.

아주 기본적인 예로, "김군은 잤다"라는 문장에서 "김군은 방에서 잤다"와 "김군은 길에서 잤다"의 차이는 이미지가 다르다. 이같은 '방'이냐 '길'이냐의 '어디'가 대단히 중요한 것이다.

그런데 배경은 단순히 인물과 사건의 물질적 배경이나 장소의 요소로서만 임무를 다하는 것이 아니다. 이 배경은 때로는 은유나 상징으로 작용하고 이것이 심화·상승될 때 배경의 효과를 분위기 *atomosphere*라고 일컫는데 이 배경은 모든 분위기를 형성하는 요소의 핵심이 되는 것이다.

물론 소설의 배경만이 분위기를 조성하는 것은 아니다. 말하자면 문체나 토운 등도 상호 결합되어 분위기에 작용하지만 진정 '스토리를 위하여 무엇을 달성하고 있느냐' 하는 관점에서 볼 때 배경의 중요성을 막중한 것이 아닐 수 없게 된다.

Warren과 Brooks는 소설의 배경이 아래와 같은 목적을 위해 쓰여져야 한다고 밝히고 있다.

① 인식되어질 수 있고 동시에 생생히 기억에 남을 만큼 표현되어지는 배경은 인물과 행동의 신빙성 *Credibility of character and action*을 높여주는 경향이 있다. 즉 독자가 배경을 진실하게 받아들인다면 그는 적어도 예비적 방법으로 보다 더 쉽게 그 배경 속의 거주자와 그 행동을 받아들이는 경향이 있는 것이다.

② 소설의 배경은 소설의 일반적 의미에 대해서, 보다 직접적인 관련을 가질 수 있다. 배경이란 또한 선택된 세부 등의 특수한 관련성 때문에 소설의 일반적인 의도에 대하여 적절한 분위기를 창조하는 것이다.

이상의 말은 배경의 효과가 인물과 사건에 대한 신빙성을 주며 소설의 분위기를 형성해 준다는 것이다. 이밖에도 Warren과 Brooks는 소설의 주제를 구체화시키는 데에도 배경의 효용이 있다고 설명함으로써 배경의 중요성을 새삼 강조하고 있다.

사실 종래의 고대소설에서는 배경이 무시되는 경향이 많았다.

심지어는 '옛날에 옛날에'가 아니면 '화설 조선국 세종조 때에' 등으로 시간적인 배경이 처리되어 있을 뿐이고, 또한 공간적인 배경도 '충청도와 경상도와 전라도의 어름에'가 아니면 '어느 산골에' 등으로 처리되어 소설이 한낱 스토리 중심의 이야기였음을 말해 준다.

그러나 현대소설에 있어서는 배경이 주는 효과가 대단히 크다는 것을 알 수 있는데, 가령 채만식의 <탁류>를 보면 이 소설의 주제 표출은 물론 군산이라는 도시의 물질적 배경과 사회적인 배경까지 상징하는 금강을 그려냄으로써 훌륭한 효과를 내고 있음을 알 수 있다.

백마강은 공주 곰나루(態津)에서부터 시작하여 백제(百濟) 흥망의 꿈 자취를 더듬어 흐른다. 풍월도 좋거니와 물도 맑다.

그러나 그것도 부여 전후가 한참이지, 강경에 다다르면 장꾼들의 흥정하는 소리와 생선 비린내에 고요하던 수면의 꿈은 깨어진다.

물은 탁하다. 예서부터가 옳게 금강이다. 향은 서서남(西西南)으로 빗밋이 충청 전라 양도의 접경을 골타고 흐른다.

이로부터서 물은 조수까지 섭슬러 더욱 흐르니 그득하니 벅차고, 강 넓이가 훨씬 퍼진 게 제법 양양하다.

이름난 강경벌은 이 물로 해서 아무 때고 갈증을 잊고 촉촉하다······

(중략)······

이렇게 에두르고 휘돌아 멀리 흘러온 물이 마침내 황해바다에다가 깨어진 꿈이고 무엇이고 탁류째 얼러 좌르르 쏟아져 버리면서 강은 다하고, 강이 다하는 남쪽 언덕으로 대처(大處) 하나가 올라 앉았다.

이것이 군산이라는 항구요, 이야기는 예서부터 실마리가 풀린다.

— 채만식 <탁류>에서

다. 배경의 종류

소설의 배경은 흔히 자연적 배경과 사회적 배경으로 나누는데 현대소설에 있어서는 심리적 배경과 상황적 배경이 추가되고 있다.

자연적 배경

바다 · 산 · 평야 등과 같은 자연을 인물이나 행동에 맞도록 그들의 주변에 배치하는 것이 자연적 배경이라 할 수 있다. 그런데 이것은 배경을 묘사하는 작가의 태도에 따라서 객관적 자연배경과 주관적 자연배경으로 나눌 수가 있다.

우선 객관적 자연배경은 인간이 공통적으로 느끼는 순수한 자연 그대로의 담담한 묘사다. 여기에서 인물과 자연은 친화감 · 조화감, 그리고 동일감을 느끼게 된다. 그러므로 등장인물의 심리상태와는 전혀 관계가 없다.

예를 들면 이효석 작품에 등장하는 자연이 대체로 객관적 자연배경이다.

> 이지러는 졌으나 보름을 갓 지난 달은 부드러운 빛을 흐뭇이 흘리고 있다. 대화까지는 팔십리의 밤길, 고개를 둘이나 넘고 개울을 하나 건너고 벌판과 산길을 걸어야 된다. 길은 지금 긴 산허리에 걸려 있다. 밤중을 지난 무렵인지 죽은 듯이 고요한 속에 짐승같은 달의 숨소리가 손에 잡힐 듯이 들리며, 콩포기와 옥수수 잎새가 한층 달에 푸르게 젖었다. 산허리는 온통 메밀밭이어서 피기 시작한 꽃이 소금을 뿌린 듯이 흐뭇한 달빛에 숨이 막힐 지경이다. 길이 좁은 까닭에 세 사람은 나귀를 타고 외줄로 늘어섰다. 방울소리가 시원스럽게 딸랑딸랑 메밀밭께로 흘러간다.
> — 이효석 <메밀꽃 필 무렵>에서

여기에서는 이효석의 다른 작품에 비하여 주인공인 허생원의 옛추

억과 현실의 달밤이 정서적 조화 *emotional harmony in setting*를 이루어 훌륭한 배경의 효과를 나타내고 있는데 자연이 지나치게 미화되어 있어 주인공의 성격과 조화를 이루지 못하고 단지 작가 이효석의 눈에 비친 자연이 묘사됐을 뿐이라는 아쉬움이 남는다.

한편 주관적 자연배경은 등장인물의 심리상태나 감정이 개입된 자연으로서 자연과 인간과의 대립감·저항감 등이 느껴지는 배경이다.

예를 들면, 경찰에 쫓기는 도둑에게 우뚝우뚝 서 있는 전봇대 등이 마치 자기를 포위하고 서 있는 사람들로 인식되는 것 따위가 이것이다.

사회적 배경

학교·시가지·공장 등에서 사건이 발생하고 인물이 숨쉬고 활동한다. 그러므로 통시적인 시대성이라든지 공시적인 사회성이 작품에 부각되어야함은 물론이다.

이것 역시 객관적·주관적 배경의 둘로 나누어 생각해 볼 수 있다.

그런데 때로는 사회가 소설의 배경이라는 차원에 머물지 않고 사회 자체가 바로 소설의 주제가 되는 경우도 있다. 이같은 소설을 사회소설 *Social novel*이라고 하는데 여기에서는 개개의 인간보다는 사회 전체가 총체적으로 소설 속에 담겨지기 때문에 사회가 곧 주인공이 되는 것이다. 앞에 예를 들었던 채만식의 <탁류>에 나타난 배경도 단순한 장소로서의 자연적 배경이 아니라 사회적 배경까지 암시적으로 나타나고 있다.

> 그 33번지라는 것이 구조가 흡사 유곽이라는 느낌이 없지 않다.
> 한 번지에 18가구가 죽 — 어깨를 맞대고 늘어서서 창호가 똑같고 아궁지 모양이 똑같다.
>
> — 이상 <날개>에서

동굴 속같이만 느껴지는 방이다. 그래도 송장보다는 좀 나은 인간이 십여 명이나 무릎을 맞대고들 앉아 있는 것이다. 꼭같이들 푸른 옷으로 몸을 감고 있는 것이다.

— 손창섭 <인간동물원초>에서

이에 인용한 이상의 <날개>의 배경에는 주인공의 심리와 단조롭고 기계적인 사회구조가 잘 반영되어 나타난다.

즉 33번지라는 장소로서의 배경은 획일적이고 규격화된, 그리고 단절된 인간관계 속의 우리 사회의 축도다.

그리하여 독자들은 여기에서 앞으로 전개될 사건에 전율을 느끼게 되는 것이다.

또한 손창섭의 <인간동물원초>에서는 동굴 같은 감방 안의 무료와 외계와의 단절에서 느끼는 고독감이 배경에서 느껴진다.

심리적 배경

Rovert Liddell은 그의 <소설론>에서, "버지니아 울프와 그밖의 작가들은 등장인물을 위한 萬華鏡的 背景 *kaleidoscopic background*을 만들었다. 그들 인물은 동시에 여러 세계에서 살고 있다."는 말을 하고 있다.

다시 말해서 심리적 배경은 과거와 미래, 그리고 현재를 뒤섞어서 넘나드는 심리적 시간과 더불어 어느 일정한 장소를 배경으로 삼아 정착된 것이 아니라 시·공을 초월하여 영역을 넓히고 있는 것이다.

그러므로 V. Woolf나 J. Joyce, 그리고 이상 등의 작품과 같이 의식의 흐름이나 내적 고백, 그리고 이미지의 점철 등을 꾀하는 소위 심리소설에 있어서는 그 배경이 심리적 배경을 취하고 있다고 할 것이다.

가령 이상의 <날개>에서 33번지라는 사회적 배경은 주인공의 의식을 나타내는 데 상징적으로 설정된 배경에 불과한 것이다.

정한숙은 이에 대하여 다음과 같이 설명하고 있다.

이 작품에서 독자들은 상징적으로 제시된 배경의 도움 없이는 주인공의 의식구조를 이해하기 어렵고 동시에 작품의 정신에 가까이 갈 수 없다. 폐쇄적이고 무력하고 과잉된 자의식 등등을 지시하는 배경에 의해 야기된 그 독특한 근대사회 및 근대인의 분위기가 작품 전체를 뒤덮고 있다.…… 이와 같은 분위기는 소설과 훨씬 긴밀하게 관련된다. 즉 단순한 배경은 소설 내에서 물질적 기능만으로 끝나는데, 분위기는 소설의 정신면과 연관되기 때문이다.

이 밖에도 V. Woolf의 <등대로>, <댈러웨이 부인>, J. Joyce의 <젊은 예술가의 초상>, <유리시즈> 등이 심리적 배경을 갖춘 소설이라고 일컬어진다.

상황적 배경

이 경우는 배경이 곧 주제인 소설에서 나타난다.

예를 들어서 Kafka의 <심판>, <성>, <변신>, 또한 카뮈의 <이방인>, <페스트>, 사르트르의 <벽> 등이 이 계열의 작품들인데, 이같은 소설의 배경은 일반적인 소설에 있어서의 배경의 의미가 갖는 분위기 조성, 또는 신빙성 등과 같은 본래의 의미를 넘어서 배경이 곧 주제임을 암시하고 있는 것이다.

제4장

희곡 문학이론

1. 희곡이란 무엇인가
2. 희곡의 분류
3. 희곡의 구성

1. 희곡이란 무엇인가

희곡 *drama*의 뜻은 그리스어의 동사 dran(움직인다)에서 온 말이다. 영어의 play라는 말도 '움직인다, 유희한다'의 뜻으로 dran과 같은 의미이다. 또 우리나라에서도 '산대놀이'니 '꼭두각시놀음'이니 하여 '놀이'나 '놀음'이라 하였으니 이것도 '움직인다'라는 말에서 유래되었음을 알 수 있다. 이렇게 보면 희곡은 인간의 '움직임'을 표현하는 문학이다. 아리스토텔레스도 <시학>에서 비극시의 정의를 다음과 같이 하고 있다.

비극은 진지하고 일성한 실이를 가지고 있는 완결한 행동을 모방하는 것이요, 쾌적한 장식을 한 언어를 사용하고 각종의 장시은 작품이 상이한 제부분에 삽입된다. 그리고 비극은 희곡적 형식을 취하고 서술적 형식을 취하지 않으며 애련과 공포를 통하여 이러한 감정의 카타르시스를 행한다.

'비극은 행동의 모방'이라 정의하고 있다. 이 말에서의 행동이라 함은 우리들의 실제 행동과는 다른 것이다. 무대에서의 행동을 일컫는다. 무대에서의 행동이라도 곡예사들의 행동과는 다르다. 희곡 속에 있는 대사를 통하여 배우가 무대 위에서 연기하는 행동이다. 다시 말하면 인생의 모방된 한 장면을 보여주는 행동이다.

드라마는 대사와 몸짓에 의하여 직접 표현된 행동, 또는 서로 밀접하게 연결되어지는 행동의 제시이다. ……드라마의 주제는 인간 의지의 행동과 그 반응이다. 인간의 의지는 사건의 연속으로서가 아니라, 원인과 결과의 필연적인 연관성에 대한 어떤 관점에 의해 다루어지고 있다.

따라서 드라마를 유리하게도 극장과 분리해서 생각하는 일은 불가능하다. 왜냐하면 드라마는 극장 속에서 탄생되고 완성된 공연 속에서 그 모습을 드러내 놓기 때문이다. ……위대한 극작가들의 거대한 작품들은 단 한 번의 예외도 없이 읽혀지기보다는 공연되어지기를 바라고 있기 때문이다.

데니슨 *G. B. Tennyson*의 이 말에도 "직접 표현된 행동, 또는 서로 밀접하게 연결된 행동"으로 드라마를 정의하고 있다. 그밖에도 다음의 글들에서 우리는 희곡의 '행동'과 '모방'의 예술임을 알 수 있다.

극장 예술은 연기도 아니요, 희곡 작품도 아니다. 그것은 하나의 장면도 아니요, 춤도 아니다. 극장 예술은 모든 요소들이 종합되어 하나로 구성되는 것 속에 존재한다. 행동은 연기의 핵심이다. 언어는 희곡의 몸체인 것이다. 선과 색채는 무대 장면을 최고로 살릴 수 있는 요소이다. 리듬은 춤의 본질인 것이다.

— Edward Gorden Craig < on the Arts of Theatre>에서

드라마는 완전한 행동의 모방인 것이다. 그것은 인간의 동정적 주의력에 적응한다. 그것은 서로 연관된 흥미있는 사건들의 연속 속에서 전개되어 나간다. 그것은 언어의 상징, 실재의 인생의 조건에 의해서 연기되고 표현된다.

— W.T. Price ＜the Technique of Drama＞에서

행동이 있어야 한다. 즉 다시 말해서 사건과 상황은 그것에 부수되는 긴장과 돌연한 변화와 그리고 클라이맥스가 제시되어야 한다. ……이같은 개념은 배우술의 가능성을 포용하고 있다.

— Renald Peacook ＜The Art of Drama＞에서

인생은 모방이요, 심화요, 질서다.

— Alan S. Downer ＜The Art of the play＞에서

모방 *mimesis*은 아리스토텔레스가 ＜시학＞에서 자주 쓰던 말이다. 오늘날 연극에서는 '재현' '연출' '표현' '묘사'라는 말로 쓰일 수 있다. 연극에서의 모방이란 무대에서 우리들 인생이나 사실들을 재현시킨다. 이러한 모방은 연출가에 의해서 모방의 형태로 나타나며, 또한 작품 자체도 모방의 길을 가고 있는 것이라 할 수 있다. 그러므로 희곡이란 그 창작에서부터 무대에 재현되어져서 배우가 움직여서 관객에게 보여줄 때까지의 과정은 사실적이든, 있을 수 있는 일이든지 간에 모방의 단계를 하나씩 하나씩 밟아가는 것이라고 할 수 있다.

그러면 희곡의 특질은 무엇인가.

첫째는 문학성과 연극성을 가지고 있다. 희곡은 무엇보다도 무대 상연을 전제로 한다는 점에서 연극성을 띠고 있다. 또 희곡이란 문자로서 표현된다는 점에서 그 문학성을 떠날 수 없다.

① 동작으로 연기 *play*할 배우가 있어야 하고, ② 배우가 동작한 희곡 *drama*이 있어야 하고, ③ 배우가 연기하는 동작을 관객이 보는 데서 일어나는 현상을 연극이라 하니, 배우와 관객의 연극행동이 일어날 장소—극장 *theater*이 있어야 하고, ④ 극장에서 배우의 행동을 보고 즐길 관객 *schavspiel*이 있어야 비로소 연극이 성립된다.

— 한로단 <희곡론>에서

희곡은 단순히 희곡작가의 작품으로 끝나지만 연극은 상연이 될 때까지 그 시간이라든지, 무대·의상·조명 등 여러 가지 제약적이거나 첨가되어야 할 조건이 따른다. 이때 연극이란 대본으로서의 성격을 반드시 지녀야 되며 연출가의 작품이라고 하겠다.

희곡에는 무대상연만이 아니라 읽기 위한 희곡으로 레제 드라마 *lesedrama*가 있다. 레제 드라마는 *closet play*라고도 한다. 연극성을 무시하고 문학성만을 내세운 희곡으로 사람들을 한 방에 모아놓고 강독하는 그리스 희곡 <아낙노스티코이 *Anagnostiroi*>를 그 시초로 삼는다. 그밖에 괴테의 <파우스트>, 셸리의 <사슬 풀린 프로메테우스>, 베르하렌의 <僧院>, 버나드 쇼의 <인간과 초인>등을 손꼽을 수 있다.

둘째로 희곡은 대사의 문학이다. 희곡만큼 그 형식에서 대사를 많이 쓰는 것은 없다. 소설에서도 대화는 매우 중요한 부분을 차지하고 시에서도 가끔 쓰이지만 희곡은 순전히 극중인물의 대화와 행동으로 형성된다. 소설에서의 인물의 성격이라든지, 사건의 배경, 의식의 흐름 등을 地文을 통해 표현할 수 있지만 희곡은 그것이 용납되지 않는다. 오직 대화와 행동으로써 그런 것을 나타내고 보는 관객들에게 메시지를 전달해야 한다.

셋째로 희곡은 모션을 통해서만이 가능한 문학이라는 점에서 행동의 문학이요 현장감이 있는 문학이다. 소설이나 희곡이나 다 인생

을 표현하고 어떤 인간상을 부각시키자는 데서는 일치한다. 그러면
서도 소설은 문자를 통해 그 메시지의 전달이 가능하지만 희곡은 무
대 위에서 배우를 통해 몸짓으로 또는 대화로 그 가진 것을 드러내
보인다.

> 비극에 있어서 특수한 사실은 그것이 수행되는 순간에 그대로 우리의
> 상상과 감각 위에 현실화한다는 것이다. 사실 그렇다. 우리는 제3자의 개
> 재없이 그것을 직접 본다. 서사시나 로맨스나 소설 같은 것은 그 형식에
> 있어서 서술자가 행동자와 독자 사이에 뛰어들음으로써 그 행동을 상당
> 히 떨어진 거리에서 보게 한다. 그렇게 우리가 아는 바와 거리가 생기게
> 되면 우리는 인상과 동정적인 애착을 약화하는 대신에 현실적인 것을 그
> 것은 강화한다. 모든 서술적인 형식은 현실적인 것을 과거화하는 대신에
> 모든 희극적인 형식은 그 과거를 현실화하는 것이다.
> — 실러 〈비극론〉에서

희곡은 현장감이 있는 현재성의 문학이다. 그러므로 독자에게 전
달하는 메시지도 가장 빠르고 어느 문학 영역보다 생동감이 있다. 희
곡의 삼대요소인 희곡·배우·관객이 이것을 의미한다. 모든 이야기
를 현재라는 상황 속에서 상연하므로 그 가진 내용이나 사상·감정
등을 직접적이고 사실적으로 보여준다. 그런 면에서 사실적인 문학
이기도 하다.

한 마디로 말해 희곡이란 연기자의 몸짓과 대사를 통해 무대 위에
서 우리들 인생을 재현시키고 그곳에서 사실적인 공간을 관객이 얻
는 문학이다.

2. 희곡의 분류

1) 비 극

    인생은 한마당의 연극이다. 인간의 삶에 희로애락이 있는 한 연극 속에도 희로애락이 있게 마련이다. 그런 면에서 슬픔은 희곡의 영원한 테마이다.

    비극 *tragedy*는 그리스말 tragoidia에서 왔다. 트라고이디아는 원래는 비극을 의미하는 말이 아니었다. 디오니소스 축제 때 상연된 '山羊의 노래'라는 뜻이었다. trago(산양)+ōidē(노래)가 합한 말이었다. 재미있는 것 '山羊의 노래'가 왜 비극이 되었느냐는 것이다. 디오니소스 신을 예찬하는 노래를 디디람보스 *Dithyrambos*라 하는데 이 디디람보스를 노래하는 합창단이 뾰족한 짐승의 귀와 산양의 꼬리를 달고 디오니소스 심부름 꾼인 半神半獸의 사티로스 *Satyros*로 분장했는데, 이때 산양의 상징에서부터 비극이 유래되었다고 한다. 즉 산양은 슬픈 울음을 운다는 상징, 또는 산양의 뿔과 수염은 위엄

이 있으나 뒷부분이 비참하다는 것 등이 산양의 노래가 변하여 비극이라는 말로 굳어졌다고 한다.

유덕한 사람이 행복에서 불행으로 변이해서는 안 된다. 왜냐하면 그것은 공포도 애련도 환기하지 않고 오직 도리에 어긋난 일로 느껴질 뿐이다. 악한 사람이 불행에서 행복으로 변이해서도 안 된다. 왜냐하면 그것은 가장 非悲劇的이기 때문이다. 그것은 비극의 조건을 하나도 구비하고 있지 않다. 즉 그것은 인정에 호소하지도 않고 애련과 공포를 환기하지도 않는다. 또 극악한 자가 행복에서 불행으로 변이하는 것을 보여서도 안 된다. 이와 같은 구성은 인정에 호소하는 점은 있을지 모르나, 애련도 공포도 환기하지 않는다. 애련은 주인공이 부당하게 불행에 빠질 때 생기며 공포는 우리와 같은 주인공이 불행에 빠짐을 볼 때 환기한다. 그러므로 이 제3의 경우에 있어서는 애련도 공포도 환기되지 않을 것이다. 따라서 남은 것은 이 양극단간의 中位의 인물이다. 즉 덕과 정의에 있어서 월등하지는 않으나, 악과 죄업에 의해서가 아니라 어떤 결점에 의해서 불행에 빠지게 된 인물이 그와 같은 인물인데, 그가 명망과 번영을 누리고 있어야 한다.

— 아리스토텔레스 <시학>에서

아리스토텔레스의 비극의 주인공에 대한 정의가 있은 후 비극의 개념은 중세에서는 有德한 사람이 행복한 삶에서 불행한 삶으로 떨어지는 이야기를 비극이라 했고, 오늘날에는 행복에서 불행으로 결말을 짓는 것을 비극이라 한다.

비극, 하면 우리는 그 시원을 주로 그리스 비극에서 찾는다. 그리스에서는 기원전 5~4세기에 비극이 싹텄고 또 아에킬로스, 소포클레스, 유리피데스 같은 3대 비극작가를 낳았기 때문이다. 그뒤 유명한 비극작가로는 소포클레스를 들 수 있고, 셰익스피어의 4대 비극인 <햄릿> <맥베드> <오셀로> <리어왕>을 빼놓을 수 없다.

또 17세기의 라신느와 현대의 헨릭 입센, 유진 오닐 등으로 그 맥을 면면히 이어오고 있다.

그리스 비극이나 셰익스피어의 비극의 주인공은 영웅·귀족·장군 등 상류층의 사람이었다. 그 이유는 행복에서 불행으로 빠지면 그 충격이 더 크기 때문이었다. 그뒤 입센에 오면 평범한 가정주부나 노동자가 자주 나오게 되고 근대에 오면 사회가 민주화됨으로 말미암아 이런 사회 속에서도 인간다운 대접을 받지 못하는 것을 주제로 한 비극이 자주 나오게 된다.

> 비극은 진지하고 일정한 길이를 가진 행동을 모방하는 것이며, 뚜렷한 여러 가지 아름다움으로 고양된 언어를 사용하여, 서술이 아니라 행동의 형식으로 만들어지며, 애련과 공포를 통하여 감정의 카타르시스를 행한다.
>
> — 아리스토텔레스 〈시학〉에서

비극의 목적이 카타르시스를 행함을 알 수 있다. 카타르시스란 어떤 의미로 쓰여지든지 간에 관객들이 관람함으로 해서 마음의 어떤 정화를 얻는 사실이다.

이런 비극을 내용면에서 운명비극 *tragedy of fate*, 성격비극 *tragedy of character*, 상황비극 *tragedy of situation*으로 나누기도 한다.

2) 희 극

희극은 그리스어로 Komeidia라고 한다. 이 말은 comos(행렬)와 oide(노래)의 합성어로 '행렬의 노래'를, come(마을)과 oide의 합성어로 '마을의 노래'라는 뜻이 있다. 비극과 마찬가지로 희극도 디오니소스 축제 때 행렬을 지어 노래하며 춤추는 가운데 군중이 주고 받는 웃음거리에서 출발하였다. 이 행렬에서 comos라고 불리는 춤꾼들이 등장하고 이들이 사람들을 웃기기 위해 음악·야유·해학을 섞어 대사를 꾸몄다.

> 비극은 Dithyrambos노래의 지휘자로부터 나왔고, 희극은 아직도 많은 도시에서 관습으로 남아 있는 男根찬가의 지휘자로부터 시작한 것이다.
> — 아리스토텔레스 <시학>에서

디오니소스 축제에서 음란스런 장난이나 남근을 상징물로 들고 노래를 불렀던 것도 알 수 있다.

비극이 죽음이나 불행으로 끝난다면 희극은 행복으로 끝나는 극이다. 비극이 슬픈 극이라면 희극은 웃고 떠들며 즐기는 극이기도 하다. 한마디로 희극은 관객들에게 웃음을 주기 위해 경쾌하고 흥미있는 사건 속에서 야기되는 인간의 모순이나 불합리한 약점이나 성정 등을 그리거나 사회적인 결점을 그려내서 웃음 속에 보여주는 극이다.

> 희극은 앞서 말한 바와 같이 보통 사람들보다 훌륭하지 못한 사람들을 모방한 것이다. 그러나 그것은 절대로 모든 훌륭하지 못한 것에 대하여 보다 훌륭하지 못하다는 것이 아니고, 다만 어떤 하나의 특수한 훌륭한 것에 대하여서만 말하는 것이다. 즉 우스운 것에 대하여서만 말하는 것이고 우스운 것은 틀림 없이 추한 것의 하나다. 우스운 것은 남에게 아무런 고통도 해독도 끼치지 않는 과실과, 또는 추함이라고 말할 수 있을 것이다.
> — 아리스토텔레스 <시학>에서

희곡의 등장인물은 대체로 서민적인 사람들이다. 그러므로 그들이 입고 있는 옷이나, 외모·돈·분장·소유물들이 다 희극적인 것이 되기도 한다. 희극은 인간의 운명에 집중적인 것이 아니라 인간의 못난 것이나 결점, 악덕에 초점을 두고 그 탈선 행위를 보여주고 있다. 그러나 이런 탈선은 도덕적인 것에 기준을 두기보다는 단순히 익살스럽고 웃기기 위해서 있는 것이다. 하지만 때로는 웃음 속에서 반사회성과 비사회적인 것을 날카롭게 풍자하거나 고발하기도 한다. 우리 민속극에 보이는 산대놀이 같은 것이 그 類일 것이다.

아리스토텔레스는 비극은 실제 인간보다 훌륭한 인간들을 보여주고 있는 반면에, 희극은 실제보다 열등한 인간을 보여주고 있다고 했다. 그러므로 해서 희극의 등장인물은 실제보다 잘난 측면이건 못난 측면이건 더욱 과장해서 나타나게 된다. 과장을 정당화시키고, 그 과장마저도 비록 인간의 결점이라 하더라도 긍정적으로 그리는 것이 희극의 특성이라 하겠다.

또 비극이 철학적 인간에 더 관심을 두는 희곡이라면 희극은 사회적 인간에 관심을 가지는 것이다. 그러므로 희극은 가정희극의 색채를 띠기도 한다.

세계 최초의 희극작가로는 그리스의 아리스토파네스 *Aristophanes* 를 들 수 있다. 그는 <구름> <개구리> <기사> 등의 희극을 썼다. 그리스의 희극에서 기원전 465년의 옛 희극은 정치적이고 사회적인 풍자극이었으며, 기원전 4백년대에는 문학적 · 철학적 향기가 높은 풍자극이었고, 기원전 366년 이후는 사회적 · 가정적인 줄거리가 중심을 이루었다 한다. 또 로마 희극은 제 자신의 주제를 깨닫지 못하는 사람들이 만들어내는 오해와 오판이 그 줄거리였으며, 이 극은 르네상스시대의 희극에 영향을 주었다.

중세의 희극은 이적극 · 신비극의 색채를 띠고 피에로나 광대가 등장하기도 했다.

15, 16세기에 있던 도덕극이 16세기에는 막간극으로 발전했고, 막간극은 영국의 희극 형태로 笑劇의 시조가 되었다.

그뒤 셰익스피어의 희극에 오면 초기 희극들은 낭만희극으로 전원을 배경으로 이루어지는 명문 출신이 등장인물이 되지만 이것은 다시 풍습희극으로 발전되기도 한다. 풍습희극이란 배경을 응접실로 옮기고 그속에서 상류계급의 등장인물들이 얽어나가는 사상·풍자 등을 담은 희극이다. 그것은 다시 버나드 쇼 *Bernard Show*, 몰리에르 *Moliére* 등으로 이어져서 오늘에 이른다.

이런 희극의 특성을 요약해 보면, 첫째는 희극은 명랑하고 경쾌한 분위기와 웃음을 주제로 삼는 드라마다. 둘째는 희극은 사회의 부조리나 사악한 면을 신랄하게 풍자를 섞어 비판하는 드라마다. 셋째는 희극의 결말은 반드시 해피엔딩으로 끝맺는 드라마다. 넷째는 희극의 등장인물은 서민적이요 사회적 여건에 순응하는 것으로 되어 있다.

희극의 종류로는 笑劇 *farce*와 고급희극 *comedy*이 있다. 소극은 라틴어 Farsus에서 유래한 말로서 영어의 To Stuff라는 동사의 뜻에서 온 말이다. 현대 프랑스어도 동사 Farcir에서 유래한 것으로 그 뜻은 '채우다'로 되어 있다. 소극이라 함은 연극에서 즉흥적으로 추가되는 극형식이라고 하겠다. 소극은 저급희극으로 플롯보다는 극적 상황에 집중하거나 인물의 성격 발전보다는 유형적 인물의 육체적 익살과 세련되지 못한 기지에 중점을 두고 있다.

고급희극이란 지적이고 풍자적인 희극으로 성격희극 *comedy of character*, 해학희극 *comedy of humors*, 풍습희극 *comedy of manners*, 계략희극 *intrigut of comedy* 등이 이에 속한다.

3) 희비극

비극적 요소와 희극적 요소가 종합된 극의 한 형태다. '비극에서 시작하여 희극으로 끝나는 것 *A tragic beginning and a comic ending*' 을 말한다. 이것은 달리 말하면 비장과 골계가 서로 합치고 특이한 효과의 조화미를 내는 것을 일컫기도 한다. 조화미를 나타낸 다는 뜻에서 조화적 희곡 *reconciling drama*이라고도 한다.

> 비장과 웃음거리의 양자가 혼합해서 일종의 특이한 미를 빚을 때 이것
> 을 희비극이라고 하고 이런 미적 효과를 가진 희곡이나 연극을 희비극이
> 라 한다. 비극의 일부에 희극적 모티브가 혼입해서 이것에 도리어 비극
> 적 인상이 강조되는 경우(가령 Hamlet의 묘파는 대목)도 광의의 희비극
> 적이라 하지만, 본래 희비극은 비장의 웃음거리의 완전한 융합, 상호 침
> 투로 성립하는 것으로 그 효과가 주로 사건이나 상황에 의존하는 경우
> (객관적 희비극)와 도리어 인물이 주위세계를 체험하는 경우(주관적 희
> 비극)가 있어 후자의 경우는 왕왕 유머의 참여로 비장미적 유머, 또는 유
> 머화한 비장미가 성립된다.
>
> — 서정주 <시문학개론>에서

이러한 희비극은 한마디로 울고 웃기는 극으로 자칫하면 풍속극으 로 전락하기 십상이다. 희비극 작가로는 유리피데스를 들고, 그의 <알케스티스> <히폴리토스> <헬레네> 등을 희비극으로 보기 도 한다. 셰익스피어의 <베니스의 상인>은 희비극의 전형적인 작 품이라 하여도 좋다. 또 <춘향전> <심청전> <장화홍련전> 같 은 것들도 희비극적 요소를 띤 작품이라 하겠다.

3. 희곡의 구성

　희곡의 구성은 그 문학 형식이 특이하다. 일반적인 문학이론에서 열거되는 플롯이나 인물·상황·주제 외에 무대 상연을 위한 무대장치·조명·의상·분장·효과·소도구 등도 필요하다.

　아리스토텔레스의 <시학>에서 먼저 비극의 구성 요소를 보자.

　따라서 모든 비극은 6개 부분을 가지지 않으면 안 되며, 이 부분이 어떻게 쓰여지느냐에 따라서 비극의 성질도 결정된다. 플롯·성격·조사·사상·장경·가요가 그것이다. 이들 중 하나, 조사와 가요는 모방이 매재에 속하고, 눌, 장경은 모방의 양식에 속하고, 셋, 플롯·성격·사상은 모방의 대상에 속한다. 그리고 이 이외에는 없다. 사실 대부분의 시인들이 이러한 제요소를 사용하였다고 할 수 있다. 왜냐하면 모든 작품은 장경·성격·플롯·조사·가요·사상을 가지고 있기 때문이다. 이 6개 중 가장 중요한 것은 사건의 결합인 플롯이다. 무릇 비극은 인간을 모방하는 것이 아니라, 인간의 행동과 생활과 행복과 불행을 모방하는 것이다. 그리고 불행은 행동 가운데에 있고 우리는 생활 목적도 혹종의 행동이지, 성질이 아니다. 성격은 인간의 성질을 결정하나 행·불행은 행동에 의한다. 따라서 극에 있어서의 행동은 성격을 묘사하기 위한 것이 아니라 도리어 성격은 행동을 위해서 극에 포함되는 것이다. 따라서 행하여진 것, 즉 스토리 내지 플롯이 비극의 목적이요, 목적은 모든 것 중에서 가장 중요하다.

— 아리스토텔레스의 <시학>에서

구성 요소로, 플롯 *plot*, 성격 *character*, 措辭 *diction*, 사상 *thought*, 장경 *spectacle*, 가요 *melody*로 본 것은 매우 탁월한 정의다.

1) 인 물

희곡은 등장인물이 처음부터 밝혀지는 문학이다.

오혜원(납치 미망인, 43세)
서종우(아들, 국민학생, 10세)
이진수(동네 청년·상이군인, 29세)
박기영(무역업자, 혜원의 집 안채에 세들고 있다. 40세)
김옥주(가정부인, 혜원의 동창생, 43세)
최 씨(박기영네 가정부, 41세)

등장인물이 처음부터 밝혀지고 또 때에 따라서는 그 신분이나 나이까지도 밝혀지는 문학이다.

고대 그리스의 극을 보면 등장인물 수를 2명으로 한 작가는 Aeschylus였으며, 그후 Sophocles는 3명의 등장인물로 코러스를 줄이고 대화를 극의 중심으로 한 희곡을 썼다 한다. 그 이전의 고대극이란 두말할 필요 없이 코러스 중심이었다. 아무튼 고대극에 처음 등장하는 인물들은 영웅이나 왕이었다. 그 까닭은 고대극의 대부분의 신화나 전설에서 가져왔기 때문이다. 그러던 것이 근대에 들어서면서 인물의 다양성을 보이기 시작하고 소시민들이 등장하게 되었다. 이때부터 왕이나 영웅의 정해진 운명이나 결말보다는 한 인간의 예측할 수 없는 운명 또는 성격이나 내면적 갈등이 극의 초점으로 되어 갔다.

희곡은 등장인물을 떠나서는 이루어질 수 없다. 등장인물이 있어야만 대사를 통해서 메시지를 전달할 수 있고 몸짓으로 호소하여 공감력을 얻을 수 있다.

희곡에서의 인물은 특히 그 주인공은 보다 집중화되고 압축화되어야 한다. 가령 희곡에서 인물이 얼마만큼 중요한가는 희곡 작품의 제목을 보아서도 알 수 있다. <오셀로> <햄릿> <멕베드> <아가멤논> 등의 명칭을 보아서도 짐작이 간다. 아리스토텔레스의 <시학>에서는 주인공의 조건을 다음과 같이 말하고 잇다.

첫째, 주인공은 반드시 행복에서 불행으로 떨어져야 한다.
둘째, 주인공은 완전무결한 인격자야 한다.
셋째, 주인공의 몰락은 운명적이어야 한다.
넷째, 주인공의 신분은 고귀한 신분이어야 한다.

이상과 같은 얘기는 아리스토텔레스 시대의 비극의 주인공은 어떤 전형적인 인물로 제한되어 있음을 시사한다. 즉 희곡에 등장하게 되어 있는 인물은 규정된 상황 속에서 갈등과 분규로 고뇌하고 희비를 겪어야 하는 것으로 되어 있다. 이런 면에서 희곡이란 상황에 좌우되는 면이 강한 문학이기도 하다.

첫째로 극작가는 특별한 종류의 상황을 찾아내지 않으면 안 된다. 선택은 모든 예술가의 창조 과정에 있어서 중요한 원리지만, 극작가는 그것을 가장 엄격하게 사용하지 않으면 안 된다. 극작가는 꾸미지 않은 상황의 중심부로 내려오지 않으면 안 된다.

— C. Brooks & Heilman <understanding Drama>

특별한 종류의 상황이면서 꾸미지 않은 상황의 중심부라는 말은 결코 관객에게는 조작된 상황임을 알려서는 안 되고 이런 상황 속에서 극적 행동으로 운명과 갈등을 타개해 나가는 입체적 인물 *round character*로 등장해야 된다. 아무리 위대한 작품이더라도 주인공이 생동감을 주지 못하는 인물이 되어 연기를 한다면 죽은 희곡이 되고 말 것이다. 흔히 연극에서 좋은 작품에 그곳에 맞는 배우라는 것은 이런 것을 일컫는 말이다. 인물이라는 것은 극중의 대사나 구성의 전개에 따라 그 성격이 드러나게 연극 구성은 반드시 극적인 것을 요구하게 되어 있다. 그러므로 희곡의 주인공은 대개는 개성적이고 그성격이 강하게 부각된다. 이런 인물의 설정은 오늘날 연극에서는 상징적인 암시성을 주는 수가 많다.

① 플롯에 의한 성격 묘사는 행동하고 있는 인물을 사용하기 때문에 성격 중에서 뚜렷한 점 밖에는 표현할 수 없다. 따라서 인물이 뚜렷하고 단순해야 한다.
② 대화는 대체로 말하는 사람의 성격과 행동에 대한 설명이 되는데, 문제는 은연중에 자연스럽게 성격이 나타나도록 해야 한다.
③ 주인공은 대화가 아니라 다른 사람의 논평이나 언급을 통해서 간접적으로 극중인물의 성격을 표현하는 그 발언이 비평받는 사람에 한하고 그의 행동과 환경에 관계 있고 애증간의 감정이 뒤섞여 있을 것 등이 필요하다.

— W. H. Hudson <An Introduction to the Study of Literature>에서

이와 같은 인물은 대개 주인공을 중심으로 말한 것이다. 엑스트라의 경우에는 물론 단역이라도 그 개개인이 살아야 하지만 이런 얘기와는 다를 수도 있다. 하지만 엑스트라라고 하더라도 극중의 전체 분위기를 살리고 주인공의 성격을 부각시키는 데 중요한 역할을 함을 잊어서는 안 되겠다.

또 희곡은 등장인물들에 대한 묘사가 소설처럼 없다.

> 신랑이 왔다. 신랑을 맞는 일동은 모두 다 심난하여 고개를 돌렸다. 비록 소문이 그러하더라도 설마 저렇기야 하랴 하였더니 실제로 보건대 소문보다 더하다. 머리는 함부로 크고 시뻘건 얼굴이 두 뼘이나 길고 커다란 눈은 마치 쇠눈깔과 같고 커다란 입은 헤벌려서 걸쭉한 침이 턱에서 떨어진다.
>
> — 이광수 <소년의 비애>에서

소설의 이와 같은 묘사가 희곡에서는 전혀 불필요하다. 희곡은 분장으로 인물을 만들어서 관객에서 직접 보여주기 때문이다. 그래야 관객은 그 인물의 모습에서 소설에서 볼 수 없는 생생한 실감을 느끼고, 또 그 신분과 모양새로 어떤 사람인가를 미루어 짐작하게 된다.

2) 행 동

X : 생일을 축하합니다. 기분은 어떠십니까?

보르헤르트 : (잠깐 사이를 두고) 고맙소—, 좋소.

X : 건강이 제일입니다. (정중하게 앉으면서)……피차에—

보르헤르트 : 당신도 좋아보이는군.

X : 덕분에……(들고 온 것 중에서)시겁니다.

보르헤르트 : 고맙소. (렌즈를 닦으면서)

> — 최인훈 <한스와 그레텔>에서

희곡은 반드시 연극으로 상연될 것을 전제로 하고 씌어진다. 희곡 작가는 한 편의 희곡을 쓸 때 대사만으로 엮는 것이 아니고 필요한 경우에는 행동에 대한 것도 간단히 적어 놓는다. 무대에 상연될 것을 전제로 하고 희곡을 쓰기 때문이다. 희곡이 연극화되면 처음 막이 오르면서 끝날 때까지 행동에서 시작해서 행동에서 끝난다.

행동이 연극에서 왜 필요한가 하면 살아 있는 인간의 한 유형을 보여주기 때문이다.

일정한 길이를 가지고 전체의 행동이라 함은 전체 중에는 아무런 길이 도 가지고 있지 않은 전체도 있기 때문이다. 그런데 전체는 시초와 중간 과 결말을 가지고 있는 것이다. 시초는 그 자신 필연적으로 다음에 오는 것이 아니고, 그 다음에 다른 것이 존재하거나 생성하는 것이다. 결말은 이와 반대로 그 자신 필연적으로 혹은 대개가 다른 것 다음에 오나, 그것 다음에는 아무런 다른 것이 오지 않는 성질의 것이다. 중간은 그 자신 다 른 것 다음에 오고, 또 그것 다음에 다른 것이 오기도 하는 것이다. 그러 므로 플롯은 아무 데서나 시작하거나 끝나서는 안된다.

— 아리스토텔레스 <시학>에서

그는 연극을 개연성과 필연성을 가진 행동으로 보고 있다. 즉 始·中·終이 있고 통일성이 있는 줄거리가 되어야 한다는 것이다. 한 주인공이 앞도 없이 갑자기 불행 속에 빠지거나 하면 관객이 수긍을 할 수 없게 된다. 관객과의 괴리 현상은 관객이 작품을 객관화시키기 때문이다. 어떤 필연성과 개연성이 작품에서 결여되면 의문이 생기게 되는 것은 당연한 일이다. 아리스토텔레스의 앞의 말은 그런 것을 의식하여 쓴 것이다.

행동은 발전하고 진행한다. 그리고 조용히 진행되는 것이 아니라, 긴장 감과 갈등을 가진 채 진행하는 것이다. 여기에서 갈등과 충돌·해결이 이루어진다. 행동은 단순히 의미있는 행동일 뿐만 아니라 그 가운데 행동적 갈등의 긴장관계를 갖고 있는 것이다.

— Brooks & Heilman <understanding Drama>

희곡의 행동이 갖는 긴장감을 말해 주고 있다. 긴장감이란 감정의 팽팽한 상태다. 다음에는 어떻게 될까, 무슨 일이 일어날까, 궁금증을 갖게 된다. 이러한 진행은 행동의 통일성에서만 성립된다. 연극은 종합예술의 하나다. 그런 만큼 통일성을 가져야 된다는 것도 행동에서 예외일 수 없다.

① 현재적으로 눈에 보이는 신체적 동작 *physical action*은 물론이요.
② 드라마의 Speech, 즉 대사도 포함시켰고
③ 인물의 내면적인 움직임, 즉 심리적 동작도 해당되고
④ 드라마의 구조 자체가 행동의 시스템

— 여석기 <희곡론>에서

여석기는 극적 행동은 위의 것이 포함되어 있어야 한다고 말하고 있다. 그밖에 행동에 관계된 것으로는 '3일치'의 법칙이 있다. 이것은 르네상스시대의 시학자들에 의해 만들어지고 고전파 극작가들에 의해서 쓰여졌는데 행위의 일치 *unity of action*, 시간의 일치 *unity of time*, 장소의 일치 *unity of place*를 말한다. 그중 행위의 일치란 아리스토텔레스의 학설에 따른 것으로 '유기적 통일이 있는 행동'을 뜻한다.

3) 대 사

대사 *dialogue*는 그리스어의 dia logos에서 온 말이다. 무대 위에

서 두 사람 이상의 인물들이 주고 받는 대화를 뜻한다. 대사는 극적 언어라 할만큼 희곡에서 중요한 위치를 차지한다. 왜냐하면 희곡은 행동의 문학임과 동시에 대사의 문학이기 때문이다. 연극에서 둘 이상의 사람이 등장하여 지껄이는 대사 외에 혼자서 지껄이는 모놀로그 *monologue*도 있다. 또 무언극 *pantomime*처럼 행동만 있고 대사가 전혀 없는 극도 있지만 대다수의 극은 대사로 이루어져 있다. 희곡은 무대지시 *stage-direction* 이외의 것은 거의가 등장인물들의 대사로 이루어진다 하겠다.

> 희곡작가는 모든 일을 대화로 해야 한다는 사실로부터 더 특수한 문제들이 생긴다. 이미 살펴 본 바와 같이 대화는 인물 묘사도 하고 앞으로의 행동의 인도하여야 하는데 그것은 곧 점차로 진행되어야 한다.
>
> — 브룩스와 헤일만 <희곡의 이해>에서

> 훌륭한 대사란 마치 번갯불이 대지를 비추듯이 인물들의 성격에 빛을 비추는 것이다.
>
> — crothers

대사의 중요한 역할은 주인공의 성격을 표출하고 극을 진행시키는 중요한 역할을 함을 말하고 있다.

보르헤르트 : 항복이라니요!

히 틀 러 : 남은 장병들은 살아야 한다. 작년 여름부터 지금까지 파울스는 최선을 다했으나 우리 군단은 거꾸로 포위당했다. 우리는 그를 구원할 수 없었다.

보르헤르트 : ……각하

히 틀 러 : ……….

보르헤르트 : 총통 각하, 우리는 러시아를 그대로 점령하고 있습니다.

히 틀 러 : 그들은 반격할 것이다. 적어도 작년 가을에 우리는 스탈
린그라드를 점령했어야 했다. 그랬더라면 지금 우리는 러
시아의 주인이 되어 있었을 것이다. 그러나 이제 제국의
꿈은 끝났다. 운명은 우리를 버렸다.

보르헤르트 : (벼락을 맞은 듯)……

히 틀 러 : 전쟁을 멈춰야 하겠다. 그러나 적들은 듣지 않을 것이다.
미국이 참전한 지금 더욱 그렇다. 그러나 전쟁을 멈춰야
한다. 적들은 우리를 분쇄하고 우리를 점령하면 독일은
망한다. 그들은 우리를 나누어 가질 것이다. 그러므로 적
을 우리 영토 안에 들여 놓아서는 안 된다. 일년? 이년? 삼
년? 우리는 저항할 수 있다. 그러나 저항 기간이 길수록,
우리의 운명의 비참할 것이다. —— 보르헤르트

보르헤르트 : ………

히 틀 러 : 나는 비상 카드를 사용하기로 결심하였다(히틀러의 얼굴
에만 창백한 조명). 우리는 전 유럽의 유태인들을 억류하
고 있다. 연합국이 휴전에 동의하면 나는 유태인들을 석
방하겠다. 그들이 거부하면 나는 유태인들을 모두 처형하
겠다.

— 최인훈 <한스와 그레텔>에서

우리는 보편적으로 알고 있는 히틀러의 성격이 전혀 다른 각도에
서 대사로서 드러나고 있다. 이런 것이 희곡 대상의 특징이다. 그러
면서 대사가 전혀 어색하지 않고 자연스럽게 *naturalness*, 그럴듯하
게 *plausibility*하게 진행되고 있다.

이 문제 뒤에 숨어 있는 것은 대화를 대화로서 그럴듯하게 하는 필연
성이다. 그래야 기계적인 결함이 극의 상황을 제시하고 발전시키는 효과
에 방해되지 않을 것이다. 즉 극의 대화는 회화의 특별한 형태가 되고 그
래서 효과적인 대화가 되려면 회화의 일반적 성격을 지니도록 하지 않으

면 안 된다. 그렇게 함으로써 대화는 자연스럽게 된다. 그런데 이 회화의 성격은 두 개의 주요 사항에 의존한다. 즉 첫째는 회화에 무엇이 들어 있는가 하는 점이요, 둘째는 그것이 어떻게 말해졌는가 하는 점이다.
— 브룩스와 헤일만 <희곡의 이해>에서

대사는 일상적인 것으로 효과를 나타낼 수 없다. 음성·대화의 리듬·속도 등과 조화를 이루어야 한다. 그뿐 아니라 대화는 되도록이면 간략해야만 전달과 이해가 빨리 되는 만큼 또한 집중화되어야 한다.

4) 구 조

희곡의 구조는 극적 행동에 의해서 이루어진다. 극적 행동이란 긴장과 서스펜스를 일으키는 극의 구조이다. 희곡의 구조에는 3부 구조와 5부 구조가 있다. 3부 구조는 아리스토텔레스의 <시학>에서 始·中·終으로 설명된 것이다. 5부 구조는 프라이타그 *Freytag*가 그의 저서 <희곡의 기교 *Technik des Dramas*>에서 주장한 것이다. 그것을 보면 다음과 같다.

A. 도입부(Einteitung)
  ① 자극요인(제1요인) = Erregeder Moment(단서)
B. 상승부(Steigerung)
C. 정점부(Höchepunkt)
  ② 비극적 요인(제2요인) = Peripetie(반전)
D. 하강부(반전·Fall)
  ③ 최후의 긴장요인(제3요인) = Moment der latzen Spannung
E. 파국부—Katastrophe(결말)
— 김홍량 <희곡문학론에서>에서

프라이타그 5부 3점설은 도표로 보면 다음과 같다.

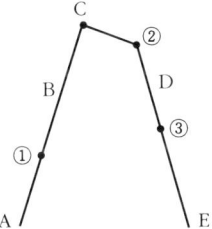

이것은 오늘날 희곡 이론에서 쓰이는 명칭으로 대치하면 다음과
같다.

① 발단—exposition, initial situation
② 상승—complication, rising action
③ 정점—climax
④ 하강—resolution, falling action
⑤ 대단원—catastrophe, dénouement

발 단

극의 도입부이다. 그리고 플롯의 실마리가 나타나고 사건이 제기
되고 주동인물 *protagonist*와 반동인물 *antagonist*의 심리적 갈등이
나 투쟁을 가져올 요인이 내포되어야 한다. 또 장소·나라·주요인
물 등이 소개된다.

상 승

3막극에서는 2막이, 5막극에서는 2, 3막이 이에 속한다. 주동인물
과 반동인물의 투쟁이 상승하여 원래 줄거리 이외의 복선적인 副場
面이 삽입되고 발달에서 소개가 충분치 못했던 인물들에게 활동이

251

주어진다. 상승이라는 것은 관객의 흥미와 주의를 집중시키는 핵심부지만 이런 것들을 위하여 억지보다는 자연스럽고 합리적으로 상승시켜야 한다.

정 점

5막에서는 4막, 3막에서는 3막의 앞쪽에 보통 클라이맥스를 둔다. 클라이맥스는 상승이 더 상승할 수 없는 정점을 말한다. 그러므로 주동인물과 반동인물의 대결이 최고조에 이르고 그 갈등이나 투쟁도 최고조에 달한다. 비극에서는 사건이 역전되는 경우가 허다하므로 극의 끝부분의 기점 역할을 하기도 한다.

하 강

주동인물의 운명이 비극인 경우는 역전되어 파국을 향해 내리막길을 가는 부분이다. 희극일 때는 해피엔딩으로 가는 부분이다. 여기에서는 발전이 필연적이고 합리적이어야 한다. 결코 우발적이거나 우연적이어서는 안된다. 이곳에서는 복선적 부장면이 효과적으로 발휘되지만 결코 새로운 인물이나 플롯이 나와서는 안된다. 또 하강은 단시간 내에 성립되어야 감정의 카타르시스를 일으킨다.

대단원

극이 종결되는 부분이다. 극적 행동이 총결산되는 부분이므로 주동인물과 반동인물의 투쟁이 우연적 파국이 아니라 필연적으로 끝맺게 된다. 관객은 대단원의 막이 내림으로 해서 인생에 대한 새로운 체험적 공간과 카타르시스를 맛보게 된다.

제5장

수필문학이론

1. 수필이란 무엇인가
2. 수필을 어떻게 쓸 것인가

1. 수필이란 무엇인가

1) 수필과 에세이

수필의 정의를 내리기는 퍽 어렵다는 말들을 한다. 그것은 수필이라는 용어 자체가 때로는 隨想이니 에세이 *essay*니 미셀러니 *miscellany*니 해서 용어의 통일을 이루지 못한 데다가, 원래 수필이 다른 문학에 접근되는가 하면 다른 문학으로부터 파생되기도 하는 속성을 지니고 있어 수필의 성격이 애매하기 때문에 이같은 어려움은 가중되는 듯하다.

물론 수필이란 용의의 字義를 따르면 '붓을 따라서' '붓 가는 대로'라는 뜻이니까 '붓 가는 대로 쓴 글'이라는 정의가 가능할 수도 있다. 아닌게 아니라 우리나라 국어사전을 보면 대개가, '형식에 묶이지 않고 듣고 본 것·체험한 것·느낀 것 따위를 생각나는 대로 쓰는 산문형식의 짤막한 글, 또는 그러한 글투의 작품' '어떠한 주의가 없이 생각나는 대로 쓴 글' '그때 그때 본 대로 들은 대로 느낀

대로를 붓 가는 대로 적어 낸 글, 또는 그러한 글투의 작품'이라고
설명하고 想華·漫文·漫筆·에세이 등과 동의어라고 취급해 놓고
있다.

그런데 여기에서 생각해야 할 것은, 동양에서 말하는 수필과 서양
에서 말하는 에세이와의 개념상의 차이, 또는 그 발생의 기원 같은
것이다.

우선 동양에서 말하는 수필이란 말은, 그 용어 자체는 물론이고 발
생의 기원을 살펴볼 때 퍽 오래 된 듯하다.

동양에 있어서 수필이란 용어가 처음 쓰여진 것은 중국 南宋 시절
의 洪邁(1123~1202)라는 사람에 의해서였다.

그는 자신이 쓴 책의 이름을 <수필>이라고 명명한 이유를 다음
과 같이 밝히고 있다.

나는 습벽이 게을러 글을 많이 읽지 못했다. 생각나는 대로 혹은
그때그때 형편에 따라 적어 놓았기 때문에 차례가 맞지 않아 수필이
라 해둔다.

(予習懶 讀書不多 意之所之 隨則記錄 因其後先 無詮復次 故同之曰隨筆)

그러나 이같은 수필류의 글은 우리나라만 하더라도 고려시대부터
있었던 듯한데 예를 들면 李齊賢의 <櫟翁稗說>은 우리가 말하는
'붓 가는 대로 쓴 글'로서의 수필에 합당한 글이기 때문이다. 또한
저자 자신도 서문에서

여름 비가 달포 동안 이어 내렸다. 문을 굳게 닫고 지내니 찾아오는 이
의 발짝 소리도 없어 마음이 답답함을 물리칠 수 없었다.
벼루를 꺼내어 처마에서 떨어지는 빗물을 받고, 벗들과 더불어 오고 간

256

편지 조각들을 이어 붙인 다음, 그 종이 뒤에 여러 가지를 적고 그 끝에 책 이름을 ⟨낙옹비설(樂翁稗說)⟩이라고 붙였다.

그 역(櫟)자는 낙(樂)으로 음을 읽기로 한다. 그 까닭은 재목감이 못 되고서의 베어지는 피해를 멀리 할 수만 있다면 나무로서는 즐거워 할 일이므로 '낙' 음을 따른 것이다. ……패(稗)도 또한 비(卑)로 읽기도 한다. 그 뜻을 살펴보건대 피[稗]는 벼[禾] 가운데서도 낮은 것이다.

내가 어려서는 글 읽을 줄 알았으나 젊어서 학문을 그만두더니 이제는 늙고 말았다.

돌이켜보니 자질구레한 글을 즐겨 써 놓았으니 알차지 못하고 비천함이 피와 같은 것이다. 그러므로 그 적어 놓은 글은 '비설(稗說)'이라고 한다.

라고 밝힘으로써 그의 글이 수필에 합당함을 알 수 있게 하고 있다.

이밖에도 李奎報의 ⟨白雲小說⟩, 魚叔權의 ⟨稗官雜記⟩, 徐巨正의 ⟨東文選⟩, 朴趾源의 ⟨熱河日記⟩에도 수필류의 글이 많이 담겨 있음을 보게 된다.

특히 朴趾源은 ⟨熱河日記⟩ 중에서 '馹迅隨筆'이라 하여 우리나라에서는 처음으로 '隨筆'이란 용어를 사용하고 있는데 그 내용이 또한 오늘날의 수필과 별 차이가 없음을 알 수 있다.

한편 서양에서 말하는 에세이 *essay*는 '計量' '吟味'의 뜻을 지닌 라틴어 exilgere에서 온 불어 essai에서 그 연원을 찾을 수 있는데, essay는 불어 assay와 어원을 같이 하며, '試金' '試驗' '計劃' 등의 뜻이 있다.

그런데 서양에서 에세이라는 말을 처음 사용한 사람은 몽테뉴 *Michel de Montaigne*다. 그는 그의 저서를 ⟨수상록 *Les Essais*⟩이라 하여 펴냈는데 책명이 Essais일 뿐만 아니라 이 책의 서문에서 ⟨독자에게⟩라는 글을 썼는데 그에 따르면

　　독자여, 여기 이 책은 성실한 마음으로 씌어진 것이다. 이 작품은 초두
부터 내 집안 일이나 사사로운 일을 말해 보는 것 밖에 다른 어떤 목적
도 있지 않음을 말해 둔다. 이것은 추호도 그대를 위해서 봉사하거나 내
영광을 도모해서 한 일은 아니다. 그런 생각은 내 힘에 겨운 일이다. 나
의 일가권속이나 친구들의 편의를 도모하기 위한 것으로 내가 세상을 떠
난 후에 그들이 내 어느 모습이나 기분의 특징을 몇 가지 이 책에서 찾
아보며, 나에 관해 알고 있는 지식을 더 온전하고 생생하게 간직하도록
하는 것이다.

　　이것이 세상 사람들의 호평을 사기 위한 기도였다면, 나는 내 자신을
좀더 장식하고 조심스레 연구해서 내보였을 것이다. 모두들 여기 내 생긴
그대로 자연스럽고 평범하고 꾸밈없는 별것 아닌 나를 보아주기 바란다.

라고 이 책의 의도에 관하여 상세히 기술하고 있음으로 해서 이 책
의 성격과 아울러 수필의 개념을 파악할 수 있다.

　　이밖에도 베이컨 *Francis Bacon*이 <수상집 *The Essays*>을 펴냄
으로써, 서양에서의 에세이는 몽테뉴에 의하여 문학의 한 장르로 정
립되고 베이컨에 의하여 結晶된 셈이다.

　　그런데 여기에서 재미있는 현상은 몽테뉴가 인생의 내부 현상이나
영적인 문제를 주관적 입장에서 명상적으로 사색하는 데 비하여 베
이컨은 인생의 외부 현상, 즉 우정이나 결혼·논쟁 등을 객관적 입
장에서 논의하고 경과하는 양식을 보여주어, 이른바 몽테뉴형의 인
포오말 에세이 *informal essay*와 베이컨형의 포오말 어세이 *formal
essay*의 두 양식이 분류되기에 이르른 것이다.

　　이상에서 볼 때, 동양의 수필과 서양의 에세이는 어의면에서 '붓
가는 대로 자유롭게 쓴 글'이라는 점에서 비슷하고 발생 과정도 서
로 통한다고 볼 수 있겠다.

2) 수필의 정의

그러면 과연 수필의 정의를 어떻게 내릴 것인가.
우선 여러 사람들이 내린 수필의 정의를 한 번 살펴보도록 하자.

수필은 글자 그대로 붓 가는 대로 써지는 글일 것이다. 우리는 오늘날까지의 위대한 수필문학이 그 어느 것이 비록 객관적인 사실들을 취급한 것이라 하더라도 심경에 부딪치지 않은 것을 보지 못했다. 강력히 짜아내는 심경적이 아니라 자연히 流露되는 심경적인 점에 그 특징이 있다. 이 점에서 수필은 시에 가깝다. 그러나, 시 그것은 아니다.

— 김진섭

수필은 산만한 마음의 산책, 즉 규칙적이고 질서 있는 행위가 아니고 불규칙하고 숙고하지 않은 작문이다.

— Johnson

수필은 마음 속에 표현되지 않은 채 숨어있는 관념·기분·정서를 표현하는 시도—하나의 시도이다. 그것은 관념이나 정서 등에 상응하는 유형을 말로 창조하려고 하는 무형식의 시도이다. 그것은 음악에 있어서의 '즉흥곡'과 좀 비슷한 점이 있다. 그것은 시에 있어서 서정시가 차지하는 위치를 산문에 있어서 차지하는 것이다.

— H. Read

이밖에도 상허 이태준은 '隨意隨題의 글'이라 했고, 최치호는 '自照文學'이라고 설명한다. 또한 '無形式의 形式'이니, '수필은 심경적 체험적 개성적인 글이요 위트와 유우머가 있는 글'이니 '잘 되면 문학 못되면 잡문' '평론이 아니면서 평론 이상의 글' '인간미를 가장 많이 풍기는 글' '문학이란 좁은 범주에는 포용되기 어려운 다양다채하고 광범한 문학' '수필은 청자의 연적이다. 수필은 난이요 학이요 청초하고 몸맵시 날렵한 여인이다' 등등으로 수필을 설명하고 있으나 이것들은 수필이 지니고 있는 하나의 성격이나 특성은 될지언정 수필의 정의 바로 그것은 아니다.

이상의 말들을 종합해 보면 간단히 말해서 어떤 형식의 구애를 받지 않고 자유로운 마음으로 붓 가는 대로 쓴 글이 수필이라고 볼 수 있다.

한편 월탄 박종화는 <聽川隨筆評論集>의 서문에서, 수필은 흥에 따라 글을 쓰는 것이 아니라 우주를 관조해서 자신과 우주 사이에 숙명적으로 매어져 있는 심오한 유대를 발견해서 해명하는 것이며 자연과 인간의 단층을 심판하면서 사색하고 비판하여 자기의 독백적인 철학을 사람에게 제시해야 한다고 설명하고 있는데, 이것은 즉 우주와 자연과 인간과의 관계에 대한 독자적인 철학을 제시하는 문학이 수필이라는 것이다.

또한 R. M. Albérès는 수필 그 자체는 지성을 기반으로 하는 정서적, 신비적 이미지로 되어진 문학이라 정의를 내리고 있다.

한편 수필의 산문성을 강조하여 W. E. Williams는, 수필의 정의를 최소한으로 국한하여 말한다면 한 편의 산문작품으로서 대개는 짧은 편이고 설화에 주력하지 않는다고 설명했으며, E. Gosse는, 수필이란 보통 산문으로 엮어진 적당한 길이의 작문으로서 쉽고 소략한 방법으로서 한 주제의 현상적인 상태, 엄격히 말해서 자기를 감동시키는 그러한 주제만을 취급한다고 말하고 있다.

또한 R. P. Boas 역시 서정시가 시에서 차지하는 위치와 수필이 산문에서 차지하는 위치는 유사하다고 말하여 수필의 산문성을 강조한다. Boas는 이어서 서정시가 정서를 표현한다면 수필은 인생에 대한 견해를 자유스럽게 표현할 수 있다고 설명한다.

이상의 여러 견해들을 종합해 본다면, 수필은 형식에 구애 받지 않는 자유로운 수법으로 인생과 자연을 성찰한 특수하고 개인적인 주제를 산문형식으로 쓴 적당한 길이의 작품이라고 할 수 있다. 그러나 이같은 수필의 정의만으로 수필의 본체를 완전히 파악했다고 볼 수는 없다.

3) 수필의 영역

수필은 일정한 형식이 없다는, 즉 '무형식의 형식'이라는 말에서 수필의 영역이 대단히 광대무변하다는 사실을 우선 짐작할 수 있을 것이다.

김진섭은 일찍이 <수필의 문학적 영역>이란 글에서

> 그것은 경우에 의해서는 제약도 없으며 질서도 없으며 계통도 없이 자유롭고 산만하게 쓰인 모든 문장까지도 포함할 수 있는 까닭으로 수필은 흔히 비문학적인 인상을 사람들에게 주는 것이지만, 사실 문학은 자기의 狹隘한 영역안에 수필이라 하는 자유분방하고 輕妙洒灑하고 변화무쌍한 樣姿를 포용하기 어려운 감이 있다.

라는 말을 하고 있는데, 이 말은 수필의 영역이 넓어서 비문학적이라는 인상을 주기도 하고 문학 자체가 수필을 포용하지 못하고 있는 듯한 감을 주기도 한다는 것이다.

한편 R. G. Moulton에 의하면, 문학에는 서정시·서사시·극시와 같은 시문학(창작문학)이 있고 철학이나 역사나 웅변과 같은 산문문학이 있다고 설명한다. 그런데 시문학(창작문학)은 존재에 플러스 하는, 즉 무에서 유를 창조하는 문학이고 산문문학은 이미 존재해 있는 것을 토의하는 문학이라는 것이다. 말하자면 서정시와 서사시와 극시는 각각 요즘의 시·소설·희곡으로 변화된 창작문학이고, 산문문학에 있어서는 역사·철학·웅변 등이 그대로 전문적 산문으로 남고 이밖에 학문이나 과학에 포함되지 않은 모든 산문들, 이를테면 일기·서간·전기·수상 등과 같은 산문은 일반적 산문으로서 창작적 변화가 용인된 산문인데 이같은 산문의 대표가 수필이라고 설명하고 있다.

이같은 R. G. Moulton의 이론을 바탕으로 조연현은 수필이란 전문적 산문 이외의 창작적 요소를 지닌 모든 산문문학의 총칭으로 파악하고 있으며 수필의 영역에 대해서 다음과 같이 언급하고 있다.

수필이란 그 형식이나 내용이 무제한으로 자유스러운 시험적인 浮動性 위에 그 문학적 특징이 있다 할 것이다. 사실에 있어서 수필은 여러 문학양식 중에서도 가장 그 형식이 자유롭다. 즉 수필에는 서정시적 정서나 감흥은 물론 서사시(소설)적 구성이나 희곡적인 대화, 그리고 비평적인 판단작용까지도 다 자유로이 이용될 수 있는 양식이다. 그렇다고 수필이 무양식적 무형식적인 것은 아니다. 서정적인 정서나 감흥을 가지면서도 서정시가 아니고 소설적인 구성을 가지되 소설이 아니고, 희곡적 비평적 요소를 가지면서도 희곡도 비평도 아닌 데 수필의 독자적인 양식이 있다.

파스칼의 <팡세>로부터 우리나라의 잡다한 신변잡기에 이르기까지를 모두 수필이라고 생각한다면 수필이라는 문학 양식이 얼마나 다양다상 한가를 알 수 있을 것이다. 그 형식의 무한정한 자유가 오히려 독자적인 한 문학양식을 이루고 있음으로 인하여 수필은 자신의 특성을 지닌 것이라 하겠다.

이같은 수필의 영역은 광대무변해서 어디에서 어디에까지가 수필이고 어느 것은 아니라고 단정을 내리기가 무척 어렵지만 수필이 시도 아니고 소설도 아니고 희곡도 아니며 비평도 아니라는 점에서 수필의 윤곽과 영역은 스스로 지어진 것과 다름이 없다. 마지막으로 수필의 성격이 지성을 기반으로 해서 정서와 신비적 이미지를 아울러 창조의 근본으로 한다는 M. R. Albérès의 말을 인용해 보기로 한다. M. R. Albérès는 ﹤수필의 성격과 영역﹥이란 글에서 다음과 같이 말하고 있다.

수필은 모든 것을 설명하려 하지 않는다. 그저 캄캄한 밤의 불꽃처럼 튕겨 올릴 뿐이다. 원래 섬광처럼 반짝이고 토론을 피하고, 한 군데 머물려고 하지 않는 것이 수필이라고 말할 수 있지 않을까. 재능의 번득임, 매력적인 이미지의 정서, 그러한 것이 반짝이는 빛을 발하면서 法網이 미치지 못하는 우리들의 밤을 비추어 주는 것이다. 가령 거창하고 논리적이고 설교투의 스타일로 팽창하는 일이 있다 손치더라도 그것의 책의 부피가(120페이지라고 하는) 크게 주어졌기 때문인 까닭에 지나지 않는다.

수필 그 자체는 지성을 기반으로 한 정서적, 신비적 이미지로 되어진 것이다. 비유컨대, 흔들리는 구슬들 사이에서 반짝이는 그윽한 불꽃이랄까.

4) 수필의 특성

수필의 정의에서 이미 수필이 지니고 있는 특성이 어느 정도 느러나고 있지만 이에 대한 견해도 다양하게 이야기되고 있다.

첫째로 박목월은 ① 형식의 자유 ② 試筆性 ③ 고백성 ④ 비전문성의 네 가지를 들고 있다.

둘째로 백철은 ① 산문으로 씌어진 문학 ② 형식이 비교적 짧아야한다. ③ 대화적인 독백의 문학임을 말한다.

셋째로 Boas는 ① 미완결성 ② 작자의 기분이나 개성의 반영 ③ 다양성을 열거하고 있다.

넷째로 구인환과 구창환의 <문학개론>에서는 ① 수필은 개성의 문학 ② 수필은 산문의 문학 ③ 수필은 무형식의 문학 ④ 수필은 유우머·위트·비평정신의 문학 ⑤ 수필은 제재가 다양한 문학 ⑥ 수필은 심미적·철학적 가치의 문학 등으로 종합·정리하여 수필의 특성을 말하고 있다.

이밖에도 최승범은 ① 형식의 자유성 ② 개성의 노출성 ③ 유우머와 위트성 ④ 문체의 품위성 ⑤ 제재의 다양성을 들어 설명하고있다.

어쨌든 수필의 영역이 넓고 그 성격이 다양하여 수필이 지니고 있는 특성도 역시 다양할 수밖에 없을 것이다.

수필의 본질과 개념을 좀더 이해하기 위해서 그 특성을 몇 가지간추려 설명하기로 한다.

　가. 수필은 주관적, 개성적이다

문학에 있어서 시든 소설이든 또는 희곡이든 간에 작자의 개성이드러나지 않은 작품이 없겠지만 이 수필만큼 적나라하게 개성이 노출되는 문학은 없을 것이다. 그래서 수필을 일컬어 '自照文學'이니 '自己의 심적 裸像'이니 하는 정의까지 내려졌을 것이다.

물론 시·소설·희곡 등에 표출되는 작자의 개성이나 주관은 기법이나 퍼스나 *personer* 등에 의하여 감춰지기 때문에 겉으로 드러나는 적나라한 면은 없다. 그러나 수필 속에는 작가의 심경·경험·취미·이상·철학·인생관·교양 등이 그대로 비춰져 나타나게 되는 것이다.

수필이 주관적·개성적인 문학임을 설파한 사람은 많다.

Boas는 "수필에는 작가의 기분과 개성이 나타난다. 다른 산문의 문학보다 직접으로 개성이 나타난다. 그렇게 되는 그 자신을 독자에게 직접 보여준다"고 말하고 있으며, 김진섭도 "다른 문학보다 더 개성적이며 심경적이며 경험적이다. 우리는 오늘날까지 위대한 수필문학 그 어느 것이 비록 객관적 사실을 취급한 것이라 하더라도 그 심경에 부딪치지 않은 것을 보지 못했다. 강렬하게 짜아내는 심경적이 아니요, 자연히 流露되는 심경적인 점에 그 특징이 있다"고 말하여 수필의 개성적인 특성을 지적해 내고 있는 것이다.

어쨌든 수필은 작가 자신의 고백문학이요 자연문학이며 적나라한 심적 裸像의 문학이기 때문에 주관적·개성적인 특성 위에 서 있다.

나. 수필은 형식이 자유롭다

흔히 수필은 무형식의 문학이라고 하는 것은 수필의 형식이 자유롭기 때문에 붙여진 이름이다.

가령 시를 씀에 있어서도 메타퍼니 리듬이니 해서 시작의 형식적인 제약이 있기 마련이고 소설에 있어서는 소설구성의 요소를 고려하여 구성·인물·주제·배경 그리고 시점·대화 등을 적절히 배합하는 형식이 따라야 하지만 수필은 이같은 형식적인 제약이 비교적 없게 된다.

그런데 이같은 무형식의 형식이 수필의 특성이기 때문에 아무나 자유로운 형식으로 쓸 수 있다는 데서 역설적으로 수필의 어려움이 있는 것이다. 이에 대하여 김진섭은, "수필에는 일정한 형식이 없고 또 모든 것이 수필의 재료가 될 수 있는 동시에 아무렇게나 마음대로 쓸 수 있는 데에 수필이 횡행·발호하는 이유가 있지만, 또 수필은 누구나 쓸 수 있고 쓰기도 쉬운 대신 좋은 수필을 얻기란 실로 곤란하다"고 말하고 있듯이, 이같은 수필의 자유로운 형식 때문에 외계 사물을 바라보는 통찰력이나, 인생을 차갑게 관조하는 지혜도 없이, 자유로운 마음의 산책을 할 수 있으리라는 용기를 아무나 가질 수 있기 때문에 문학의 질을 떨어뜨리는 수필이 많이 나오고 있으나 막상 수필다운 수필을 대하기는 실로 어려운 것이다.

다. 수필은 제재가 다양하다

다른 문학도 제재의 선택에 있어서 어떤 제한을 받는 것은 물론 아니지만 수필처럼 광범위하게 제재를 택할 수 있는 문학의 장르도 없다.

예를 들어서 소설이나 희곡에 있어서는 인생의 모습을 정돈된 상태로 기법에 의지하여 그려내지만 수필에서는 인생이나 사회나 자연이나 있는 그대로의 생생한 모습을 단편적으로 그려낼 수 있기 때문에 제재에 있어서 실로 다양하다고 말할 수 있을 것이다.

> 수필은 무엇이든지 담을 수 있는 용기라고도 볼 수 있을지니 무엇을 그것에 담든 그것은 오로지 필자 자신의 자유로운 선택에 맡길 수 밖에 없고 그래서 수필은 그 담은 내용과 그것을 요리하는 필자에 의하여 그 취향이 여러 가지로 변화할 것은 또한 물론이다. 그것을 요리하는 필자의 소질 여하에 의해서 혹은 경쾌한 漫文이 될 수도 있을 것이요, 혹은 조리 있는 비평이 될 수도 있을 것이요, 혹은 여운이 높은 산문시가 될 수도 있을 것이니 모든 사람에게 그리고 모든 영역에서 올 수 있는 이 수필의 종별이 변화무쌍할 것은 이치의 당연한 일이다.

이것은 김진섭이 <수필의 문학적 영역>에서 한 말인데, 이처럼 수필이라는 용기 안에 담을 수 있는 제재는 실로 다양하고 또한 재료 처리자인 작가에 의해서 같은 제재라도 변화무쌍하게 달라질 수 있는 것이다.

또한 "문학평론의 대상은 문학이요, 수필의 대상은 사유의 전영역"이라는 김동리의 말에서도 제재의 다양성을 이해할 수 있다. 인간의 사유능력이 미치는 전영역이 수필의 제재가 될 수 있기 때문에 철학과 종교 심지어는 과학에 이르기까지 수필이라는 이름을 붙여서 글을 쓸 수 있는 것이다. 이를테면 과학적 수필이니 종교적 수필이니 비평적 수필이니 철학적 수필이니 하는 용어가 씌어져 왔음은 이같은 수필의 제재의 다양성을 단적으로 말해 주는 것이 되겠다.

라. 수필은 비평정신의 문학이다

수필이 단순한 신변잡기나 잡다한 사색의 무질서한 나열에서 그쳐서는 문학이 될 수 없다.

수필의 자유분방한 형식과 제재의 다양성에서 오는 속성이 자칫 무성격의 산만한 문학으로 자신을 떨어뜨릴 수도 있으나 수필은 지성을 기반으로 해서 정서적이고도 신비적인 이미지를 표출해 내어 우리를 감동시키고 날카로운 비평정신을 발휘하여 잠자는 우리의 영혼을 흔들어 깨우는 지성의 섬광이 번뜩이기 때문에 문학으로서의 가치가 있는 것이다.

그런데 여기에 있어서의 비평정신은 얼음장처럼 차가운 지성의 칼날이 인생과 사회의 부정적 측면을 단호히 척결하는 날카로움도 있을 수 있으나, 유우머와 위트가 미소처럼 꽃 피고 보석처럼 반짝이는 속에 비평 정신은 은은히 발휘되어야 할 것이다.

이에 대하여 김석호는 <창작원론>에서 다음과 같이 말하고 있다.

> 수필에 풍자와 익살이 따르게 되는 것도 실은 그 날카로운 비평정신과 논리를 초월한 경박한 표현이 필연적 결과에 의하는 것이라 하겠다.
>
> 수필에 위트와 유우머가 소중하다는 것은 위트와 유우머 그 자체에도 의의가 있거니와 그것보다도 오히려 그것은 비평정신에서 오는 필연적인 결과라고 할 수 있겠다.

이와 같이 지성을 기반으로 하는 비평정신은 유우머와 위트로 인해서 더욱 그 진가를 나타낼 수가 있는 것이다.

그러므로 유우머와 위트를 동반한 비평정신은 수필의 생명이다.

평범한 자신의 신변잡기나 풍물의 단조로운 스케치가 수필이 될 수 없는 이상 거기에는 항상 달관과 통찰 뒤에 오는 날카로운 비평정신이 뒤따라야만 좋은 수필이 될 수 있을 것이다.

그러나 수필에 있어서의 비평정신이 독자를 흥분시키고 질서를 철저히 파괴하는 극단으로 흘러서는 안 된다.

> 수필은 흥미는 주지만 사람을 흥분시키지는 아니한다.
>
> 수필은 마음의 산책이다. 그 속에는 인생의 향취와 여운이 숨어 있는 것이다.
>
> 수필의 색깔은 황홀 찬란하거나 진하지 아니하여, 검거나 희지 않고 퇴락하여 추하지 않고 언제나 溫雅優味하다.
>
> 수필의 빛은 비둘기 빛이거나 진주 빛이다. 수필이 비단이라면 번쩍거리지 않는 바탕에 약간의 무늬가 있는 것이다. 그 무늬는 읽는 사람의 얼굴에 미소를 띠게 한다.
>
> 수필은 한가하면서도 나태하지 아니하고 속박을 벗어나서도 산만하지 않으며 찬란하지 않고 우아하며 날카롭지 않으나 산뜻한 문학이다.

이상과 같은 피천득의 말에서 수필에는 잔잔한 유우머와 위트가 번쩍거리지 않는 비단처럼 깔려야 됨을 알 수 있는데 이같은 유우머와 위트는 결국 비평정신에서 출발하고 있음을 알아야 한다.

수필에 비평정신이 있되 평론이 아닌 것은 논리를 앞세워 적극적으로 달려드는 비평이 아니고 이같은 유우머와 위트를 바탕으로 인성과 사회를 성찰하는 우원한 비평정신을 그 기본으로 삼고 있기 때문일 것이다.

이밖에도 수필의 특성은 산문형식의 대표적 문학이며 심미적 가치를 발휘하는 문학이라고 말할 수 있을 것이다.

5) 수필의 종류

수필이 취하고 있는 제재가 다양하고 형식이 자유로우며 작가의 개성이 주관적으로 분방하게 표출될 수 있다는 수필의 속성 때문에 수필의 종류 또한 견해에 따라 달라지고 있다.

즉 제재에 따라서 과학적 수필, 철학적 수필, 비평적 수필, 역사적 수필, 종교적 수필, 개인적 수필, 강연집, 설교집 등의 8종류로 구분하는 사람도 있고, 문학적 수필, 문학론적 수필, 지식적 수필 등의 3종으로 분류하는 사람도 있으며 미국의 백과사전에서는 10종류로 분류하기도 하지만 개인적 수필과 사회적 수필, 또는 軟隨筆과 硬隨筆, 혹은 重隨筆과 輕隨筆, 혹은 영문을 그대로 사용하여 인포멀 에세이 *informal essay*와 혹은 포멀 에세이 *formal essay*, 미셀러니 *miscellany*와 에세이 *essay*의 2종류로 분류하는 경향이 보편적인 현상이다.

그런데 수필의 2種說에 있어서 그 명칭이 다양함에도 불구하고 분류의 기준의 거의 흡사하기 때문에 별다른 차이는 없다고 보는데 이같은 2種說의 근거는 몽테뉴형의 주관적·개인적인 수필의 유형과 베이컨형의 객관적·사회적인 수필의 유형에서 그 연원을 찾을 수 있을 것이다. 그리하여 개인적인 신변잡기나 사색, 서간, 기행수필 등을 주관적으로 기술하면 개인적 수필, 연수필, 인포멀 에세이, 미셀러니가 되고 과학이나 역사, 철학, 종교 등 주로 사회적인 문제를 객관적 입장에서 취급하면, 사회적 수필, 중수필, 경수필, 포멀 에세이, 에세이가 되는 것이다. 그러나 이같은 용어들이 반드시 합당한 것만은 아니고 극히 편의적인 방편으로 사용되고 있음도 사실이다. 그래서 여기에서는 미셀러니와 에세이로 용어를 통일시켰는데 그 이유는 수필이 취하고 있는 제재를 중심으로 개인적인 수필과 사회적 수필로 나눌 수도 있겠으나 수필에 대한 작가의 태도, 즉 인생과 사회와 자연에 대한 담담한 태도인가, 아니면 적극적인 비평적인 태도인가에 따라 미셀러니와 에세이로 구분하고자 했던 까닭이다.

즉 미셀러니 *miscellany*라는 어의가 담고 있는 '잡동사니' '雜錄' '雜記'에서 극히 주관적이고 개인적인 마음의 산책을 엿볼 수 있고, 에세이 *essay*라는 어의가 담고 있는 '試論' '評論' 등의 의미에서 객관적이고 사회적이며 논리와 비판이 가미된 비평의 정신을 간파할 수 있기 때문이다.

가. 미셀러니

미셀러니는 이른바 몽테뉴형의 수필로서 주관적·객관적·사색적인 특성을 지니고 있는 수필이라고 볼 수 있겠다.

그러므로 이 수필은 개인의 신변에 관한 이야기, 개인의 가벼운 사색, 정답게 오고간 서간, 그리고 생활 주변에서 일어난 일들에 대한 단상 등이 이에 속한다. 따라서 미셀러니에는 개인의 뚜렷한 개성이 두드러지게 드러나고 정서적이고 신비적인 이미지의 표출이 특징적으로 부각된다.

우리나라의 이양하, 피천득 등의 수필이 이에 속하고 몽테뉴나 찰스 램 *Charls Lamb*의 수필도 미셀러니입니다.

여기에 이양하의 수필 하나를 소개해 본다. 천 마디 이론보다 작품 하나를 읽는 것이 더욱 효과적인 작품 이해의 길이 될 수 있기 때문이다.

臥牛山에 첫눈이 왔다. 하늘에는 달이 있고 엷은 구름이 있다. 寸雪도 못되는 적은 눈이나, 눈이 몹시 부시다. 강 건너 沙場 위에도 눈이요 멀리 희미하게 보이는 冠岳에도 눈이다. 하늘을 반 넘어 차지한 엷은 구름도 달빛을 받아 눈같이 희다. 온 하늘에 눈이 오고 온 땅에 눈이 왔다. 라라라트랄 라라라……기다란, 흰 수염을 휘날리는 臥牛山 소나무를 올려다보고, 달리는 달과 구름을 쳐다보고, 달이 숨으면 멀리 冠岳을 바라보고, 라라라트랄 라라라……나는 허둥지둥, 내 걸음은 바쁘고 내 마음은 기쁨에 뛰논다.

초라한 내 집이 오늘은 조금도 욕되지 아니하다. 산허리에 외롭게 있는 一間斗屋. 아니 내 집도 이렇게 아담하고 아름다웠던가. 여기도 눈이 쌓이고 달빛이 찼다. 문은 으레이 굳게 닫혀 있고 나를 기다린 개 한마리 있을 리 없다. 그러나 이것도 오늘 밤에는 조금도 나를 괴롭히지 않는다. 빈 뜰 숫눈 위에 첫 발자국을 내며 土房 위에 올라서 쿵쿵 한번 발을 굴러 눈을 털고 열쇠를 꺼내 쥐니, 오랫동안 비워두었던 別莊을 오래간 만에 멀리 찾아온 듯 모든 게 반갑고 신기스럽다. 지금 저기 한 가지로 흰 꽃을 피우고 있는 들장미와 무궁화, 그것은 내가 매일 바라보는 앙상하고 메마른 그 들장미, 그 무궁화가 아니다. 뜰 가에 꽃을 닭뿍 달고 쪼르르 나란히 서 있는 조그만 黃楊木들도 내가 오랫동안 잊어버렸던 귀염둥이들이다.

이 기쁨과 신기감은 문을 열고 방안에 들어서도 좀체로 덜리지 아니하다. 방은 확실히 내가 그제도 起居하고, 어제도 기거하고 오늘 아침 신문을 내던진 채 남겨두고 나간 방이다. 신문은 아직도 펼친 채로 놓여 있고, 다른 모든 것도 여전히 두서없이 쌓여 있고 벌어져 있다. 한마디로 하면 어제나 그제나 조금도 다름이 없이 음산하고 깨끗지 못한 방이다. 그러나 나는 아직도 여행을 하여 오래간 만에 비워 두었던 별장을 찾아왔다는 착각에서 자유롭지 못하다.

첫째 내가 거닐 때마다 쿵쿵 울리는 마룻소리가 신기롭다. 난로 안에서 탁탁 타는 장작불 소리도 확실히 보통 때와 다르다. 타는 나무향기가 유난히 높고 불꽃이 한층 더 찬란하다. 가만히 귀를 기울이면 밖에서 때때로 가벼운 발자국 소리가 들려온다. 나뭇가지에서 눈이 떨어지는 소리다. 앞 무궁화나무에서 떨어지는 소리다. 또 들린다. 저것은 아마 높은 뒤고욤나무에서 떨어지는 소리리라. 기쁜 순간이다. 찻그릇을 올려놓자. 차 끓는 소리가 들리기 시작하면 그로써 나의 오늘의 기쁨은 완전하리라.

나서 자라 학교에 입학이 되고, 방학 때가 되어 짐을 꾸려가지고 정거장으로 달려나가고, 좀더 자라 마지막 학교를 졸업하고, 처음 넥타이를 매고 어떤 회사나 관청에서 내일부터 출근하라는 통지를 받고, 가합한 여성을 얻어 府民館에서 결혼식을 올리고, 이어 금강산으로 신혼여행을 떠나고 또 얼마 아니하여 첫 아들을 낳고—우리 生의 기쁨이랄 기쁨이 대개 이러한 것으로 다하는 것이 아닐까? 어찌어찌 썼던 글이 책이 되고, 그 책이 팔려 집 하나가 생기고, 어떤 돈 많은 동무나 공공한 기관의 호의로 오랫동안 꿈꾸던 외국 유학의 길을 떠나게 되고, 또는 강원도 어떤 땅에 가져 두었던 금광에서 갑자기 노다지가 쏟아져 나와서 하루 아침에 백만장자가 된다. 이야말로 노다지, 기쁨, 천의 한 사람 만의 한 사람이나 가져볼 수 있을까? (중략)

여러분은 또 이러한 때를 생각해 보라. 오래간 만에 좋은 棋友를 만나 장기를 벌여 놓을 때, 아름다운 동무한테서 온 편지를 받아 들고 피봉을 뜯으려 할 때, 거리를 걷다 많은 사람 가운데 문득 벙글벙글 웃는 동무의 얼굴을 발견하였을 때, 어떤 모퉁이를 돌아서자 우연히 들려오는 피아노 소리를 들을 때, 극장이나 영화관에서 이제 막 시작되는 종이 울리고 이어 뛰이 하고 명랑한 음악이 쏟아져 나올 때, 또한 이제 한 10분만 있으면 이 학기 마지막 종이 울리고, 종이 울리면 길고 자유로운 여름방학이 시작되려고 할 때……또 여러분은 이러한 것을 생각하여 보라. 어린애의 조그만 주먹, 늙은 노인의 미소, 외로운 양의 눈동자, 참새의 고 가느다란 다리, 또는 아지랭이 낀 먼 산, 흐르는 시내, 잔디 위에 누워서 쳐다보는 아름아름한 봄하늘, 친한 동무와의 산보와 이야기……이러한 것은 모두 조그마한 기쁨이나마 우리의 한 때의 기분을 전환하고 우리의 그날 그날을 애상과 우수에서 건져내는 큰 힘이 되지 아니할까? 그리고 이러한 기쁨이야말로 어떻게 말하면 도리어 우리 인생의 참다운 기쁨이 되는 것이 아닐까?

— 이양하 <조그만 기쁨>에서

나. 에세이

에세이는 말하자면 베이컨형의 수필로서, 미셀러니가 주관적·개인적, 그리고 사색적인 유형인 데 반해서 에세이는 객관적·사회적, 그리고 警句的인 내용을 담고 있는 수필이라고 하겠다.

그러므로 에세이는 보편적으로 사회적인 현상을 예리하게 관찰하고 비판하여 객관법에 입각하여 표현하거나 심오한 철학적인 사고, 과학적인 사실 등을 지적이고 경구적인 방법으로 서술하는 수필이 될 것이다.

이런 경향의 수필을 쓰는 사람으로는 F. Bacon을 위시하여 우리나라의 김진섭, 안병욱, 김형석, 그리고 김태길 등이 있다. 역시 독자의 이해를 돕기 위해 작품 하나를 소개한다.

학문은 즐거움을 돕는 데에, 裝飾用에, 그리고 능력을 기르는 데에 도움이 된다. 즐거움으로서의 주효용은 혼자 閑居할 때에 나타난다. 장식용으로서는 담화 때에 나타나고, 능력을 기르는 효과는 일에 대한 판단과 처리 때에 나타난다. 숙달한 사람은 일을 하나하나 처리하고 개별적인 부분을 판단할 수 있을지 모른다. 그러나 일에 대한 전반적인 계획·구상·통제에 있어서는 학문 있는 사람이 제일 낫다.

학문에 지나친 시간을 소비하는 것은 나태하다. 그것을 지나치게 장식용으로 쓰는 것은 허세다. 하나에서 열까지 학문의 법칙으로 판단하는 것은 학자의 버릇이다. 학문은 天稟을 완성하고 경험에 의하여 그 자체가 완성된다. 그것은 天賦의 능력이 마치 천연 그대로의 식물과 같아서 학문으로 剪枝를 할 필요가 있기 때문이다. 그리고 학문이 경험에 의하여 한정되지 않으면, 그것만으로는 거기에 제시되는 방향이 너무 막연하다. 약삭빠른 사람은 학문을 경멸하고, 단순한 사람을 그것을 숭배하고, 현명한 사람은 그것을 이용한다. 즉 학문의 용도는 그 자체를 가르쳐주는 것이 아니라, 그것은 어디까지나 학문을 떠난, 학문을 초월한 관찰로써 얻어지는 지혜에 속하는 문제이기 때문이다.

반대하거나 논박하기 위하여 독서하지 말라. 또한 믿거나 그대로 받아들이기 위해, 혹은 얘기나 논의의 밑천을 삼기 위하여 독서하지 말라. 다만 裁量하고 고찰하기 위하여 독서하라. 어떤 책들은 그 맛을 볼 것이고, 어떤 책은 내용을 삼켜 버릴 것이고, 어떤 소수의 책은 씹어서 소화해야 한다. 즉 어떤 책은 다만 그 몇 부분만 읽을 것이고, 어떤 책은 다 읽긴 하더라도 세밀하게 주의해서 읽을 필요는 없고, 어떤 소수의 책은 정성껏 주의해서 통독해야 한다는 뜻이다. (중략)

역사는 사람을 현명하게 하고, 시작은 지혜를 주고, 수학은 섬세하게 하고, 자연과학은 심원하게 하고, 윤리학은 중후하게 하고, 논리학과 수사학은 담론에 능하게 한다. 학문이란 '발전하여 인격이 된다'. 그뿐 아니라, 적당한 학문으로 제거할 수 없는 지능의 障害故障이란 있지 않다. 그것은 마치 육체의 질병에 대하여 거기에 적당한 치료운동이 있는 것과 같다. 예를 들면, 投球는 結石病과 신장에 좋고, 사격은 폐와 가슴에 좋고, 가벼운 보행은 위에 좋고, 승마는 머리에 좋은 것 등이다. 그러므로 만일 누가 사고의 침착성이 없다면 수학을 배우게 하는 것이 좋다. 그것은 조금이라도 머리가 산만해지면 처음부터 다시 시작해야 되기 때문이다. 만일 식별력이 없고 차이를 발견할 능력이 부족한다면, 스콜라 철학자를 연구하는 것이 좋다. 그들은 머리털 하나라도 갈라볼만큼 치밀한 사람들이기 때문이다. 만일 문체를 충분히 음미하고, 한가지 것을 증명하고 예증하기 위하여 다른 것은 제시할 능력이 불충분하다면 법률의 판례를 연구하는 것이 좋다. 이와 같은 모든 정신적 결함에는 거기에 각기 특수한 요법이 있는 것이다.

— 'F. Bacon ＜학문＞에서

2. 수필을 어떻게 쓸 것인가

1) 수필의 구성요소

수필이 아무리 자유롭게 형식에 구애됨이 없이 쓰는 글이라지만 여기에도 기본적인 구성요소는 있게 마련이다.

보편적으로 수필 구성의 3요소로서 주제·구성·문체를 들기도 하고 4요소로서 소재·문체·주제·구성 등을 드는 것이 보통이다.

가. 수필과 소재

수필이 다룰 수 있는 소재는 그야말로 우주의 삼라만상 모두가 이에 해당된다고 하겠다. 그러나 이같은 소재가 모두 수필의 좋은 소재가 될 수 있는 것은 아니다. 작가가 주제를 나타내기 위한 재료가 곧 소재이기 때문에 주제를 표출하는 데에 무리가 없는 소재여야만 수필의 소재로서 선택될 수 있는 것이다. 이같이 작자에 의하여 취사선

275

택된 소재를 제재라 한다.

그런데 소재를 선택함에 있어서 주관성과 객관성이 있어야 한다는 말들을 흔히 하는데, 이것은 수필 자체가 다분히 주관적이고 개성적인 문학이면서도 그 당시의 시대 상황이나 사회 여건에 맞는 소재여야만 된다는 객관적인 제약이 있는 것이다.

수필의 소재는 실로 무한하다. 그러나 막상 독자에게 정서적인 감흥을 주고 예지로운 인생이나 사회의 한 편린을 보여주는 소재를 찾기란 그리 쉬운 일이 아니다. 평범하면서도 새로운 소재, 독자의 공감 속에 읽히는 소재, 주제가 담길 수 있는 소재, 자신의 능력으로 소화시킬 수 있는 소재를 택해야만 수필로서 성공할 수 있는 것이기 때문이다.

나. 수필과 구성

주제를 표출해 내기 위한 기법이 곧 구성이라 할 수 있겠는데 아무리 좋은 소재라 해도 구성의 기법이 잘못되면 주제를 드러내지 못하고 수필의 예술성을 살릴 수 없게 된다.

좋은 재료를 가지고 있으면서도 설계도가 없다면 집을 지을 수 없듯이 문학에 있어서의 구성은 건축에 있어서의 설계도와 같은 것이다.

그런데 이같은 구성은 작품의 주제를 향하여 모든 기법이 전체적으로 통일적이고 유기적으로 짜여져 동원돼야만 효과적임은 두말할 것 없다.

수필에 있어서의 구성은 대체로 단순구성 *simple plot*, 복합구성 *intricate plot*, 산만구성 *loose plot*, 긴축구성 *organic plot*으로 나누어 생각할 수 있다.

단순구성은 하나의 이야기를 단순하게 전개시켜 나가기 때문에 인상의 통일을 기할 수 있고 주제가 명백히 드러나는 장점은 있으나 평면적인 이야기에 그쳐 버릴 위험도 있다.

한편 복합구성은 두 가지 이상의 이야기나 줄거리 등이·합쳐져서 하나의 주제를 이루는 구성법으로서 자칫하면 주제가 흐려지고 짧은 수필에서는 세밀하게 이야기를 끌고 나가지 못하는 단점이 있으나 이희승의 <淸秋數題>와 같이 버러지·달·이슬·창공·독서 등과 같은 가을을 상징하는 제재들이 대등한 위치에서 나열되어 한결 주제를 부각시켜 주거나 다양한 변화감을 느끼게 하여 명쾌한 신선감을 주기도 한다.

한편 산만구성은 붓 가는 대로 이것저것 산만하게 써 가는 구성인데 이같은 산만성 속에서는 전체적으로 통일된 인상을 주고 주제를 선명히 나타내야 한다. 위트와 유우머가 종횡무진 구사되고 있는 양주동의 수필 등이 한 예가 될 수 있을 것이다.

마지막으로 긴축구성은 수필의 서두에서부터 종말까지 유기적인 관계로 짜여진 구성법이다. 이같은 구성법은 자칫 논리적이고 체계적인 면에 집중되어 정서적인 감흥이나 담담한 희열같은 것이 결여될 소지가 있는 구성법이다. 주제를 가장 뚜렷이 나타낼 수 있는 구성법이기는 하다.

다. 수필과 문체

문체는 주제와 가장 가까운 거리에서 주제와 밀착된 구성요소 중의 하나라고 볼 수 있다. 또한 작자의 개성이 가장 두드러지게 나타나고 있는 것이 이 문체이다. 그러므로 같은 소재를 대상으로 글을 쓰더라도 문체에 따라서 인상이 달라질 수 있고 심지어는 주제가 바낄 수도 있는 것이다.

이처럼 문체는 작자 자신의 체온이며 인격이다. 그러기에 Boas도

> 문체에는 두 영역이 있다. 첫째는 문체는 사람이다. 그것을 느낄 수 있
> 고 서술할 수 있으며 경험할 수 있고 감지할 수 있으나, 그것을 분석할
> 수는 없다.
> 둘째로 문체는 작가의 인격을 표현하는, 말하자면 인격내부를 구체화
> 할 수 있는 구체적인 방법이다.

라고 설명하고 있는 것이다.

가령 양주동과 피천득의 수필에 있어서 문체를 비교해 보면 두 사
람의 개성이 금방 드러나고 만다.

말하자면 양주동의 문체는 유우머와 위트가 폭포수처럼 쏟아지는
호쾌한 문체요, 피천득의 문체는 돌 틈에서 흘러내리는 잔잔한 도랑
물 같은 섬세한 문체다.

이같은 수필의 문체에서 두 사람의 성격이나 개성, 심지어 인품이
나 인생관까지 엿볼 수 있게 한다.

두 사람의 작품을 읽어보기로 하자.

> 첫번 일은 어려서 시골서 어느 喪家에 갔더니, 喪主가 스틱을 양손에
> 맞춰고 서서 소위 곡을 하는데, '아이고, 아이고' 소리가 울음이 아니라,
> 단조로운 베이스의 유장한 노래였다. 그러면서 한편으로 사람들에게 조
> 상을 받으며 한편으로는 부의금 수입 상황을 執事者에게 물어보며, 또
> 家人들에게 잔일 기타 무엇을 지휘하며, 그러다가 문득 생각이 나면 '아
> 이고, 아이고', 끝날 줄 모르는 경음악이다. 내가 그것이 하도 우스워서
> 그야말로 나도 모르게 滿堂의 조객이 모두 침통한 얼굴로 묵묵히 앉아
> 있는 중에 돌연히 '하하하하' 漢字로 번역하면 '呵呵大笑'를 그대로 말
> 한 것이다. 그래 동리 늙은이에게 단단히 꾸중을 듣고 자리를 쫓겨나와

뒷산에 올라 또 한바탕 남은 웃음을 실컷 웃은 기억이 있다.

뒤에 문학서를 보다가 중국 晉代에도 陵藉, 枯康 등 이른바 淸談者流
들이 이 비슷한 언동을 한 것을 알았고, 그 사상이 멀리 老·壯에 연원
됨과 그들과 내가 공자의 이른바 狂狷의 무리에 속함을 알았다.

― 양주동 ＜웃음설＞에서

잠이 깨면 바라보려고 장미 일곱 송이를 샀다.

거리에 나오니 사람들이 내 꽃을 보고 간다. 전차를 기다리고 섰다가
Y를 만난다. 언제나 그는 나를 보면 웃더니 오늘은 웃지 않는다. 부인이
달포째 앓는데, 약 지으러 갈 돈도 떨어졌다고 한다. 나에게도 가진 돈이
없었다. 머뭇거리다가 부인께 갖다 드리라고 장미 두 송이를 주었다. Y와
헤어져서 동대문행 전차를 탔다. 팔에 안긴 아이가 자나 하고 들여다 보
는 엄마와 같이 종이에 쌓인 장미를 가만히 들여다 보았다. 문득 C의 화
병에 시든 꽃이 그냥 꽂혀 있던 것이 생각났다. 그때는 전차가 벌써 종로
를 지났으나 그 화병을 그냥 내버려 두고 갈 수는 없을 것 같았다. 나는
전차에서 내려 사직동에 있는 C의 하숙을 찾아갔다. C는 아직 들어 오질
않았다. 나는 그의 화병에 물을 갈아 준 뒤에 가지고 갔던 꽃 중에서
두 송이를 꽂아 놓았다. 숭삼동에서 전차를 내려서 남은 세 송이의 장미
가 시들세라 빨리 걸어가노라니 누군지 뒤에서 나를 찾는다. K가 나를 보
고 웃고 있었다. 애인을 만나러 가는 모양이었다. K가 내 꽃을 탐나는 듯
이 보았다. 나는 남은 꽃송이를 다 주고 말았다. 그는 미안해 하지도 않
고 받아 가지고는 달아난다.

집에 와서 꽃 사가지고 오기를 기다리는 화병을 보니 미안하다. 그 꽃
일곱 송이는 다 내가 주고 싶어서 주었지만 장미 한 송이도 가져서는 안
되는 것 같아서 서운하다.

― 피천득 ＜장미＞에서

라. 수필과 주제

모든 글에 작자가 말하고자 하는 의도, 즉 중심되는 사상이 없다

면 그 글이 아무리 향기있는 어휘와 잘 짜여진 구성으로 몸을 휘감 았다 하더라도 읽고 나서 남는 것은 아무 것도 없게 될 것이다. 그러 므로 문학작품으로서의 가치를 발휘하려면 화려한 외양 못지 않게 내실이 중요한 것이다.

그런데 수필의 주제를 선정함에 있어서는 너무 무겁고 어려운 것 은 피해야 한다. 부담없이 읽고 나서 가슴에 와 닿는 잔잔한 여운을 느낄 정도의 감동을 주면 주제로서 성공한 것이다.

또한 주제는 소재를 통하여 나타낼 수 있는 것이므로 소재에 적합 한 주제를 선정해야만 할 것이다.

그리고 작가로서 능히 처리할 수 있는 주제를 택해야 한다. 자신 의 능력으로 처리할 수 없는 주제에 매달리다 보면 꾸밈이 많고 수 필로서의 담백한 情味를 잃고 衒學에 떨어져 버릴 수가 있다.

2) 좋은 수필의 요결(要訣)

좋은 수필을 쓰려면 어떤 점에 유의해야만 하는가. 문장력과 표현 의 기술만 훌륭하다고 좋은 수필을 쓸 수 있는 것은 아니다. 또한 풍 부한 교양과 심오한 지식이 좋은 수필을 쓸 수 있는 절대적인 요소 도 아니다. 모름지기 수필을 쓰려면 인생과 자연과 우주에 대한 투철 한 통찰력과 달관이 우선돼야 한다. 그리하여 담담히 사물을 관조하 고 이성으로서 감정을 다스릴 수 있는 인간적인 자세가 확립돼야만 한다. 흔히들 수필을 쓸 수 있는 나이를 중년 이후로 잡는 것은 이 때문이다.

이같이 성숙한 인간미의 바탕 위에서 수필을 써야만 독자의 심금 을 울려주는 좋은 수필이 탄생될 수 있을 것이다.

그러면 구체적으로 좋은 수필을 쓸 수 있는 기법과 자세에 대해서 살펴 보기로 하겠다.

가. 개성이 드러날 것

수필처럼 적나라하게 작자의 개성이 드러나는 문학도 없다는 것은 앞에서 알았다. 그러므로 수필은 작자의 개성이 최대한 드러나도록 숨김없이 써야 한다.

여기에서의 개성은 着想이나 문체면에서 드러나게 되는데, 평범하다고 인정되어 버려진 이야기와 풍물 속에서도 작자의 개성에 따라 얼마든지 기발한 착상이 떠오를 수 있으며 이를 표현하는 문체도 자기만의 체취를 풍기도록 써야 한다.

> 길 복판에서 6, 7인의 아이들이 놀고 있다. 赤髮銅膚의 半裸群이다. 그들의 혼탁한 안색, 흘린 콧물, 두른 배무렁이, 벗은 우통만을 가지고는 그들의 성별조차 거의 분간할 수 없다. 그러나 그들은 여아가 아니면 남아요 남아가 아니면 여아인, 결국에는 귀여운 5, 6세 내지 7, 8세의 아이들임에는 틀림없다. 이 아이들이 여기 길 한복판을 선택하여 유희하고 있다. (중략)
>
> 아이들은 짖을 줄 조차 모르는 개들과 놀 수는 없다. 그렇다고 먹이 찾노라고 눈이 뻘건 닭들과 놀 수도 없다. 아버지도 어머니도 너무나 바쁘다. 언니 오빠조차 바쁘다. 적시 아이들은 아이들끼리 노는 수밖에 없다. 그런데 대체 무엇을 가지고 어떻게 놀아야 하나, 그들에게는, 장난감 하나가 없는 그들에게는 영영 엄두가 나서지를 않는 것이다. 그들은 이렇듯 불행하다.
>
> 그것은 五分이다. 더 이상 더 길게 이 짓을 하자면 그들은 피로할 것이다. 순진한 그들이 무슨 까닭에 피로해야 되나? 그들은 위선 싱거워서 그 짓을 그만 둔다.
>
> 그들은 도로 나란히 앉는다. 앉아서 소리가 없다. 무엇을 하나, 무슨 종

류의 유희인지 유희인 모양인데——이 권태의 倭小人間들은 또 무슨 기상천외의 유희를 발명했다.

五分 후 그들은 비키면서 하나씩 둘씩 일어선다. 제각기 대변을 한 무더기씩 누어 놓았다. 아! 이것도 역시 그들의 유희였다. 속수무책의 그들의 최후의 창작 유희였다. 그러나 그 중 한 아이가 영 일어나지를 않는다. 그는 대변이 나오지 않는다. 그럼 그는 이번 유희의 못난 낙오자에 틀림없다. 분명히 다른 아이들 눈에 조소의 빛이 보인다.

아! 조물주여, 이들을 위하여 풍경과 완구를 주소서.

— 이상 <권태>에서

빈민촌 아이들의 유희, 특히나 대변누기 유희를 벌이다가 한 아이가 대변이 나오지 않아 낙오자가 되는 이 서글픈 모습을 작자 이상은 역설과 자조의 개성있는 문체로 희화화하고 있다. 참으로 기발한 착상과 문체가 아닐 수 없다.

나. 품위를 잃지 말 것

고상하고 점잖은 어휘를 가려 쓰고 기품이 있는 척 문장을 꾸미라는 뜻으로 품위를 말하는 것은 아니다.

수필이 난이요 학이요 청자연적이라는 말은, 俗氣가 없이 淡雅한 운치를 지녀야 한다는 말로서 수필 속에 지은이의 품위가 은은히 내비쳐야 한다는 뜻이다.

경망스럽지 않고 차분한 정서가 느껴지도록 수필 속에서 품위를 지키는 일은 대단히 소중한 일이다.

고향에 돌아온 지 어언 여러 해가 된다. 흔히 항간에서는 낙향이라고들 말하지만, 낙향이 아니라 귀향이요, 귀거래 전의 심정에서 옛 보금자리를 찾아왔던 것이다.

새소리에 날이 밝아 오고 파도처럼 밀려오는 松籟에 해가 저무는 속에 나는 오늘도 담담히 잔을 기울이다가 그만 하루해를 보내고 있다. 매화도 늙고 보면 성근 가지에 한두 송이 꽃을 꾸면 족하듯이, 이제 나는 허울을 다 떨어 버린 한 그루 古梅로 그저 무념무상이면 넉넉하다.

회고하면 모두 아득한 옛날, 내 주변을 지켜주고, 보살펴 주던 친구들의 소식은 이젠 산너머 오고가는 한 점 구름처럼 내 마음의 한 구석을 지나가는 그림자요, 산골을 흘러내리는 물 위에 떠 가는 꽃잎파리들이다.

— 이병기 <가람文選 序>에서

韓山細紵 하이얀 모시 두루마기를 두른 정갈한 노인이 亞字 창문에 기대어 흰 구름 떠 가는 청산을 그윽히 바라다보고 앉아 있는 듯한 품위가 새록새록 풍겨나는 高雅한 글이 아닐 수 없다.

다. 미사여구에 집착하지 말 것

과거 우리의 문장은 상투적인 미사여구에 너무 집착하여 문장으로서의 리얼리티를 상실하고 과장이나 꾸밈이 많았었다. 그러나 문장에 있어서 미사여구가 많으면 경망스러운 느낌과 함께 리얼리티가 느껴지지 않게 된다.

수필은 꾸밈없이 자연 그대로의 자신을 투영해서 보여줘야 하는 것이기 때문에 문장에 꾸밈이 지나쳐서는 안 된다.

무작정 아름다운 어휘만을 총동원하여 수식된 문장을 서투른 化粧術에 망쳐 버린 미인의 얼굴을 대하는 것보다 더욱 민망스러운 일이다. 또한 수식이 지나치다 보면 작가의 의도가 애매모호하게 흐려져서 주제가 선명하게 부각되지 않는 약점도 노출하게 된다.

따가운 정오의 이글거리는 태양이 구리빛 육체 속으로 파고들어, 내몸에서는 끈끈한 비지땀이 홍수지듯 흘러내리고 질식할 것만 같은 대기의 열기에 거칠어진 내 호흡은 길게 혀를 빼 물고 기진맥진 식식거리는 오뉴월의 개처럼 가빠지기 시작한다.

— 어느 대학생의 수필 중에서

지나치게 수식이 많고 과장된 표현으로 인하여 문장이 생명을 잃고 있는 어느 대학생의 글인데, 이처럼 흥분된 글을 쓰게 되면 수필이 품위를 잃게 될 뿐만 아니라 진실성이 없어 보일 것은 물론이다. 소박하면서도 생생한, 담담하면서도 가슴을 울리는 문장력의 수련이 있어야 좋은 수필을 쓸 수 있게 된다.

라. 유우머와 위트가 있을 것

문장에서 유우머와 위트가 있으면 우선 지루하지 않고 흥미를 느낄 수 있다는 장점이 있다. 그러나 글 속의 유우머와 위트가 단순한 흥미의 차원에 머물러서는 안 된다. 유우머와 위트라는 것은 현상에 대한 하나의 비평 수단에 지나지 않는 것이다. 부정적인 현상을 노골적으로 꼬집어 비판하는 살벌한 문장보다는 은근히 빗대어 해학을 유발시키는 문장이 더욱 인간적이고 정적이다.

양주동의 수필에는 이같은 유우머와 위트가 담겨져 있어서 읽는 이의 흐뭇한 웃음을 자아내는 特長이 있다.

대학강단 30여년 간에 사랑하는 학도제군들의 교사로서 본의 아닌 선의의 <거짓말>을 부득이 몇 번 한 적이 있다. 대개 학생들의 뜻밖의 <賢問>에 대한 나의 창졸간의 窮餘의 거짓말——<愚答>이었다. 그러나 '君子는 可欺以方'이라고, 역시 일면의 진리는 포함한 <거짓말——참말>이었다 할까. (중략)

284

T 대학에서

──선생님, 왜 서양사람은 모조리 키가 큰데, 우리 한국사람은 이렇게 키가 작을까요?

──두 가지 이유, 첫째 저들은 의자에 다리를 쭉 뻗고 앉아 <해외>나 <창공>을 멀리 바라보며 왔는데, 우리 조상들은 온돌 아랫목에 꼬딱 윈장을 틀고 도사리고 앉아 논마지기 수탈할 생각이나 첩 얻을 생각이나만 해왔거든. 그러니 정갱이나 모가지가 발달했을 리가 있나? 그런데 둘째, 더 근본적인 이유는 연애결혼의 산물이 아닌 때문이여. 태어난 <모티브>부터 부자유했으니, 큼직한 결과가 있을 수 없지. 우리 민족도 옛날 두 다리를 쭉 뻗고 살며 남녀가 자유로 결합하던 시대──이를테면 고구려 시대엔 키가 훨씬 컸었다네. 고구려는 말고 고려시대 고분에서 나오는 뼈다귀를 보아도 정갱이 뼈가 지금 우리것보다 배나 길데. 요컨대, 사람의 키가 후리후리하려면, 먼저 그 생활이 후리-후리 Free? 해야지.

──그럼, 선생님, 왜 서양인은 살빛이 흰데 동양사람은 누럴까요?

──자네들, 다윈의 진화론의 환경설과 保護色說을 모르는가? 요컨대 동양의 흙은 대개 黃土임에 반하여, 서양의 흙은 대체로 흰 빛이거든──아직 두루 다녀보지는 못했으나 그것은 지리학상으로 논증되겠지. 동양엔 黃河, 黃海가──서양엔 白泥(耳)義, 白(伯)林, 미국엔……어어 <白堊館>이 있지요.

──에끼, 이 사람!

─양주동 <愚問賢答抄>에서

제6장

비평문학이론

1. 비평이란 무엇인가
2. 비평의 유형
3. 비평의 방법
4. 비평의 제문제
5. 현대한국에 있어서 문학평론

1. 비평이란 무엇인가

1) 문학의 장르로서의 평론

'평론'과 '비평'이 같은 뜻으로 쓰이는 경우가 많다. 일반적으로 <영한사전>을 보아도 Criticism의 譯語에는 '비평', '평론'이라 풀이되고 '문예평론' 즉 '문예비평'이란 해석이 보편적이다.

그러나 어떤 문학자는 '평론'과 '비평'을 구별해서 '비평과 이론을 겸비한 것이 <비평론>이다'고 말하기도 한다. 그 경우 '비평'이란 아직 이론을 갖지 않는 것이라고 할 것이다.

평론의 대상은 실로 광범하다. 정치·경제·사회·인생·예술·과학·스포츠와 같이 여러 분야가 있고 같은 예술분야 가운데도 문학평론·연극평론·음악평론 등으로 세분화되어 간다. 더욱이 한 분야의 평론은 그 분야의 넓이에 그치지 않고 넓은 이해 속에서 일종의 문화평론이란 성질을 띤다. 어쨌든 자신이 대상으로 끄집어낸 것에 대해서 결점을 찾아내고, 그 장점을 자랑하고 판단하고, 비교 또는 분류하고 감상하는 역할이 평론의 기능이라고 생각케 된다. 그것들은 흔히 지적인 조작에 의해서 성취되는 셈이다.

여기서 취급하려는 것은 평론 속에서 특히 문학을 대상으로 하는 평론, 즉 문학평론에 대해서이다.

물론 문학평론이 문학의 하나의 장르로서 생각할 수 있을까 하는 문제가 남는다. 전적으로 문학이란 것은 형상화를 수반하는 것이지만 문학평론이 가령 문학 속의 한 장르로 꼽힌다면, 그 문학평론은 형상화되고 문학으로 된 것이 아니면 안 된다는 엄밀한 견지에서 어려운 문제에 봉착하게 된다.

실상 문학평론 속에는 형상화라고 인정할 수 없는 문학연구라고 할 수 있는 것이 적지 않다. 그리고 동시에 문학평론도 자기 표현이고 문학이라고 하는 훌륭한 형상화를 성취한 비평가의 평론도 있다.

이와 같은 점으로 상당한 의문이 제기되지만 어떤 한 시대의 문학에 선행해서 있어야 할 이상의 문학을 선도하고 혹은 한 시대문학의 뒤를 정리·종합해서 이론화하는 문학평론이란 것이 문학 속의 딴 장르와 표리일체의 평태로 역학적으로 시대문학을 형성해 가는 것을 볼 때, 문학평론이란 것도 하나의 문학의 장르로 생각하는 것이 바람직할 것이다.

특히 우리나라의 경우 갑오경장 이후 이른바 근대문학, 그 이전의 문학에 대한 특색의 하나는 문학평론이라는 것이 독립해서 문학의 장르 속에 가산되어 문학 근대화가 추진되어 갔다는 점이다. 문학평론이란 것이 문학 그 자체를 엄연한 예술 속의 한 장르로 독립적인 가치가 있는 것으로 인정된 것은 적어도 1920년대 동인지문학시대를 거쳐 프롤레타리아문학시대라고 간주된다.

2) 감 상

감상이란 예술작품을 감상하고 그 성질이나 가치를 완성하는 일이다. 그것은 우선 맛보는 것이 주이고, 지적으로 이해하는 것이 아니라고 할 수 있다. 그러나 문학감상의 경우 우리가 작품을 읽고 충분히 맛보기 위해서는 享受할 뿐만 아니라 관조나 미적 판단의 계기를 스스로 간직하기 때문에 전혀 능동적이고 지적 조작이 없다 하겠다. 현대의 시와 소설에는 수법이 몹시 복잡한 것이 있어서 한 번 읽어서 쉽사리 이해키 어려운 작품이 허다하다. 따라서 독자 스스로 깊이 생각하면서 읽어야 하는데 일반적으로 작품을 완전히 읽어내기 위해서 감상·비평·연구의 협동작업이 바람직한데 비평연구는 지적 조작이고 학문적 분석을 수반하지만 감상은 주로 독자의 향수이고 수용으로서 감수성에 의지하는 면이 강하다. 그러나 그때 단순한 감정이나 정서의 활동뿐만 아니라 지적 활동도 포함되고 있음을 잘 알고 있다. 요컨대 감상의 원초적 형태는 작품에 몰입하거나 동화하는 것이지만 감상이 깊어감에 따라서 읽어가는 안식의 성장이 병행된다. 바꾸어 말하면 享受란 수동적 형태로부터 비평(여기서 말하는 비평은 비교분석을 포함한 학문적·조직적 비평은 아니다)라는 보편적 자아의 요구에 기초한 능동적 형태까지를 포섭하게 된다.

쉽게 말하면 문학은 무엇을 어떻게 표현하는가에 문제가 있다. 주제·구성·소재·서술이 종합되어 기능적인 아름다움을 발휘한 것이다. 독자는 이것에 몰입해서 동화하는 것으로 감동하고 도취하는 사이에 작품으로부터 갖가지 영향을 받는다. 영향은 작품과 독자와의 상관관계에 의한 것이기 때문에 작품의 질의 문제와 독자의 감수성의 강약이라든가 지향의 고저 등이 서로 조화되어 그 성질이 좌우되게 된다.

구체적으로 말한다면 저속한 문학과 고급한 문학과는 독자층이 다르고 같은 작품이더라도 일반독자와 전문가는 읽는 능력도 다르다. 비유하자면 문학은 약이 육체에 미치는 작용을 정신에 끼칠 수 있다. 약이라 하더라도 약이 되지 못하는 것이 있는가 하면 내장장애를 일으킬 수도 있고 잘 적응하면 건강을 회복 증진할 수도 있다.

따라서 우리들은 정신적 욕구의 자기 진단과 처방을 그릇되게 해서는 안 된다. 질이 높은 작품을 읽어가는 중에 독자의 인생내용을 넓고 깊게 그리고 풍부하게 해준다. 그것은 마치 좋은 그림이 감상안목을 높여 주듯이 훌륭한 문학작품을 읽으면 작가의 세계관이나 인생관에 의해서 정신이 정화되고 인생인식을 넓히게 되어 무의식 중에 독자가 변모되어 간다. 동시에 감수성도 또한 증폭되어 작품의 가치도 식별하게 된다. 우리들이 읽는 책에는 소일거리로 읽는 것도 있지만 어떤 의미든 인생에 관련되게 하기 위해선 영양가치가 풍부한 작품을 찾아 감상할 필요가 있다.

흔히 독서할 때 우리들은 기성관념이나 문제관념을 갖고 작품감상을 할 때가 있다. 그럴 경우 자칫하면 거기에 편중해서 내용을 소홀히 하게 된다. 물론 문학을 통해서 풍속이라든가 사상과 같은 것을 검토하려고 할 때는 목적이 문학 그 자체의 감상에 있지 않기 때문에 다르지만 문학 그 자체를 감상하려고 할 때는 먼저 성실히 읽어가는 것이 첩경이다.

즉 허심탄회하게 자연에 접하는 태도로 임해야 한다는 것이다. 이와 같은 태도는 작품 감상에도 필요하고 감상의 출발점이 되고 종착점이 된다. 감상에는 몇 단계로 층이 있게 된다. 이를테면 通讀·精讀·吟讀과 같은 감상단계도 생각할 수 있고, 독서태도에 따라서 耽讀·愛讀·亂讀도 있겠고, 밀도에 따라 素讀·熟讀 등 여러 형태가 있다. 다만 독서태도로 보면 이 通讀·吟讀의 단계로서는 특히 허심탄회한 감상이 바람직하다. 그러나 단계가 있다 해도 언제나 이런 과정을 밟을 필요는 없을 것이다. 작품에 따라서는 통독만 할 수도 있고, 또 어떤 독자는 정독해야만 만족하는 경우도 있다. 목적이나 방법에 따라서 그 방법이 일정치 않다는 것이다.

허심탄회하게 감상한다는 것은 작품과의 고독한 대화를 하는 일이 ﹒고 작품에 나타난 개성과의 단독대면이라고도 할 것이다. 즉 자기의 감수성을 신뢰하고 자기의 안목으로 관찰하는 셈이다. 감수성에도 深淺厚薄이 있어 생활경험이나 인생체험의 폭에 따라 개인의 감수성은 진폭이 있게 되는 것은 당연하다. 감상을 되풀이해 가는 과정에서 자기의 감수성을 풍부히 해 가는 것은 가능하다.

그러나 이때 자기본위의 독서란 자기의 감수성을 신뢰하고 허심탄회하게 감상해 가는 일이다. 허심탄회한 독서 이전에 작품의 본질이 정상적인 모습으로 파악되고 감상의 보편적인 성과도 기대할 수 있다. 허심하게 작품을 대하더라도 불만이나 의문을 가질 수 있을 것이다. 그것은 오히려 바람직한 일로 바로 비평이 시작되는 단서가 되고 감수성의 진작에 계기가 될 수도 있다.

감상이 깊어지고 감상력이 높아짐에 따라서 많은 참고 의견이 필요하게 된다. 작품이 창조주체에서 독립해서 감상에 의탁하게 되는 것은 바람직한 일이다. 그로부터 작가에 대한 전기·사상(문학관, 세계관)·문체를 이해하거나 작품이 출산된 시대의 역사사회적 조건을 생각하는 것은 절실하다. 작가 자신에 의한 창작경험담이나 창조동기 등을 검토하는 것은 필요하시만 삭품 상호간의 비교에 의한 전개사를 이해하는 것도 중요하다. 또한 고전의 경우는 문헌적·서지적·풍속사적·언어적 조사도 필요하고 取材源의 탐구도 참고가 된다.

그러나 이같은 작업은 전문적·학문적 영역에 속하기 때문에 감상에 있어서는 그 성과를 참고하면 된다. 단지 객관적 사항은 움직일 수 없지만 비평가·연구가의 주관적 판단은 어디까지나 참고이고 결론은 감상사 사신이 내놓아야 할 것이다. 예리한 통찰과 새로운 의견에 의하여 작품을 관조하기 위해서는 감상자 자신의 노력이 필요하다 할 것이다. 그것에는 비평이나 연구를 매개로 한 차원 높은 감상을 의욕해서 단순한 인상주의에 빠지는 것을 피해야 할 것이다.

3) 비평으로서의 구조 분석

지금까지 보아온 비평, 그 자체의 발전 동향을 생각해 보면 우리들이 작품에 접근할 때 그것이 인상적으로가 아니고 본질적으로 파악되지 않으면 문학을 문학으로 파악한 것이 못 된다 할 것이다. 그리고 그것은 외재적으로가 아니고 내재적으로 파악해야 하고 그렇게 함으로써 비로소 문학의 자립성이 보증된다 하겠다. 그 때문에 우리들은 먼저 작품을 문학형상에 따라서 이해할 필요가 있는데, 이 경우 형상이란 것이 무엇인가 밝혀져야 할 것이다. 왜냐하면 문학작품의 내용은 형상에 의해서 그려진 인간의 생활현상으로 되어진다고 보기 때문이다.

주지하는 바와 같이 '형상'이란 용어는 바로 '언어'이고 작품을 형성하게 하는 '語·文·文章'을 의미한다. 그것은 바로 작품을 대상화해서 파악하려는 데서 그 내면에 '주제·구상·서술'이란 요소가 개재한다고 해서 독해의 방식을 '통독·정독·음독'이란 세 과정에 의해야 한다고 규정한 것이다.

확실히 문학은 언어예술에 틀림없지만 '언어'는 어디까지나 매개에 불과한 것이고 그것이 바로 작중에 표현되고 있는 인간의 생활현상 그 자체라 할 수는 없다. 오늘 우리들은 작품을 보다 주체적으로 파악하려고 해서 '형상'을 字義대로 작가가 다루고 있는 '자연' 내지

'사물'과 '인물'이 대상이라 생각한다.

그러면 그와 같은 소재가 갖는 '형상'은 무엇에 의해서 문학을 형성시키고 있는가. 즉 문학의 장르와 구별해서 그것을 말한다면 먼저 연극을 연극으로 만들어내고 있는 근본적 원리의 모방이다. 즉 연극이 본래 다원적인 구조를 갖고 회화의 형식으로 인간상호의 대립이 나타나게 되고 최후에 피할 수 없는 행동이 무대 위에서 연출되는 것이다. 이것을 희곡 쪽에서 보면 대화 →대립(갈등) →행동의 세 요소로부터 성립된다고 하겠다.

또한 시로 말한다면 수사의 하나로 비유란 것이 중시되고 있는데 그것은 문학의 본질로부터 말해서 보조적인 의미를 갖는 것뿐 아니라 그 자체의 시를 시답게 만드는 것이다. 시에는 옛날 서사시와 극시 · 서정시의 셋이 있었지만 그것들은 근대에 와서 각각 산문화되고, 서사시가 소설로, 극시가 희곡으로 전화해서 현대에는 시라고 하면 서정시가 아니면 상징시, 혹은 순수시를 말하게 되었다.

서정시는 말할 것 없이 시인의 심정이 억제될 수 없이 충만되었을 때 말로 옮긴 데 불과하다. 때문에 서정시는 마치 투망을 끌어올릴 때 손밑의 일점에 넓혀졌던 망을 가다듬어 묶는 것처럼 하나의 중심에 집중되는 형태로 성립한다. 그런 시가 갖고 있는 집중적 표현을 상징적으로 바꾸어 놓으면 상징시가 되고 그 리듬을 추상해서 이미지를 갖게 되면 순수시가 만들어진다 하겠다. 그러나 어쨌든 시는 운율 → 영상 → 의미란 세 요소에 의해서 이루어진다.

이와 같이 볼 때 소설에 있어서의 허구의 의미도 스스로 이해될 수 있다. 흔히 소설은 허구에서만 현실 속에 개재하는 진실을 파악할 수 있다고 하지만 허구란 비유와 비슷한 것이라 할 수 있다. 소설은 본래 이야기였고 서술을 주로 해서 어디까지나 기억을 환기시키는 회상의 형식으로 되어 있다. 따라서 허구는 연상에 있어서 관념의 자

295

유성을 획득하고 사건을 전도시키는 것처럼 배치하거나 형상과 형상과의 비율을 변경하는 것도 가능하게 된다. 그것은 소설에 있어서 지적 요소가 우위를 점하고 있는 증거이고 본래 이야기는 사고의 한 형식이라고 했다. 때문에 소설의 세 요소도 가장 현대적인 내용을 갖는 장르로서 사건 → 환경 → 인물이란 관계를 갖게 된다.

이와 같이 문학을 그 요소와 요소와의 관계에 있어서 파악하는 것을 우리는 작품을 구조적으로 분석한다고 하지만 이 수단을 갖고 시작해서 작품도 본질적으로 더욱 내재적으로 파악한 것이 된다.

온갖 로망, 즉 이야기의 요소는 '사건·환경·인물'의 셋으로 요약할 수 있는데, 그 점으로 기록과 근본적으로 다르다 하겠다. 그런데 문학사를 통해서 이것을 보면 고대로부터 중세에 걸친 문학은 설화든 전설이든 이 세 요소 중의 '사건'에 흥미의 중심을 두고 있다. 도대체 문학에는 나를 잊어버린다는 것, 몸에 새기는 것의 두 종류가 있다고 하지만 전자가 '사건'에 의한 것이라면 후자는 '인물'에 대한 관심의 표명일 것이다. 즉 18세기에 와서 시민계급이 대두됨과 동시에 그것은 확실히 '사건'에서부터 '인물'로의 전이를 뜻했다. 거기에 노벨, 즉 근대소설의 발생의 근거가 있고 그것은 시민계급의 발흥과 관련시키지 않고는 이해되지 않는 변형의 모습이었다. 또한 소설이 단순한 '형상'의 단계에 그치지 않는다는 것은 이 장르가 '사건' 중심이 아니고 '인물'을 발견하고 그것을 '典型化'해서 그리는 방법을 스스로 성취하게 된 것으로 풀이된다.

소급해서 루소(1712~78)의 <고백>을 끄집어 낼 것도 없이 근대소설의 내적인 모멘트는 작가 자신의 거짓없는 자기 고백이라고 한다. 그러나 그것은 '이미 있는 나'를 발견한 작가의 자아, 그 자체가 그 사회적 관심으로의 표현을 통해서 '있어야 할 나'를 목표로서 제대로 성립되었다고 할 수 있지 않을까. 그러나 근대인에게 있어서는

'이미 있는 나'와 '있어야 할 나'와의 두 개의 모티브는 결코 하나의 연속이라 할 수 없고 오히려 전혀 별개의 것으로 상호 모순되고 이율배반이라고 할 관계를 갖게 된다.

그것은 모름지기 과학적인 실험에 있어서 발견이 실용화될 때의 모순과도 비교될 수 있지만 본래 마술로부터 발달된 근대과학은 물질을 특수한 장치로 시험하게 된다. 그 사정은 '내가 하려고 하는 것은 여태껏 선례가 없는 것으로 앞으로도 거의 흉내 낼 수 없을 것이다. 그것은 인간 하나를 벗겨서 세상 사람들 앞에 전시하고자 한다. 그리고 그 인간이 나 자신이다'고 한 루소의 <고백>의 서두에 상응한다.

그런데 일반적으로 소설에는 架空으로 하나의 주인공이 설정되고 그를 중심으로 여러 인물이 배치되어 그들 사이의 인간관계에 의해서 하나의 세계가 만들어진다. 그 경우 주인공은 작가가 의도해서 만들어진 것에는 틀림없지만 그렇다고 해서 최후까지 작가의 뜻대로 조작되어진다고 볼 수는 없다. 왜냐하면 그 주인공으로 된 인물은 작가가 만든 것이면서도 그것은 애초부터 작가의 정신에서 절대적 형태로 확정된 것이 아니라 오히려 창조과정에서 점차로 형성되어 가는 것이기 때문이다.

즉 주인공은 확실한 작가에 의해서 설정된 것이긴 하지만 작가는 그밖의 몇 명의 諸人物도 설정하고 주인공은 그들 諸人物에 대응시키는 것에 의해서 규정되고 주인공은 그들과의 대응에서 비로소 주인공이 된다. 이와 같은 작중인물 상호관계가 한번 규정되면 그 상호관계는 벌써 작가의 자의를 훨씬 넘어서 그의 손으로는 감당할 수 없는 외재적인 것이 되고 그 상관관계 속에 던져진 주인공도 작가 주체와는 별개로 스스로 자라고 스스로 행동하는 것이 된다. 즉 그 주인공은 작가의 밖에서 활동하는 어떤 것으로 전화된다 하겠다. 이와 같이 해서 작가는 현실의 대상세계와 자기와의 관계를 주인공과 몇 사람의 諸人物과의 관계로 바꾸어 놓음으로써 그 주인공을 자립화시킴에 따라서 대상을 전적으로 自化하고 無限化한다. 허구란 인간의 생활현상을 이 주인공과 몇 명의 諸人物과의 관계로 환치하는 것이며, 旣述의 행방을 해명하는 것이 작품을 구조적으로 분석하는 일이된다.

그런데 주인공은 보통 세 개의 전형적인 타입으로 분류된다. 그 첫째는 영웅적 특징을 충분히 구비한 긍정적 인물이고, 둘째는 분명한 부정적인 입장을 표현한 '인물이고, 셋째는 '빛과 어둠의 통일'이라고 할 종합적인 인물이지만 그와 같은 복잡하고 모순된 성격의 주인공은 일정한 역사적 상황이란 세계 속에서 두고 볼 필요가 있을 것이다. 거기서 첫째의 긍정적인 주인공은 '명확한 성격과 행동과 특징을 갖추어 작중의 다른 등장인물이나 생활환경에 대해서 분명한 태도를 갖고' 있다. 따라서 '여러 면에서 그려져 만들어낸 인물'인 경우가 많다. 이와 같은 기본적 등장인물, 혹은 그 한 사람은 긍정적인 예술적 형상, 즉 그의 사고방식 · 행동 · 체험에 의해서 그 시대의 진보적 인물의 특징을 나타내고 독자에게 이와 같은 인물과 닮고 싶다든가 그의 생활방법을 좇아가고 싶게 하는 긍정적 주인공의 경우가 많다.

또는 둘째의 경우처럼 주인공이 부정적 형상이 될 수도 있다. 이 경우 작가는 주인공의 행동과 체험 속에서 대중과 적대하고, 분노하고, 혐오를 불러일으키는 인간을 말한다. 이와 같은 부정적인 형상은 작가가 무엇을 공박하고 있으며, 동시에 무엇을 긍정적으로 생각하고 있는가를 한층 깊이 해명하고 가르치는 것으로서 생활의 부정적 현상과의 투쟁의식을 각성시키는 것이다. 그렇다고 하더라도 작품이 소설인 이상 주인공이 누구인가는 객관적으로 명확한 것이고 독자의 사정에 따라서 좌우된다고 할 수 없다.

다시 셋째의 '빛과 어둠과의 통일'이라고 할 주인공에 대해서 말한다면 작가가 전형으로서 그리는 성격은 역시 작중에서는 오히려 단일화되는 결과가 된다. 視點人物을 설정하거나 側寫法에 따라서 효과를 거두는 작법은 그것을 종합화하기 위해서 쓰이는 것이지 창작활동 속에서 주관적으로 변경하는 일 등은 거의 불가능한 일이다.

어떤 작가는 다음처럼 말한다. '실제의 인간으로부터 찾아낸 성격의 묘사는 여러 가지가 있고 그 중에서 분명히 진실한 것도 있지만 문학사에 특기할 영향을 미치지는 못하고 있다. 왜냐하면 거기에는 단순히 실재로부터 도려낸 일단면에 불과하고 아무런 상징적인 것을 갖지 못하고 아무런 일반적 관념과 이것을 통해서 얻을 수 있는 광대한 실존 그것이 생생한 표현이 되어 있지 않기 때문이다. 단순한 개체를 그리는 것으로는 충분하다 할 수 없다. 실로 현저한 개성, 즉 한 지방의, 한 시대의 혹은 다른 여러 존재의 一群의 전체의 주요특질을 하나의 존재 속에 응결시킨 것을 그리지 않으면 안 된다.'

여기서 지적된 것처럼 '개체'와 '전체'와의 관계가 典型의 창조로서 작중에 확인될 것은 더 말할 나위 없지만 그것과 긍정적 내지 부정적 주인공과의 사이는 어떤 연계가 있을 것인가. 모름지기 그 개체가 전체의 부분이나 요소를 이루고 있는가는 적어도 어떤 공통점을 갖는 경우에 주인공은 긍정적 인물이 될 것이다. 그러나 여기에 반해서 개체와 전체와의 사이에 아무런 연계도 없이 동떨어져 고립되어 있는 경우에는 그 인물은 아무래도 부정적이 될 수 밖에 없다.

따라서 긍정적 내지는 부정적인 성격은 그 인물 자체의 속성이 그와 같은 경향을 가질 뿐 아니라 그를 에워싼 인간관계 내지는 그 상황과의 제 관계도 또한 그럴 수 밖에 없는 필연성을 갖게 된다. 거기에 작품의 플롯과 그려지는 대상과의 사이에 개재하는 내재적인 구조가 인식되는 것이고 작중인물을 개별적으로 파악하거나 사건본위로 파악하는 착오도 분명해진다.

이 문제와 관련해서 오늘에 있어서의 풍자적 내지는 부정적 성격의 특질에 대해서도 생각해야 할 것이다. 즉 작가가 설정한 주인공의 성격의 전형화에 있어서 풍자적 내지는 부정적인 그것과 긍정적인 그것과의 사이에 본질적인 차이가 있는 것, 풍자적 내지 부정적인 성격에도 몇 개의 지배적인 특징이 있어서 그것은 생활 속에서 접촉하는 많은 사람들에게 쉽사리 연결된다는 것을 우리들은 인식하지 않으면 안 된다.

그런데 일반론에 대해서는 접어두더라도 지금 그 문제를 우리가 외면하고 있는 사태 속에서 생각해 본다. 오늘날 인간은 한쪽에서는 자기의 모티브에 충실하지 않으면 안 되고 그것으로 해서 자기를 점점 개성적이고 유익하게 타인으로부터 이탈하지 않으면 안 될 운명에 놓여졌다 할 것이다. 동시에 딴 쪽에서는 그와 같은 자기가 끊임없이 타인에게 인식되어 사회화된다. 이와 같은 이율배반적인 존재방식을 강요당하고 있는 셈이다. 리얼리즘이란 바로 이 모순을 근대사회에 있어서 인간관계의 기본적인 모순으로서 파악하고 이 근대사회의 고유의 악을 허구성이란 독특한 수단에 의해서 극복하려고 함으로써 개인과 사회, 내부와 외부의 대립을 넘어서 인간본래의 통일적 전체를 회복하려는 데 성립한 이른바 고유의 문학적 방법에 불과하다.

그런데 이와 같은 모순과 악이나 허구성에 의해서 방법화되는 경우, 우리들은 무엇을 문학에 기대할 수 있을까. 바꾸어 말하면 그것은 독자의 기분을 작품에 동화시키는 것 뿐이지만 오늘날까지 문학의 목적으로 인정될 수 있을까 하는 점이다.

모름지기 작품 속에는 상당히 위화감 같은 것이 포함되어서 앞에

300

서 말한 바 모순이나 악을 지양하는 역할을 감당해야 할 것이다. 즉 이상한 것을 만들고 사람들에게 위화감을 갖게 해서 그것을 해결키 위해서는 자기들이 현실 속에서 행동하지 않으면 안 된다. 모순이란 것은 점차 정신 속에서 해결되거나 작품 속에서 해결되는 것이 아니라 자기의 행동 속에서 그 해결책을 강구해 나가야 한다는 것을 독자에게 감지시켜야 한다. 따라서 우리들 속에 있는 모순이나 악에 대한 노여움을 크게 해서 그것을 조직화시켜 나가는 것이 비평의 문제로서 새롭게 생각되어야 할 것이다.

2. 비평의 유형

　비평은 논자의 관점 여하에 따라서는 여러 갈래로 나누어질 수 있다. 뿐만 아니라 그것은 시대에 따라서도 변화하기 때문에 일정하게 고정되어 있는 것이 아니다. 이상섭은 <문학비평용어사전>에서 비평의 유형을 대체로 이론비평 · 실천비평 · 창작비평 · 인상비평 등으로 나눌 수 있다고 했다. 이는 비평의 주안점을 어디에 두고 있느냐에 따라 나눈 것이지 절대적인 것은 아니다. 또한 사람에 따라 용어도 조금씩 다르게 사용하고 있는데 다음에서 몇 사람의 분류 방법을 드러 보기로 한다.

　먼저 티보데 *A. Thibaudet*는 비평을하는 사람의 신분에 따라 자연발생적 비평 · 직업적 비평 · 작가적 비평 등으로 구분했다.

　자연발생적 비평이란 전문비평가가 아닌 일반 문학애호가들이나 저널리즘 종사자들에 의해 수행되는 것을 뜻한다. 이것은 문학을 좋아하고 관심을 가진 사람들이 그 나름대로 작품에 대해 소박하게 견해를 밝히는 것이기 때문에 인상비평의 차원에 머무는 경우가 많다. 이는 일반인들의 관심과 평가를 나타낸다는 점에서 대중성을 띤다고 할 수 있지만, 문학의 기반을 넓히고 일반독자들과 비평이 거리를 좁힐 수 있는 측면에서는 그 의의가 적지 않다. 우리의 경우 근대 문학 초기에 이와 같은 유형의 비평이 많이 이루어진 바 있다.

직업적 비평이란 전문 비평가에 의해서 이루어지는 것을 말한다. 즉 체계적으로 문학 수업을 쌓은 사람이 인상비평적인 차원을 넘어서 그 객관성을 유지할 수 있는 비평이 이에 해당한다. 따라서 이것은 그만큼 신뢰도와 설득력을 얻을 수 있는 것이다. 이들은 저널리즘 비평가와 강단비평가, 그리고 이 둘을 겸하는 비평가 등으로 크게 나누어 볼 수 있다. 저널리즘 비평가는 주로 신문·잡지 등을 대상으로 비평활동을 펼치는 사람들을 가리키고, 강단비평가는 대학강단에서 문학을 연구하고 교육하면서 비평활동을 하는 교수들을 말한다. 우리나라에서는 강단비평가의 선구자로 최재서를 꼽을 수 있다.

작가적 비평은 이른바 창작자, 즉 시인이나 소설가들이 직접 비평을 수행하는 것을 가리킨다. 시인이나 작가들이 그들의 실제 창작경험을 살려서 작품을 해석하고 평가함으로써 생동감을 얻을 수 있다고 하여 티보데는 이런 비평 문장을 가장 믿을 만하고 가치있는 것으로 보기도 하였다. 우리의 경우 근대문학 초창기 김억이나 김동인 등이 그 선구적 역할을 했으며, 최근 시인·작가들이 대거 대학 강단에 서게 되어 이는 점점 확산되는 추세에 있는 듯하다.

다음으로 와트슨 G. Watson은 비평의 기능과 성격에 따라서 대개 세 가지로 분류할 수 있다고 했는데, 입법비평·심미비평·기술비평 등이 그것이다.

입법비평은 일정한 규범이나 틀을 정해놓고 그에 따라 비평을 가하는 것을 일컫는다. 이는 일정한 틀에 맞추어 비평을 수행한다는 점에서 일명 재단비평이라고 불리기도 한다. 이 비평의 특징은 작가의 창작적 자율성을 제한하고 어떤 정해진 이념이나 창작 방법론에 맞추도록 한다는 점에 있다. 사회주의 비평은 이의 대표적인 예가 된다.

심미비평이란 입법비평과 달리 작가와 작품을 대상으로 하여 주로 미적 쾌락에 관심을 집중시키는 비평을 말한다. 그런 만큼 이 방법은 대체로 직관이나 주관적 상상력에 대한 의존도가 높다. 따라서 이는 사회주의 비평이 지닌 목적성을 지양하려는 예술지상주의적 비평의 성격을 띤다. 예를 들면, 서양의 테느 *H. A. Taine*나 페이터 *W. Pater* 등과 우리나라의 1930년대 김환태의 인상주의 비평이 이에 해당한다.

끝으로 기술비평은 무엇보다 작품 자체의 내적 구조를 중시하는 것을 말한다.

즉 이 비평방법은 작품의 언어 조건이나 구조, 형태 등에 관심을 집중하고 그것을 분석·해부하는 것을 특징으로 한다. 그러므로 이것은 앞의 두 방법에서 야기되는 결점을 보완하기 위해 고안된 비평방법이 된다. 작품 외적인 환경이나 이념과 일정한 거리를 유지하고 일차적으로 작품 자체의 내적 구조와 구성요소를 집중적으로 분석·분해하여 비평의 원리나 논의의 발판을 마련하려고 하는 형식주의 비평은 모두 이에 해당한다. 미국의 신비평을 비롯해서, 최근의 심리비평, 신화비평까지도 이 방법에 크게 의존하고 있다. 우리나라에서는 최재서·김기림 등에 의해서 그 서막이 열리기 시작했으며, 현재는 이 방법이 비평의 주류를 이룬다고 해도 과언이 아닐 정도로 널리 활동되고 있다.

한편, 에이브럼즈 *M. H. Abrams*는 비평의 관점에 따라 모방론·효용론·표현론·객관론 등으로 나눈 바 있다.

모방론은 작품을 그것이 취급하고 있는 세계와의 상관관계 속에서 해명하려는 것을 말한다. 이것은 문학작품이 인간의 삶이나 그를 둘러싸고 있는 우주만상을 있는 그대로 모방하고 재현한다는 관점에서 있다. 그래서 작품이 우주만상을 얼마나 충실하게 잘 반영하였는가, 또 진실을 얼마만큼 그럴 듯하게 모방했는가라는 점을 통해 작품의 해석과 가치평가의 기준을 둔다.

효용론은 작품이 독자에게 미치는 영향관계를 문제로 삼는 비평방법이다. 작품이 독자나 사회에 미치는 영향을 주로 교훈과 쾌락이라 한다면 작품이 이를 얼마나 잘 실현하고 있는가에 따라 작품의 가치를 판단하려는 것이다.

표현론은 작품을 작가와의 상관관계 속에서 해명하려는 방법을 뜻한다. 이 관점은 작품이란 작가의 독특한 세계를 드러내는 것이라 보고 작가의 모든 것, 즉 생애·사상·태도 등을 작품 해명의 주요한 기준으로 삼으려 한다. 작가의 전기적 고찰, 심리비평 등은 이의 범주에 든다.

객관론은 작품을 세계와 독자 및 작가로부터 분리하여 하나의 독립된 존재로서 평가하려는 것이다. 이 방법은 작품이란 그 자체로 자기 세계를 지니고 있다고 보아서, 그것을 둘러싸고 있는 모든 외적 관계들을 유보 또는 배제하고 작품 속에 내재된 구조·구성요소 등을 면밀히 분석하여 그 의의와 가치를 추구하려는 데 주안점을 둔다.

이상에서 세 사람의 관점을 간략히 살펴 보았다. 물론 이와 같은 분류방법들은 각각 자기 관점에 입각해서 기준을 세운 것이기 때문에 절대적인 것은 아니다. 다만 이들의 방법들은 모두 보다 효율적으로 비평작업을 수행하기 위한 노력에서 나온 것들임은 분명하다고 하겠다.

3. 비평의 방법

　앞에서 비평의 유형 분류에서도 잠시 언급했거니와 비평방법의 분류도 보는 사람에 따라, 그리고 그 기준에 따라서는 가변성이 많다. 그런 가운데도 웰렉이 제시한 외재적 비평과 내재적 비평의 두 관점은 다양한 비평유형들을 크게 집약한 것으로 주목된다. 외재적 비평은 작품과 관계된 외적 요소를 중요시 하는 것이라면, 내재적 비평은 작품의 독자성과 내적 특성에 집중하는 태도와 관련이 깊다. 전자는 여러 가지 인접분야의 학문적 성과를 자유롭게 원용하여 작품을 해석하려고 한다면 후자는 문학작품 자체의 존재성을 십분 인정하고 먼저 작품 자체의 내적 구조에 관심을 가지려고 한다.

　이와 같은 두 관점에 따라 그간 널리 거론되어온 비평의 여러 방법들을 분류해 본다면, 외재적 비평에 해당되는 것은 역사주의 비평·사회학적 비평·심리주의 비평·원형비평 등이고 내재적 비평에는 신비평·형식주의 비평·구조주의 비평·기호학적 비평 등이 해당된다. 이렇게 비평 방법은 매우 다양한데, 이는 또 날이 갈수록 학문의 발달과 함께 새로운 방법들이 강구되어 점점 늘어나게 될 것이 분명하다. 이러한 여러 비평 방법들을 일일이 다 소개하기란 쉬운 일이 아니다. 그래서 여기서는 우리 비평계에서 실제로 널리 수용되는 방법들을 중심으로 그 내용을 소개하기로 한다.

1) 역사주의 비평

이 방법은 작품을 탄생시키게 한 역사적 배경을 중시하여 그것으로부터 작품에 접근해 들어간다는 데 그 특징이 있다. 이를테면 작품 자체의 분석에 앞서 작가와 작품의 시대적 배경, 사회적 환경, 작가의 개인적 환경 등 문학에 영향을 미치는 여러 가지 주변 상황을 점검하고, 그것과 연관시켜서 작품을 다루고 이해하려는 방법이다.

이 방법은 17세기 드라이든 *J. Dryden*으로부터 싹트기 시작했으나, 정작 그 방법론이 확립된 것은 19세기에 와서 프랑스의 생트 뵈브 *C. A. Sainte Beuve*와 테느 *H. Taine*에 의해서였다. 이들은 당대의 정신사적 주류라 할 수 있는 실증주의에서 크게 영향을 받아 문학과 다른 학문과의 연계관계를 도모하였다. 이 방법은 1920년 전후 형식주의 비평이 대두할 때까지 문학연구를 주도해 왔으며, 그 자체 내에 적지 않은 결함을 내포하고 있음에도 불구하고 현재까지도 문학 비평의 한 방법으로 이용되고 있다.

이 방법의 특징은 먼저 원전을 확정하는 작업으로부터 시작한다. 잘못된 텍스트를 가지고는 올바른 비평이 나올 수 없다는 것이 자명한 이치이기 때문에 작품의 이해에 앞서 각종 異本들을 검토하여 원본을 확정하는 작업은 역사주의 비평가들의 빼놓을 수 없는 관심사이다. 잘못된 원전에서 나온 비평이란 근본적으로 잘못된 평가를 낳을 수 밖에 없기 때문이다.

둘째, 역사주의 비평가는 작품에 수용된 언어에 대해 면밀한 검증을 수행한다. 언어란 역사적·사회적·문화적 배경과 불가분의 관계에 놓이므로, 그 작품이 쓰여진 특정한 시간과 공간을 감안하여 음운·어휘·통사 구조 등에 관해 고증하고 주석을 가한다. 그러므로 이러한 작업은 두 가지의 의미를 거느리게 된다. 즉 하나는 한 작품이 쓰여진 동시대적인 입장에서 작품의 언어를 이해하는 것이고, 다른 하나는 과거의 언어를 비평가 자신이 서 있는 시대에도 그대로 적응할 수 있도록 대체시키는 일이다. 이러한 연계작업은 역사주의 비평가들의 중요한 임무의 하나이다.

셋째는 작가의 생애에 관련된 자료들을 수집하고 탐구하여 연대기를 작성하고 전기를 구성하는 일이다. 이는 작가의 환경과 의도가 직접 작품에 반영된다고 보고 그에 따라 작품을 해석·평가하는 역사주의 비평가들이 반드시 거쳐야 할 과정이다. 그래서 이들은 작가와 관련된 가능한 모든 자료들을 수집하려고 하는데, 정신적 상황·물질적 조건을 포함해서 혈통과 가계, 가족·교우관계, 교육정도, 연애, 사회활동 등과 같은 온갖 사실들을 수집·정리한다. 그리하여 이들 자료에서 얻은 정보가 한 작품 속에 어떻게 수용·구현되어 있는가를 해명하려고 한다. 그들은 이러한 과정을 통해 주관적 비평에서 올 수 있는 오류를 줄일 수 있다고 보기 때문이다.

넷째는 한 작가와 작품을 그 이전과 동시대, 그리고 후대의 작가의 작품에 영향을 받고 끼친 여러 관계들을 검토하는 일이다. 그리고 여기서 얻은 정보들을 그 작가나 작품에 대한 해석과 평가에 적용한다. 이같은 작업은 대부분 유사성이나 동질성 발견을 위한 하나의 수단이 된다. 이것은 국내의 작가와 작품 관계 속에서 이루어질 수도 있지만, 그 범위를 넓혀 외국의 작가와 작품과의 영향관계를 구명하기도 한다. 특히 우리의 경우는 후자쪽의 경우가 그동안 많이 있어 왔다. 이 방법이 보다 본격적으로 이루어질 때 비교문학적 연구방법이 된다.

끝으로 역사주의 비평가는 작품을 특정한 시대의 소산으로 보고 당대의 사회 문화적 상황 속에서 평가한다. 그러나 그것을 과거성에만 초점을 맞추는 것이 아니고 현재와의 연계성도 함께 추구한다. 즉 당대의 시대적 상황을 반영한 것으로의 작품이 가지는 의의와 아울러 그 동안 변모되어 온 발자취, 즉 문학사 속에서 어떠한 위치를 차지하는가를 평가한다. 결국 과거는 과거 자체로서만 의의를 가지는 것이기보다는 현재를 이어주게 한 것으로서의 가치를 지닐 때 그 의의가 배가되는 것이다.

이상과 같은 특징을 지니는 역사주의 비평 방법은 1930년대에 이르러 형식주의와 사회주의 비평가들이 대두하면서 비판받기 시작했다. 그들에 의하면 역사주의 비평가들은 작품 자체를 소홀히 다룰 뿐만 아니라 동시대의 문학에 대해서도 소극적 태도를 취함으로써 작품 자체의 비중과 현재성을 경시하고 있다는 것이다. 이러한 비판에 부딪치게 되자 이 방법은 다소 그 위력을 잃는 듯 했으나, 그 방법론에 내재한 오류들을 개선하면서 문학연구와 비평의 한 방법으로서 오늘날에도 여전히 존속되어 오고 있다.

2) 형식주의 비평

형식주의 비평은 역사주의 비평이 퇴조하면서 20세기 영미 비평계를 주도해 온 비평 방법이다. 이것은 아리스토텔레스 이후 가장 오래된 정통적 비평 방법으로 신비평, 시카고 비평가 그룹, 러시아 형식주의, 독일 문예학파 및 넓게는 구조주의 비평까지도 이에 포괄된다.

그러므로 형식주의라는 개념은 단순하게 정의될 수 있는 것은 아니
지만 그런 가운데도 신비평은 이 방법의 중심을 이루는 것이라 할 수
있기에, 여기서는 이를 중심으로 살펴보기로 하겠다.

형식주의 비평은 기본적으로 아리스토텔레스의 <시학>에서 그
기초를 마련하고 있지만, 그 직접적인 영향은 18세기 말엽의 칸트 *I.
Kant*와 19세기의 코울리지 *S. T. Coleridge*에게서 힘 입은 바 크다.
즉 칸트의 소위 '무목적의 합목적성'이라든가 코울리지의 상상력의
이론에서 그 토대를 마련하였다. 이것이 엘리어트 *T. S. Eliot*와 리차
즈 *I. A. Richards*에 이르러 하나의 비평 방법, 또는 운동으로서의 분
명한 모습을 띠게 되었던 것이다. 특히 엘리어트의 평론집 <聖林
The Sacred Wood>속에 들어 있는 <전통과 개인적 재능>이라는
논문은 형식주의 또는 신비평의 기본 개념을 제시하고 있어 주목된
다. 그는 여기서 문예전통이란 최종적으로 확정된 것이 아니라 항구
적으로 재조정되어 가고 있다고 했다. 그리고 예술가의 체험은 실제
적이든 상상적인 것이든 모두 그의 작품 속에 결과적으로 응집된다
고 보았다. 그러니까 독자들은 작가가 아닌 작품 그 자체에 관심을
집중해야 된다는 것이다. 또한 예술가의 정서와 개성은 그 자체로서
는 중요하지 않고 예술 작품 속에 용해되어 객관적 상관물로 드러나
야 한다고 했다. 이것이 곧 '몰개성이론'이 되는 것이다.

이와 함께 리차즈는 그의 저서 <문학비평의 원리 *Principles of
Literaly Criticism*>와 <실천비평 *Practical Criticism*>에서 비평의
과학주의를 제시했다. 그는 여기서 문학은 가장 완전한 표현양식이
라고 그 개념을 설정하고, 그러므로 문학작품의 분석과 평가의 근거
는 철저한 텍스트의 분석 방법에 의거해야 하며, 나아가 문학작품을
이루고 있는 언어의 분석에 관심을 집중시켜야 한다고 주장했다.

이러한 문학작품 자체에 대한 철저한 분석으로부터 비평의 근거를

마련하려는 리차즈의 견해는 그의 제자 엠프슨 *W. Empson*으로 이어지면서 심화되었다. 그는 특히 리차즈의 이론을 실제 비평에 적용시킨 사람으로, 시어의 애매성을 강조하여 '애매성의 일곱가지 유형'을 제시하고 그에 따라 작품을 분석해 보인 것으로 널리 알려져 있다.

이들의 뒤를 이어 40~50년대로 내려오면 신비평은 그 절정기를 맞이하게 되는데, 랜섬 *J. C. Ransom*·윔셋 *W. K. Wimsat*·브룩스 *C. Brooks*·테이트 *A. Tate*·워렌 *R. P. Warren* 등이 그 주도적 역할을 하게 되었다. 이들 비평가의 공통된 특질은 문학작품에 대한 철저한 정독과 분석에 있다. 그래서 신비평을 한편으로 분석비평이라고 일컫기도 하게 된 것이다.

신비평은 무엇보다 작품 자체를 중요시 여기고 그것을 집중 분석함으로써 작품 이해의 토대를 마련했다. 이는 브룩스의 '우리는 시인이나 독자보다도 시 자체에 대해서 주의력을 집중시키려는 치열한 시도를 그간 목격해 왔다'는 견해에서 극명하게 드러나고 있다. 이와 같이 그들은 작품을 작가·사회·독자로부터 일정한 거리를 두고 분석 평가하려고 했던 것이다. 그들에 의하면 문학 비평이 작가의 의도를 문제 삼으면 이른바 '의도의 오류'를 범하게 되어 올바른 작품 이해에 실패할 수밖에 없다는 것이다. 작품이란 근본적으로 작가의 의도 그 자체도 아니고 독자의 반응도 아니기 때문이다.

이런 점에서 작품 자체를 가장 중요한 것으로 여기는 형식주의/신비평은 역사주의 비평과 가장 극단에 서 있다. 역사주의 비평가들이 작품의 해석을 작가나 작품 밖의 여러 관련 주변상황에서 도움을 받고자 한다면, 이들은 오히려 가능하면 그것으로부터 일정한 거리를 가지려고 한다는 점이 그렇다. 따라서 형식주의 비평가들의 관심 속에는 문학작품을 구성하는 언어의 특질이 가장 크게 부각되어 있다. 이를테면 작품의 본질과 관련한 낱말·상징·이미지 등과 의미와의 관계, 그리고 작품의 행과 행, 연과 전체와의 연관성을 집중 분석하는 것을 가장 주된 작업으로 간주한다. 이것이 곧 작품의 총체적 의미를 가장 올바르게 파악할 수 있는 방법이 되기 때문이라는 것이다.

이러한 형식주의 비평은 20세기 전반을 주도한 것으로서 문예비평에 적지 않은 공적을 남겼음에도 불구하고 그 반면에 이에 대한 비판 또한 적지 않다. 이들이 주로 공격을 받게 되는 요소는 비평 대상이나 방법의 편협성에 있는 것으로 보인다. 즉 비평 대상으로 대개 서정시와 같은 짧은 형식의 작품만을 다루어 특정 작가와 작품에 국한하고 있다는 것이다. 또 시를 정독하되 구조분석과 이미지의 탐색에만 관심을 집중한 나머지 시가 함축하고 있는 전체적 효과를 등한시함으로써 하나의 생명체로서의 시적 의미를 간과해 버린다는 것이다. 이밖에도 유럽문학을 너무 제한적으로 취급하여 역사적 안목을 위축시킨 점이나 문학사적 관점에 무관심한 것 등이 비판의 대상으로 지적되고 있다.

이같은 비판에 의해 형식주의 비평은 다소 주춤하는 기세를 보이고 있는 것이 사실이다. 그러나 이 방법이 역사주의 비평방법이 가져올 수 있는 한 오류를 극복하고자 한 데서 출발하고 있다는 점에서 비평의 방법론을 심화한 것이듯, 이 또한 문제점을 스스로 보완해가면서 여전히 비평의 주요한 한 방법으로 존재할 것은 틀림없다고 하겠다.

3) 구조주의 비평

구조주의 비평의 원천은 언어학에서 마련되었다. 소쉬르 *F. Saussure*의 <일반언어학강의>에서 발전시킨 방법을 문학작품의 분석에 적용한 것이다. 소쉬르는 19세기 언어학의 일반적 경향, 즉 언어의 역사와 祖語에 대한 관심 및 비교언어학적 방법의 추구 등 언어의 통시적 연구에 치우치는 것에 대한 회의에서 공시적 연구에 관심을 가져 특정 시기의 언어 실상을 파악하고 체계화하려고 노력했다. 그는 또 언어를 langue(공적·규범적 언어)와 parole(개인적·발화적 언어)로 나누고 개별적인 담화인 파롤보다 공적인 언어규범 체계인 랑그에 관심을 집중했다. 그래서 그는 담화에 의미를 부여하는 것은 담화자가 아니라 그 담화를 만들어낸 언어체계 전체라 하였다.

이러한 그의 관점을 문학으로 전환시키면 해석의 기본 입장에서 작가나 현실을 배제하는 것이 된다. 즉 구조주의적 접근은 문학작품의 의미 체계를 밝히기 위해서 전통적인 문학비평가들이 중요시했던 작가나 현실에 대해서는 무관심하게 된다. 그리하여 이 방법은 의미 자체보다는 의미가 만들어지는 방식에 더 관심을 가지게 되는 것이다. 이런 점에서 신비평과는 구별된다고 하겠는데, 말하자면 구조주의 비평은 신비평이 의미에 대해 가졌던 선입견을 갖지 않는다는 점이다.

그래서 구조주의 비평은 개별적 작품을 분석해서 그 의미를 밝혀내는 것보다는 일반적인 문예학으로서의 시학을 만들어내는 것이다. 시학이란 개별 작품을 전체의 체계내에서 밝히고 그러한 관계와 법칙을 지배하는 규범을 설명할 수 있는 문학의 문법이다. 이처럼 구조주의 비평은 어떤 유형의 적출에 있는 것이다. 그러므로 구조주의 비평가들은 서로 상관성을 가지고 있는 작품들에 주로 관심을 가지며, 그들 작품들을 언어학적 개념을 적용하여 분석하고 체계화해서 보편적인 원리를 모색하려고 한다.

레비스트로스는 C. Levi-Strauss는, 이러한 구조주의 방법에 의지하여 신화·민담들을 분석해 보면 거기에는 보편적이고 지속적인 구조를 추출해 낼 수 있다고 보았다. 그는 <구조인류학>에서 오디푸스

313

신화를 성공적으로 분석해 보인 후 여러 가지 이본들의 총체로서 그 신화를 규정지을 것을 제안하고 있다. 결국 그러한 신화의 구조분석의 방법은 신화의 정본, 혹은 원본을 추구할 수 있게 함으로써 지금까지의 신화연구의 발전에 큰 문제점이 되어왔던 난관을 극복할 수 있다고 하였다.

한편 러시아 형식주의자 프로프 V. Propp는 소설의 플롯 유형의 구조적 분석을 시도한 선구자이다. 그는 또한 <민담의 형태론>을 통해 민담의 유형화를 시도한 바도 있다.

바르트 R. Barthes는 산문작품을 대상으로 철저한 구조분석을 하였다. 그에 의하면 이야기는 하나의 구조인데 그것은 여러 개의 단위들이 조화를 이루고 있다는 것이다. 또 그 단위들에는 여러 계층이 있으므로 그 계층을 분석함으로써 이야기의 진정한 의미를 알 수 있다는 것이다.

이와 같이 구조주의 비평은 작품에 내재된 심층적인 구조를 규명하여 보편적인 원리를 발견하고, 그를 통해 여러 현상들을 찾아내려는 노력으로 집약될 수 있다. 그래서 구조주의자들은 무엇보다 작품을 하나의 유기체로 보고 다른 조직들과 관련되어 있는 입체적인 구조 아래서 작품의 체계를 분석하고, 나아가 작품을 존재하도록 만드는 구조까지도 함께 밝히는 것을 목표로 삼는다.

그러나 이러한 방법 역시 형식주의 비평과 같이 개별 작품의 독립적인 연구에 의해 자연 반역사적이며 비연관적인 극단적 고립주의에 빠지게 됨으로써 비판의 소지가 내재하고 있다. 문학 작품이란 결국 그 작품을 창출한 작가의 정신적 세계와 완전히 분리될 수 없다고 보는 논자들의 입장에서는 그것은 무의미하거나 지극히 제한된 의의밖에 가질 수 없다고 생각되기 때문이다.

이러한 문제점을 해결하고자 하는 대안이 이른바 종합적 해석이다. 이는 작품의 내재적 해석을 바탕으로 하면서 동시에 역사적 정신적 방법을 고려하는 것이다. 그리하여 그들은 각각 개별적 방법론에서 제시되는 문제점들을 줄이고 서로 보족적인 관계 속에서 문학작품을 종합적으로 고찰하고자 한다.

4) 사회학적 비평

사회학적 비평은 문학작품을 사회 문화적 여러 요인들을 반영한 것이라는 입장에서 접근하려는 방법이다. 그래서 이 비평은 문학과 사회와의 관계, 작가의 사회적 역할, 문학의 소재로서의 사회적 제 양상, 그리고 문학의 수급체계 등과 같은 문제를 중심과제로 취급한다.

특히 이 방법에서 가장 큰 관심이 되는 것은 이념이라고 하겠는데, 그 이념에 따라 작품의 가치를 해명하고 평가하려는 것이 사회학적 비평가들의 공통된 관심사이다. 그리하여 이들은 문학작품의 텍스트와 언어 조건 및 표현 양식 등에는 큰 관심을 쏟지 않는다. 뿐만 아니라 작가의 전기적 측면, 장르와 전통 등에 대해서도 별다른 의의를 두지 않으려 한다. 결국 사회학적 비평가들의 일차적인 관심사는 문학작품과 사회현실과의 상호관계라는 측면에 집중되고 있는 것이다. 즉 문학작품이 사회·정치·경제 등 사회의 여러 현실에 대해 어떻게 반응하고 또 거기에 대하여 어떤 기능과 역할을 하는가라는 점에 관심의 초점이 맞추어져 있다.

문학을 사회와의 연관관계 속에서 파악하려는 이와 같은 방법은 1930년대에 와서 하나의 세계적인 조류를 형성하게 되었지만, 그러한 경향만은 일찍부터 있어 왔다. 이를테면 중국의 공자의 詩觀, 서양의 플라톤의 문학관 등이 그 좋은 예로, 그들은 다같이 문학의 사회적 기능이나 윤리적 책임문제에 대해 인식하고 있었다고 할 수 있다. 물론 그것이 오늘날과 같은 의미와 동일 개념이라 할 수는 없지만 그 기본적 사유는 일맥상통하는 바가 있다고 하겠다.

한편 오늘날의 개념으로서의 이 비평은 테느 *Taine*로부터 출발하고 있는데, 그는 작품이 인종·환경·시대에 의해 결정된다고 하여 작품을 사회와의 관계 속에서 접근하려고 했던 것이다. 이것은 그후 마르크스 *K. Marx*와 엥겔스 *F. Engels*에와서 이론적 거점이 확보된다. 특히 마르크스는 문학을 사회와의 관계 속에서 파악하여, 사회의 제현상이 생산과 분배라는 하부구조로 이루어져 있다면 문학은 그 토대 위에 세워진 사회의식의 상부구조로 규정하였다. 그래서 문학은 생산수단을 쥐고 있는 사람인 무산자 계급의 투쟁의 현실을 첨예하게 반영하여 그러한 투쟁의 실상을 얼마만큼 절실히 나타냈으며, 또 그것이 무산자 계급의 승리를 내다보고 확고히 할 수 있는 것으로 그려냈는가에 따라 가치 여하가 결정된다고 보았다.

이러한 마르크스의 이론은 세계의 여러 나라로 파급되어 문학연구에 사회학적 관점을 높이는 데 기여하게 된 것이다. 그러나 그것이 모두 동일한 범주로 받아들여진 것은 아니다. 사회주의 국가에서는 그것을 교조적으로 사용하여 당의 창작이론으로 수용했는가 하면, 루카치 *G. Lukacs*, 골드만 *L. Goldman* 등과 같이 비판적으로 수용하기도 하면서 다양하게 변주되었다.

그런데 사회주의 국가에서 보듯 마르크스 미학이 너무 극단적으로 치우치게 되면 이른바 문학의 사회적 기능만을 강조하게 된다. 그렇게 되면 문학의 예술성에 대해서는 등한시하고 그것이 계급의 이익에만 봉사하도록 요구한다. 이는 사회적 가치라는 이념으로만 문학작품의 우열을 따지게 됨으로써 경직된 목적의식이 너무 강하게 전면에 노출되어 거부감을 불러일으킬 수 밖에 없다.

이런 점에서 문학과 사회와의 관계를 지나치게 도식적이거나 기계주의적으로 보지 않기 위해서는 그것을 획일적인 인과관계가 아닌 어디까지나 유기적인 상관관계 속에서 접근하는 태도가 요구된다.즉 문학과 사회와의 연관에 관심을 갖되 문학이라고 하는 예술적 차원을 망각해서는 안된다는 점이다. 문학은 어찌되었든 문학이라고 하는 본질로부터 떠나서는 존재의의가 사라지기 때문이다.

5) 심리주의 비평

심리주의 비평은 어떠한 경우든 작품 속에 작가의 정신세계가 깊이 스며들어 있다는 입장에서 출발한다. 말하자면 사회학적 비평은 작품이 사회현상의 반영이라는 전제하에서 출발하는 것이라면 이 방법은 한 작가의 정신적 산물로서의 문학작품이라는 전제로부터 그 가능성이 제기되었다고 하겠다. 심리주의 비평은 프로이드 *S. Freud* 의 정신분석학이 그 이론적 근거가 되었다. 특히 프로이드는 자신의 이론을 문학비평에 직접 적용해 분석해 보임으로써 심리주의 비평의 한 모형을 제시해 주었다. 그는 인간의 무의식을 의식 세계의 잠재작용의 한 원인으로 보고 그것을 문학작품을 통해 분석해 보였던 것이다. 이것이 이른바 정신분석학적 방법인데 심리주의 비평은 바로 이 방법에 기대고 있다.

프로이드는 인간의 마음 구조를 세 층의 精神帶로 분석하였는데, 무의식 *id*, 자아 *ego*, 초자아 *super ego*가 그것이다. 그는 또 이들을 리비도 *Libido*와 관련시키고 특히 무의식을 중요하게 여겨 인간의 모든 행동은 리비도 곧 성적 에너지에 의해 유발된다고 하였다. 그의 정신분석학은 이와 같은 두 가지 전제로부터 출발하고 있다.

프로이드는 인간의 모든 정신 현상을 리비도의 변화와 발전으로 해석하였다. 본능보다 더 높은 차원의 문학적 목표를 지향하여 리비도를 발산할 때 승화작용이 일어나는데, 이 승화작용이 곧 예술로 나타난다는 것이다. 다시 말하면 예술이란 승화된 리비도의 결정체로서 인간의 근원적인 정신활동의 소산이 된다는 것이다. 따라서 예술작품을 제대로 이해하려면 그 원천이 되는 내재적 의미를 잘 파악해야만 한다고 그는 말하고 있다.

한편 리드 H, Read는 프로이드의 이론을 원용하여 예술현상을 설명해 보인 바 있다. 그는 예술작품을 정신의 각 영역과 관련시켜, 무의식이 영감의 근원이라면 작품의 형식적 종합과 통합은 자아에 의해 이루어지며 이데올로기나 도덕적 방향 즉 작품의 내용은 초자아에 의해 결정된다는 것이다. 그러니까 작가의 창작심리 속에는 어떻게든 무의식이 크게 작용한다는 것이다. 그러므로 결국 심리주의 비평은 작가의 무의식 속에서 스며나오는 경험이 의식 속에서 어떻게 변모되어 나타나는가를 밝히는 일이 된다.

그런데 심리학을 문학연구에 적용시킬 때는 대체로 세 가지 방면에서 가능하다. 즉 작가와 작품 및 독자와 관련한 심리적 양상을 밝히는 것이 그것이다.

먼저 작가를 다룰 때 심리주의 비평가들은 역사주의 비평가와 비슷한 입장에서 접근한다. 이를 테면 작품을 작가의식의 반영물로 보아 심리학적 방법을 통해 창작과정을 해명한다. 그리하여 작가의 경험·개성 등이 어떻게 작품에 투사되어 있으며, 또 그에 따라 주제·문체의 선택 및 성격묘사가 어떻게 드러나고 있는가를 추구하는 것이다.

이에 비해 작품을 다룰 때 심리주의 비평가는 형식주의자와 비슷한 방법을 사용한다. 즉 작가와 작품을 일정한 거리를 두고 작품 자체에 대해 면밀한 분석을 시도한다. 그래서 작품에 등장하는 인물의 성격을 작가와 엄격히 분리해서 어디까지나 작품 속에 스스로 존재하는 하나의 자족적인 실체로 보고자 한다. 이는 곧 작가의 의미가 작품의 의미와 완전히 부합되는 것만은 아니라는 사실의 인식에서 비롯되는 것이라 하겠는데, 최근에 흔히 볼 수 있는 경향이다.

또한 심리주의 비평가는 작품과 독자와의 관계 속에서 그 심리관계를 밝히기도 한다. 이때 그들은 독자의 개인적 경향들이 작품에 대해 어떠한 반응을 일으키며, 또 작품에서 전달되는 경험과 어떠한 방식으로 결합되는가를 살핀다. 그런데 개인의 경험 내용은 각각 다르기 때문에 동일한 작품에 대한 반응도 같을 수 없지만 동일한 시대와 사회 환경에 사는 사람들과는 공통적으로 나누는 일반적 경험을 지니고 있기도 하므로, 심리주의 비평가는 사회학적 비평가들과 비슷한 입장에 서게 된다.

이와 같은 정신분석학적 방법에 근거한 심리주의 비평은 1930년대에 와서 문학비평의 한 방법으로 완전히 자리를 잡고 크게 유행을 하게 되었다. 이 방법에 의존해서 성공을 거둔 비평가로는 앞서 논의한 리드를 비롯해 윌슨 *E. Wilson* · 루이스 *R. W. Lewis* · 브룩스 *V. W. Brooks* · 버크 *K. Burke* · 보드킨 *M. Bodkin* · 트릴링 *Li Trilling* · 프라이 *N. Frye* 등을 들 수 있다.

특히 융은 프로이드의 이론을 발전시킨 분석심리학을 통해 집단 무의식의 이론을 제시하고 신화와 문학을 발전시킨 원형비평의 이론적 근거를 마련했다.

6) 원형 비평

원형비평은 문화인류학 또는 신화학을 문학연구에 적용한 것이므로 신화비평이라고도 한다. 이것은 사회학의 이론과 방법을 원용하여 작품 속에 내재된 신화의 원형적 패턴을 찾아내고 그것들이 어떻게 지속적으로 재편 · 재창조되어오는가를 통시적으로 밝혀내려고 한다. 신화는 항상 원형을 지니고 문학작품에 반복 · 재현된다고 보기 때문에 그들은 그 원형이 무엇인가 하는 점을 밝히는 일은 곧 문학작품의 기본 구조원리를 구명하는 작업이라고 믿고 있는 것이다.

원형비평의 원천은 케임브리지 학파의 핵심을 이루는 프레이저 *J. G. Frazer*와 그 멤버들의 인류학적 연구, 그리고 프로이드의 정신분석학을 발전적으로 계승시킨 융 *C. G. Jung*의 분석심리학 등으로부터 마련되었다.

프레이저의 <황금가지>는 신화와 祭儀를 중심으로 인류 문화 속에 공통적으로 내재하는 어떤 요소를 찾고자 한 이 방면의 선구적 업적이다. 이는 신화와 제의에 대한 우리의 관심의 폭을 넓혀주었을 뿐만 아니라 문학을 신화와의 관계 속에서 접근할 수 있는 새로운 가능성을 제시해 준 것으로 그 의의가 크다.

또한 융은 신화분석의 이론을 세운 것과 아울러 그것을 문학연구에 적용할 수 있는 중요한 접근방법을 제시해 주었다. 그는 이른바 '집단무의식'이라는 개념을 제시하고, 개인이 고립된 존재나 사회 속의 단순한 개체가 아니라 태어날 때부터 종족의 기억을 계승하고 있기 때문에 그들이 무의식 속에는 원시적 집단무의식이 내재되어 있다고 보았다. 그래서 그는, 원형은 본능의 활동 영역에 속하고 따라서 그것은 심리적 형태의 유전적 형식을 나타냄을 강조하였다.

융의 이러한 이론에 힘입어 원형 비평의 가능성이 제기되었는 바, 프라이는 신화와 집단 무의식 이론을 결합하여 원형비평의 방법을 체계화하였다. 그의 <비평의 해부>는 원형비평의 이론적 체계는 물론 그에 의해 작품을 직접 분석해 보인 탁월한 저서이다. 이 책은 문학 장르론이 중심을 이루는데, 그 체계를 신화의 구성원리에 입각하여 밝히고 있다.

그는 신화의 구성원리를 크게 두 가지로 나누어 상층구조와 하층구조로 설명하였다. 즉 신화의 상층 구조는 '로만스와 순결의 추론'을 낳고, 신화의 하층구조는 '리얼리즘과 경험의 추론'을 낳는다는 것이다. 이른바 그의 문학의 4대 장르론은 이 신화의 전체구조를 4계절의 순환논리에 입각해서 도출시킨 것이다. 그래서 봄은 희극, 여름은 로만스, 가을은 비극, 겨울은 아이러니·풍자문학의 원형으로 규정하였다. 그의 이와 같은 이론은 인간과 자연에서 순환원리를 발견하고 그것을 문학의 장르와 결부시킨 것으로, 문학을 하나의 전체적 질서로 체계화하려고 했다는 데 그 의의가 있다고 하겠다.

한편 보드킨은 원형 비평의 이론과 실제를 보다 구체적으로 보여주었다. 그는 <시의 원형적 패턴>이라는 책에서 문학작품 속의 원형적 심상을 찾아내고 그것을 질서화시켜 작품의 기본구조를 밝히려고 함으로써 원형비평의 모범을 제시해 주었다. 그는 여기서 '의식적이거나 명확한 의미를 넘어선 특수한 감정이 곧 원초적 이미지이며 원형'이라고 하였다.

결국 원형비평은 그러한 원형이 작품 속에 반영되어 있다고 보고 그것이 시대와 개인에 따라 어떻게 변형되어 나타나는가를 추적하는 것이라 할 수 있다. 그리하여 비평은 곧 그러한 원형을 찾아내고 재구성하여 작품의 기본 구조를 밝혀내는 일이 된다고 원형비평가들은 강조한다.

그런데 원형비평은 주로 문학작품 속에 재현되어 나타나는 기본적인 신화유형, 즉 원형을 상소함으로써 작품들이 지닌 각각의 개성을 등한시할 위험성이 따른다. 또 문학작품을 근원적 원천으로 되돌려 놓으려는 의도에서 신화비평은 종종 문학을 원시적 표현형태로 환원시켜 버린다는 한계점을 지적받기도 한다.

그러나 이러한 문제점과 비판에도 불구하고 원형비평은 20세기 비평양식 가운데 가장 주목받는 것으로 취급되어 왔다. 거기에는 문학을 관습에 젖은 낡은 문학관을 버리고 보다 진취적인 안목에서 문학을 새롭게 해석하려는 태도가 들어있기 때문이다. 따라서 이는 그 자체에 내재된 문제점을 극복하면서 앞으로 더욱 심화 발전될 것으로 보인다.

이상에서 간략히 살펴본 것처럼 문학 비평의 방법은 다양하게 전개되고 있다. 이렇듯 비평의 방법이 다양하게 전개되고 또 방법론이 심화·발전되고 있는 것은 그만큼 문학이 단순하지 않다는 것을 뜻한다. 뿐만 아니라 그러한 문학이란 결국 인간의 삶과 불가분의 관계로 놓였다는 점을 감안하면, 앞으로도 더욱 다양한 방법론들이 탐색될 수밖에 없을 것이다. 왜냐하면 인간의 삶은 날이 갈수록 복잡해지기 마련이기 때문이다. 그러므로 우리는 그러한 여러 비평 방법들을 섭렵하고 그것을 비판적으로 수용하여 보다 바람직스럽게 문학작품을 해명하고 이해하는 도구로 사용해야 할 것이다. 나아가 좀 더 합리적으로 문학작품에 접근할 수 있는 방법론에 대한 추구도 함께 관심을 가져야 할 것이 요청된다고 하겠다.

4. 비평의 제문제

1) 비평의 정당성

비평의 제일의 기능은 무엇보다도 작품에 대한 가치판단이다. 그 가치판단이란 양곡검사장에서 합격품의 등급을 정해서 도장을 쾅쾅 찍어주고 불합격품을 밀어내 버리는 것과는 아주 다른 것, 다시 말하자면 그런 자체가 또 하나의 예술적 창조과정에 속한다. 그러나 거기에는 역시 다음의 두 가지를 생각할 수 있다.

즉 합격품과 불합격품을 나누듯이 작품의 가치판단이라는 것은 긍정적 가치와 부정적 가치의 발견으로 나뉘게 된다. 또한 곡물의 합격품에도 등급이 있듯이 비평가들은 작품의 분석과정에서 보다 나은 가치가 무엇인지를 말하며 등급을 매길 수도 있게 된다.

이런 경우에 비평은 어쩔 수 없이 폭력성을 띠게 된다. 좋은 말을 빌린다면 '부정적인 가치를 가려낸다'는 것이 되겠지만 작가들이 비

평에 대하여 흔히 사용해 오는 속어나 그 감정상태 대로 말한다면 그
것은 작가에 대한 '폭력'이요 '까는 것'이 된다.

　그러면 비평가들은 무엇 때문에 작가의 감정을 손상시켜 가면서
이처럼 '까는 것'을 감행해 나가는 것일까?

　우리는 이에 대하여 다음 몇 가지의 이유를 들 수 있겠다. 무엇보
다도 중요한 것은 그 문학사회의 모든 수준을 향상시켜 나가야겠는
것이다. 작가들은 우리 문단에 비평없이도 작가는 작가 대로 얼마든
지 훌륭한 작품활동을 해나간다고 보겠지만, 어느 사회에서도 활발
한 비평적인 정신의 작용없이 문명이 발전한 예가 거의 없다는 걸 잘
알아야 한다.

　가령 한국인이 쓰고 있던 옛날 갓을 생각해 보자. 그것은 첫째로,
만들기가 불편했다. 상당히 번거로운 수고를 빌어야만 겨우 하나를
만들수 있는 것이었다. 둘째로, 그것은 스타일도 별로 훌륭한 것이
아니었다. 꽉 붙들어 매지 않으면 벗겨지기 쉬운 그것은 머리에 붙어
있다 하더라도 보는 사람의 입장에선 안정감을 주지 않는 것이요, 또
그 검은 빛깔 자체가 그다지 심미적 가치가 없었다. 셋째로, 그것은
쓰기가 불편했다. 상투를 틀고 그 위에 망건을 쓰고, 그 다음에 쓰는
것은 현대인들이 아무렇게나 눌러쓰고 다니는 각종의 모자와는 다르
다. 넷째로, 그것은 값이 비싸다. 만드는데 수공이 많이 드는 것이요
양산이 어려운 것이었으니 한 번 마련하면 아주 소중하고 간직하고
몇십 년은 써야 했다. 다섯째로 그것은 실용적인 가치가 거의 없었
다. 그걸 써야만 양반행세를 할 수 있었다는 실용적 가치를 빼놓고는
거의 없었다. 방한용도 안 되고 캡이나 베레모처럼 가랑비 정도를 막
기 위해 쓸 수도 없는 물건이나 거추장스러우니 작업을 하려면 방해
가 되는 것이다. 그런데 이 모자가 지금은 사라져 버린 것이다. 무엇
때문일까? 양반제도가 없어졌기 때문일까? 물론 그것도 이유가 될 것

이다. 그러나 양반제도와 관계가 없다고 하더라도 이 모자는 남아 있을 수도 없는 것이다. 그처럼 개선이 없이 온갖 모순성을 그대로 지닌 모자가 어떻게 남아 있을 수 있겠는가? 여기서 우리는 문명발전에 있어서 필요한 교훈을 발견하게 된다.

즉 비평정신이 작용하지 않는 문명은 발전하지 않는 문명이요, 따라서 그것은 어느 땐가 반드시 망해 버리고 만다는 것이다. 만일 우리가 갓에 대하여 비평정신을 가해 나간다면 그것은 좀 더 우리에게 필요한 물건으로서 변모하고 발전하여 현대 한국문명 속에 한국의 고유의 어떤 모자로서 남아 있을 수 있는 것이 아니었을까?

문학에 있어서도 마찬가지다. 우리가 문학을 추구하는 정신면이나 그 예술적인 테크닉에 대해서 비평정신을 작용시켜 오지 않았더라면 옛날의 그 문학이 오늘날 현대인의 정신생활에 파고드는 만큼의 큰 힘을 발휘할 수 있었을까? 다만 이런 비평작업을 작가나 시인들이 스스로의 노력만으로는 충분히 해 왔다고 장담한다면 굳이 비평가라는 존재가 필요치는 않을 것이다.

그러나 문학사를 훑어보면 사실은 그렇지 않았다. 특히 근대문학 이후의 문학은 어느 나라를 막론하고 비평가의 활동이 큰 작용을 해 온 것이 사실이다.

비평가들의 입에 오르내려 그 작가가 대번에 유명해지고 거기에 독자의 관심이 집중되면서 이런 분위기가 그 문단사회에 어떤 흥분제 역할을 해 온 숱한 예를 굳이 들지 않더라도, 그저 한 번 스쳐가는 月評 같은 것만 해도 그렇다. 비평가는 이런 時評欄에서 소위 '까는 것'을 잘해 왔다. '깐다는 것'은 그 작품에서 부정적인 가치를 제거하고 파괴해 버려야 될 것을 발견한다는 것이 된다.

이렇게 비평가가 어떤 작품에 대하여 그 작가의 노고를 무시하고 소위 '폭력성'을 발휘할 때 그 작가는 마치 괴테가 터뜨린 말처럼

'개' 같은 놈이란 욕이 나올 것이다. 그러나 그러한 비평이 이유 있는 어떤 진실을 말하고 있을 때 작가들은 여기서 어떠한 영향을 받아왔을까? 작가들은 그따위 비평은 읽지도 않는다고 공언하며 태연을 유지하려 할지 모르지만 그것이 반드시 가능한 일은 아니다. 왜냐하면 작가들은 그것을 읽지 않더라도 독자들은 그것을 읽고 있기 때문이다.

그렇다면 작가들이 이러한 독자를 무시할 수 있을까? 작가들은 비평가를 '개'라고 욕하며 외면하더라도 독자를 외면할 수는 없는 것이다. 왜냐하면 독자를 잃은 작가는 작품 발표의 의의를 잃은 작가요, 그것은 결과적으로 작가생명의 단축을 의미하는 것이 현실이기 때문이다. 그리고 이 독자들이 그 작품을 얼마나 보잘것 없는 것인지 그 진실을 알고 있을 때 작가는 과연 그것을 무시할 수 있는 것이며, 또 무시한다는 것이 작가의 진실한 자세일 수 있을까?

그러므로 비평이 비록 작품가치를 헐뜯고 부정해 버리는 것이라고 하더라도 그것이 어떤 진실을 지적했을 경우엔 작가들은 이를 무시하지 못하게 된다. 그리고 이런 결과를 작가들은 불쾌하게 생각할지 모르지만 비평의 기본정신은 작가들이 생각하는 것처럼 그렇게 압력을 가해서 나쁜 작품을 못 쓰게 하고 누구를 편달해 보겠다는 것만은 아니다. 비평가가 비평을 통해서 작가들에게 어떤 영향을 끼치려 한다면 그것은 어디까지나 선의의 작가와 독자를 아끼고 싶다는 것, 다시 말하자면 문학을 남보다 더 적극적으로 아끼고 싶다는 애정에 지나지 않는다.

만일 비평이 없는 문학사회를 상상해 보자. 독자에게 교묘한 기법으로 아부하여 인기를 모으고 대가의 정상에 오르려고 기를 쓰는 작가들이 얼마든지 있는 사회에서 진실한 작가의 피해가 얼마나 큰 것인가? 그러므로 비평은 비록 방법은 다르지만 작가와 마찬가지로 비평가 자신은 그 비평행위를 통해서 스스로의 예술창조를 해나가고 있는 것이다. 그리고 설사 모든 비평이 그러한 창조행위가 아니라고 하더라도 만일 그것이 작품에 있어서 참된 가치를 발견하기 위한 노력으로서 나타난 가혹한 논리요, 그것이 폭력이라는 오해를 받는다고 하더라도 그것은 우리 문학사회의 정상적인 존립과 발전을 위해서 없지 못할 존재일 것이다.

2) 비평폭력과 비평독자

그런데 비평에 있어서 '폭력'이라고 불리고 있는 것이 이같은 합리적인 정당성을 지니고 있다면 우리는 이젠 이 용어에 대하여 재고할 필요가 있을 것이다.

본래 '깐다'는 말은 파괴적인 폭력행사에 적용되는 말이다. 이 말을 한자로 쓰다면 '暴力行使'가 된다. '폭력을 행사한다', '깐다'는 말은 그런 의미에서 모두 달갑지 않은 용어들이다. 그렇다면 작품에 대해서 그 가치를 내리깎으며 허점을 지적할 때 이것을 가리켜 '폭력'이라든가 '깐다'는 말을 적용할 수 없는 것이다.

전술한 바처럼 그것이 결국은 보다 나은 문학을 기대하고 선의의 작가들을 옹호하고 궁극적으로는 우리 문학을 아끼기 위한 불가피한 방법에 지나지 않는다고 할 때, 어찌 여기에 '폭력'이나 '깐다'느니 하는 용어가 적용될 수 있을 것인가.

그러므로 '정말 신랄하게 까셨군요, 통쾌합니다.' 따위 말을 비평가 앞에서 꺼리낌없이 지껄이고 그 비평가를 지켜세우는 일은 비평의 진의를 모르고 비평가를 모욕하는 말에 지나지 않는다. 그런데 비평의 원리원칙을 떠나서 우리 문단의 실제적 비평활동상을 본다면 우리는 정말 여기서 정말 '까는 비평', '폭력행사의 비평'을 발견하게 된다. 즉 그 작가가 다시는 붓을 들 용기를 갖지 못할 정도로 때려 눕히는 것이다. 또는 아무리 좋은 점이 많더라도 모두 제쳐놓고 약점만 물고 늘어지는 경우도 있다.

가령 이런 예가 있다. 어떤 비평가는 염상섭의 <표본실의 청개구리>에 나타나는 개구리 해부장면을 소위 '신랄하게 깐' 일이 있다. 방금 해부된 개구리에서 '김이 모락모락 난다'고 작가가 표현한 점을 물고 늘어졌다. 개구리는 냉혈동물이니까 체온이 없다는 것, 그러니까 '김이 모락모락 난다'는 것은 어처구니 없는 몰상식이라고 지적했다.

이로 말미암아 염상섭의 유명한 <표본실의 청개구리>는 아주 참혹한 꼴이 되고 말았다. 그 한 가지의 약점이 그 작품 전체의 값어치를 송두리째 뒤엎어 버리는 결과가 되고 만 것이다.

이와 같은 것은 비평이 지니는 파괴적 횡포의 대표적인 예이다.

그것은 비록 한국문학의 리얼리즘 문제를 논하기 위해 어느 일부만을 예로 들어본 것이라고 하자. 그렇다고 하더라도 그로 말미암아 그 작품 전체의 가치가 한꺼번에 뒤엎어지는 결과를 저질렀다면 그것이 문학을 아끼는 비평가의 정당한 태도일 수 있을까? <표본실의 청개구리>는 우리 문단 초창기에 나온 작품이다. 염상섭은 그때 처음으로 소설을 써 본 것이다. 그러므로 그것은 한국문학의 리얼리즘이 이 정도로 어설픈 것이라고 내걸기 위한 예로는 부적당한 것이었다.

우리 문단 초창기의, 더구나 그 작가의 그 후 업적에 비하면 최초의 습작이라고 밖에 말하기 어려운 그것을 마치 한국문학의 리얼리즘을 말하는 대표적인 예처럼 내걸다니 이 얼마나 심한 기만인가? 그리고 그 작품은 우리 문단 초창기의 작품으로서 그것은 문학사적인 가치가 다분히 남아 있는 것이다. 이것을 모두 덮어두고 우리 문학

원시시대의 그 작품이 지닌 비과학성의 하나만을 물고 늘어져야 하는가?

얼마나 헐뜯고 까기 위한 대상을 발견하기 어려우면 그런 시대의 작품을 들었을까? 이것은 비평이 기만적인 수법까지 들고 나와 뒤통수를 불의에 습격한 테러 행위의 대표적인 예이다.

비평가가 작품가치를 판단할 때, 그리고 특히 약점을 지적하려 할 때는 더 많이 신중한 판단력과 정확한 논리가 필요한 것이다. 왜냐하면 그것은 그 작가의 명예와 직결되고 숱한 독자들에게 그릇된 인식을 줌으로써 우리의 소중한 작품들을 쓰레기처럼 차 버리는 결과가 되기 때문이다. 그러므로 비평가는 작가보다 더 많이 이론의 정확성을 찾아야 한다. 그렇거늘 작가의 과학상식 부족을 지적해서 그 작가를 때려 눕히는 마당에 자기 작신이 들고 나온 무기 자체가 그것 이상으로 과학적 몰상식에 속하고 비논리적인 것이라면 우리는 비평의 존재이유를 무엇으로 정당화해 나갈 것인가?

독자들은 그래도 이렇게들 말한다. '참으로 신나게 깐다'고. 그래서 어느 작가 하나의 가슴에 아물지 않은 상처가 생기건 말건 독자는 그 통쾌한 폭력행사에 갈채를 보낸다. 그리고 이런 풍조는 결과적으로 그 비평가의 역량을 측정하는 척도가 되고 있다. 남을 가장 신나게 까는 비평가가 유능한 비평가라고.

그러나 이것이 만일 비평의 참된 기능이라고 한다면 우리나라의 비평독자는 얼마나 잔인한 사디스트들이요, 무지한 깡패 숭배자일까? 비평은 어디까지나 작가를 키우고 작품을 아끼기 위한 비평이다. 그러므로 아무리 약점을 지적하는 경우라고 하더라도 그것은 그 약점을 바로잡아 더 나은 문학을 우리가 가져야겠다는 의지와 그 문학에 대한 애정이 전제되어야 하는 것이다.

그렇다면 작가는 작품에 대해서 파괴적인 횡포를 감행하고 거기서 드릴을 맛보는 비평이 될 수 있으며 그것을 환영하는 독자란 얼마나 잔인하고 무지한 것인가? 이런 의미에서 한국의 평단은 아직도 문학의 원시사회에 머무르고 있는 셈이다.

모든 예술, 그리고 모든 장르의 문학은 그것 자체가 자기대로의 타고난 기능을 지니고 있다. 우리는 문학을 비롯한 모든 예술을 모든 사회적인 공리성으로부터 격리시켜 어느 외딴 자리에 고고히 서 있는 절대적인 존재로 보고 싶어하는 경향이 있지만, 그러나 그것은 예술가의 욕망일 뿐이요, 예술의 실제적인 존재양식은 그렇지 않다.

모든 작품은 괴벽한 예술가의 작품이 아닌 이상 일단 이 사회의 넓은 공간에 제공된다. 그때 그것은 작가 개인의 서재나 아틀리에를 떠나서 많은 사람들과 대화를 갖게 된다. 코뮤니케이션이 이루어지는 것이다. 이렇게 될 때 그 작품은 작가 혼자만의 의식 속에 보존해 있는 절대적인 존재일 수는 없다. 그것은 그 작품을 대하는 모든 사람들에게 무수히 많은 말을 건네고 온갖 형식의 영향을 끼쳐 나가는 것이다. 즉 그것은 침묵을 지키고 있는 벙어리도 아니요, 수족을 못 쓰는 불구자도 아니요, 생기발랄하게 작업을 계속해 나가는 생동적인 존재양식을 띠게 되는 것이다. 따라서 모든 예술은 그것대로의 생김생김에 따라서 그의 사회적 기능을 발휘하고 있다.

이렇게 또 '사회적 기능'이란 용어가 나올 때 한국문단에선 무조건 반대와도 비슷한 습성으로 이 용어의 개념을 오해하는 일이 없을까? '사회적'이라고 하니까 무슨 정치적·경제적인 기능을 말하는 것이 아니냐고 단정하려 드는 것, 그것은 늘 논의되는 '사회참여'라는 말이 흔히 그런 면을 더 강조해 왔기 때문일 것이다.

그러나 정치나 경제적인 문제에 대해서 본능적인 공포증을 갖고 '사회적'이라고 하면 대번에 그것부터 연상하는 것은 공포증 때문에 논리적 판단력마저 흐려진 탓일 것이다. 인간이 둘 이상 모여서 공동

생활을 펼 때 그것은 곧 사회가 된다. 거기엔 정치·경제만이 아닌 모든 것을 포함한다. 문학은 그런 의미에서 '사회적 기능'을 지닌다는 것이다.

이러한 사회적 기능으로서 비평은 특히 어떤 특수성을 지니고 있는 것일까? 전술한 바 김동인 대 염상섭의 설전이었다. 그런데 이것은 지극히 초보적인 상식을 가지고 주고받은 설전이었지만 그런 설전은 좀 더 발전된 단계로서 계속 한국 문단에 지속되어야 했을 것이다.

왜냐하면 우리는 문학이 무엇인지, 시와 소설이 무엇인지는 무수히 논의해 왔어도 비평이 무엇인지는 그 후 거의 아무런 논리적인 정리가 없었기 때문이다. 그리고 그것은 비평문단의 무질서를 초래해왔다. 다시 말하자면 비평이 무엇인지 개념적 정리가 안 돼 있기 때문에 사이비비평이 함부로 비평이란 이름으로 행동하는 상태를 초래할 수 밖에 없었던 것이다.

그리하여 그것은 비평의 본질과 기능에 대한 부당한 오해 또는 불신론을 가져온 것이다. 그런 의미에서 우리는 비평이 지니는 기능 문제를 좀 더 분명히 따져 들어가 비평의 본질을 파악해 놓는 것이 한국비평사회를 위해 시급히 필요한 일이 아닐까?

그런 작업을 위해서는 비평이란 이름으로 불려온 몇 가지 대표적인 케이스에 대하여 다시 한번 검토해 봐야 할 것이다.

3) 비평과 심사평

신인작품의 추천제도가 있는 잡지에는 심사평이 게재된다. 문학상 제도가 있는 곳에서도 심사평은 있어야 된다. 그리고 정월 초하루 벽두부터 각 일간지에는 신춘문예 현상작품의 심사평이 실린다. 누가 쓰든 간에 비평이란 이름에 속하는 평임에는 틀림없다. 그러나 정말 비평다운 비평들을 모아놓고 본다면 이것은 모든 형태의 비평적 서열 중에서는 아마도 가장 말미에 속하지 않을까?

비평도 하나의 문학 장르다. 딴 문학 장르와 너무도 다른 것이 많은 이질적인 물건이긴 하지만 그래도 역시 문학이라고 불려오고 있다. 그러나 그처럼 이질적인 형태이면서 그래도 비평을 역시 문학이라고 부를 수 있는 근거는 어디에 있을까? 그것은 문학에 대해서 언급하는 글이요, 문학을 대상으로 작업하며 그것만을 평생 업으로 삼고 있는 사람의 글이니까 문학이라고? 만일 그렇다면 이것은 너무도 비약적인 논리다. 국문학자들은 우리 문학에 대해서는 열심히 언급한다. 그리고 그것을 평생 업으로 삼고 있다. 그렇지만 우리는 국문학자를 비평가의 집단 속에 끌어들이지는 않는다. 그렇다면 비평이 문학일 수 있는 조건은 딴 데 있을 것이다. 즉 딴 장르와 다른 모든 것을 제쳐놓고서 그래도 그것이 문학일 수 있는 것은 그것 역시 어떤 새로운 가치를 추구하고 창조해 나가는 활동이기 때문이다.

가치의 종류에는 여러 가지가 있다. 보다 고매한 인간정신, 보다 진실한 애정의 모랄, 보다 아름다운 이별, 보다 멋진 자살의 방법 등 우리가 문학에서 추구하고 창조해 나가는 가치는 얼마든지 있다. 그리고 이것은 시인이나 소설만이 하고 있는 것은 아니다.

가령 김소월의 <산유화>를 두고 얘기해 본다고 하자. 이 때 비평가는 김소월이 적어 놓고 가 버린 언어의 내용을 해석하고 전달하는 데에만 그치지는 않는다. 비평가는 소월보다 더 못난 이야기를 할 수도 있지만 그 이상의 이야기를 할 수도 있다. 그것은 비평가의 언론의 자유요 사상의 자유다. 이것을 우리는 저 산마루에 우뚝 솟아 있는 나무 한 그루에 비겨서 얘기해 봐도 좋다. 산마루에 서 있는 나무 한 그루는 우리에게 아무 이야기도 소리도 전혀 주지 않는다. 그러나 우리는 그 나무를 두고 얼마든지 많은 이야기를 끌어낼 수가 있다. 성삼문이 獨也靑靑의 상록수 한 그루를 가지고 자기의 인생관을 피력하며 이야기를 만들어 나가듯이 비평가는 한편의 서정시, 또는 기나긴 장편소설을 또 하나의 '우주'며 '세계'로 간주하고 거기서 자기의 언론의 자유, 사상의 자유를 펼쳐나가는 것이다. 그럼으로써 비평가는 자기대로 새로운 가치를 추구하고 창조해 나가는 것이다. 따라서 비평은 예술의 차원에까지 들어서게 된다. 그러면 문학비평이 이런 뜻에서 문학이요, 또 예술이 된다고 볼 때 과연 심사평이라는 것은 어느 정도나 그런 속성과 그런 기능을 발휘해주는 비평형태일까?

심사위원들이 심사평이라는 걸 써나가는 과정을 살펴보면 얘기는 간단해진다. 작품심사를 맡는 사람들은 반드시 비평가라는 이름을 달고 있는 사람들은 아니다. 작가도 시인도 이런 비평가의 흉내는 싫어하면서도 '즐겨' 맡고 있다. 그리고 평을 쓴다. 이런 작품 심사평은 지금까지 비평의 한 종목으로 아무 이의 없이 간주되어 왔으며, 또 딴 분야로 따돌려 버릴래야 버릴 수도 없이 비평 쪽에 속하고 있는 것이 사실이다. 그런데 많은 시인과 작가들도 자기 작품에 대한 남들의 비평을 무슨 월권행위인 시비로 알고 짜증을 내기는 하지만 스스로도 이런 비평의 기회가 오면 대개 거부하지는 않고 비평을 한다.

그런데 이런 심사평을 쓸 때보다 평자는 적지 않은 작품수를 한꺼번에 떠맡고 일정한 기일 안에 그것을 다 봐 치워야 할 것이다. 그렇다면 심사과정에서 어느 정도의 예술창조적인 기능이 발휘될 수 있을까? 솔직히 말해서 작품심사라는 것은 대개 어거지로 읽어 나가는 것이다. 읽기 싫어도 읽어 나간다. 딴 여러 작품들과 비교하여 작품가치의 순서를 따져야 하기 때문이다.

그렇다면 이렇게 무리한 작품감상에서 과연 평자는 어느 정도나 창조적인 역할까지 해나갈 수 있을까? 아마 전술한 바와 같이 창조적 활동은 거의 불가능할 것이다. 그 뿐 아니라 이런 심사평에서 평자가 자기의 세계관을 펼쳐 나간다는 것부터가 무모하고 불필요한 일이다. 작품의 순위만 따지면 그만이지 그 이상의 잔소리가 필요치 않는 것이 심사평이라는 자리다. 그렇다면 심사평 같은 것은 양곡검사소에서 곡물의 불합격품에다 등급을 매기며 삽자루 같은 도장을 쾅쾅 가마니에 찍어가는 것과 거의 다를 바가 없다는 것이요, 따라서 그것은 비평의 종목에 넣기조차 쑥스러운 것이다.

그뿐 아니라 심사평엔 또 하나의 난점이 있다. 그것은 순위를 정하는 자리다. 그 순위는 보다 더 공정하고 객관성을 띠어야 한다. 물론 예술작품의 심사이니까 순수한 객관성이란 거의 불가능한 일이지만 적어도 자기의 주관적인 인생관 같은 것은 제쳐놓고 작품을 봐야 하는 것이 사실이다. 그렇다면 이것이 문학이 될 수 있을까? 자기 주관적인 인생관을 빼놓고 작품심사에 임해야 한다고 하면 이것은 처음부터 문학이 아님을 전제해 놓는다는 얘기가 될 것이다.

4) 시평이라는 것

비평은 비평가의 대표적인 작업으로 알려져 있다. 월평이나 연평이나 총평 같은 것은 모두 時評에 속한다. 그 중에서 가장 많은 것이 월평이다. 비평가들은 딴 무엇보다도 월평을 가장 많이 쓴다. 그리고 월평 이외엔 별로 비평활동의 지면이 허락되지도 않고 있다. 특히 일간지들은 매달 한 번씩의 월평 이외엔 거의 아무런 문학비평의 자리를 할애해 주지 않고 있는 형편이다.

이렇게 비평가들이 가장 많이 출연하는 장면은 월평이기 때문에 비평가란 곧 월평을 쓰는 사람이라는 고정관념이 비평을 읽는 거의 모든 독자에게 새겨져 있음을 부인할 수 없다.

그러나 월평이 과연 얼마큼 비평가 자신에게 플러스 되는 작업일까? 비평가의 세속적인 출세면에서, 또는 비평가 자신의 창조적인 예술성과 그 성장면에서 어느 정도나 도움이 되는 것일까? 비평가란 곧 월평가라고 해도 과언이 아닐 정도로 거의 대부분의 노력을 여기에 기울이고 있는 것이 우리 비평문단의 실정이지만 그러나 만일 비평가가 앞으로도 이렇게 월평가로서만 세월을 보내게 된다면 그들은 차라리 비평업을 폐하고 직업 전환을 하는 편이 나을 것이다. 그 대표적인 이유를 몇 가지만 들어 보자.

첫째로, 월평은 작품심사평과 아주 유사한 성격을 지닐 수밖에 없는 것이다. 월평은 그달에 발표된 작품들에 대한 종합적인 비평이다. 어떤 문제작이나 가장 우수한 작품이나 또는 가장 좋지 못한 졸작만을 대표적으로 하나만 들어 따져 들어간다 하더라도 신춘문예심사 때와 꼭 같은 고역을 비평가는 겪어야 한다. 즉 그달에 발표된 작품들을 모두 통독해야 한단 말이다. 왜냐하면 어느 특정한 기간에 발표된 작품임을 전제하고 '그달의 작단', '그달의 시단'을 논하는 이상 누구의 작품만을 골라서 따져 나간다 하더라도 그것은 반드시 그달의 창작을 대표하는 것이어야 하기 때문이다. 그리고 그달의 작단이나 시단에 대한 종합적인 평임을 전제로 하는 이상은 아무리 어느 일개 작품만 들먹거렸다 하더라도 그것은 여러 작품을 모두 읽고 거기서 선발된 것이라야 한다.

그렇지 않은 이상은 거기다 굳이 '오월의 작단' 따위의 이름을 붙일 타당한 이유가 결코 성립될 수 없기 때문이다. 그러니까 월평을 쓰는 비평가는 그달의 작품을 아무리 괴롭더라도 모두 읽어야 한다. 계산을 해가면서 30매를 억지로 60매로 늘여 쓰기도 하고 사창가로 달려간 작가의 소설 또는 1년에 한 번쯤은 써야만 그 영광된 이름을 독자가 안 잊어주리라는 계산으로 둔한 상상력을 가혹하게 혹사시켜 탈고해낸 천하의 '명작'까지도 초인적인 인내력으로 모두 읽어나가야 되는 것이 월평가의 임무다. 이렇게 되어 비평가는 자신들의 머리마저 얼마나 한심하게 둔화되어 가는지를 너무도 뼈아프게 느끼게 된다. 좋은 작품이 독자의 지능을 개발해 주는 것처럼 둔한 머리로 쓴 작품들을 이틀 사흘 통독하여 그 속에 탐닉하는 비평가는 마치 진흙 속에서 뒹군 사람이 스스로 진흙 덩어리를 닮아 버리듯 자신도 스스로 둔화될 가능성이 있으며, 만일 그렇지 않다 하더라도 그런 독서 시간만큼은 자신의 발전에 플러스되는 일을 거의 얻지 못할 것이다.

그렇다면 비평가는 여기서 문학활동, 창조적인 활동으로 얻는 것이 무엇일까? 남의 작품에 대해서 의견이나 피력해 가지고 그것으로써 먹고 살자는 것이 비평가의 직업이요, 목적이 아니다. 비평가란 우선 좋은 의미에서의 독자이다. 딴 독자들보다는 가장 고급에 속하는 독자의 입장에 서 있는 것이 비평가이다. 작가와 시인들은 스스로 그런 작품을 써 나가지만 비평가는 그런 창작은 하지 않는다. 어디까지나 남의 것을 읽어보는 독자의 입장에 있는 것이다.

그리고 그것은 잘못을 따지기 위해서만 읽는 것은 아니다. '산에서 사는 작은 새는 꽃이 좋아 산에서 사노라네'라고 했듯이 비평가는 우선 시가 좋고 소설이 좋아서 그것을 읽으며 사는 것이다.

다시 말하자면 문학에 대한 애정이 곧 그것을 읽는 동기가 되어 있는 것이다. 가치판단이라는 비평적 활동은 그 다음에 오는 것이다. 따라서 비평가가 작품을 읽을 때 어느 독자와 마찬가지로 그만큼 순수해지는 것이 비평가의 원래 자세다.

어느 비평가든지 우선 심취하여 문학이 좋아서 그 길을 들어 선다는 사실을 생각해 본다면 이것은 이의를 삽입할 만한 얘기거리가 못 된다. 그리고 비평가는 일반 독자와 다른 것은 그들이 차원을 달리하는 고급독자라는 데 있다. 대개 어떤 독자라도 감명 깊은 작품에 대해서는 자기 의견을 나타내는 것이 사실이다. 그리고 그 의견이 이론적으로 정리되었을 때 우리는 그것을 비평이라고 하게 된다. 한 포기의 아름다운 꽃나무를 보고 그저 아름답다고만 말한다면 그것은 감상에 그치지만, 그 아름다움을 이론적으로 설명한다면 그것은 비평이 될 것이다. 그리고 그러한 이론적 설명은 심미적 판단으로서 어떤 미숙성을 발견한다면 그 점에 대해서도 이론은 더해 나갈 수 있는 것이다.

이렇게 감상하고 비평해 나가는 과정에서 그는 자기의 가치관을 발전시켜 나가고 또는 좀 더 이상적인 가치를 추구해 나간다.

그리하여 그는 시인이나 작가와 마찬가지로 제이의 창조과정에 들어가는 것이다. 다만 창조과정은 시와 소설의 형태와는 전연 다른 형태로 이루어지고 있을 뿐이다.

그런데 만일 읽고 싶지도 않은 작품을 마치 심사위원의 입장이 되어 억지로 읽어 나갈 때 여기서 비평가는 과연 그같은 창조과정에 들어 설 수 있을까? 비평가의 작업이 일반독자와 마찬가지로 시와 소설에 대한 애정에서 출발하는 순수한 것이요, 그런 애정이 있기 때문에 그 세계에 들어가 그 대지 위에다 그의 이념의 가옥을 지어가는 것이라고 본다면 처음에 발을 들여놓다가 다시 빠져나오고 싶은 졸작의 세계에서는 아무리 애써봐도 비평가가 그의 순수한 목적을 달성시키기는 어려울 것이다.

따라서 월평이라는 자리는 비평가가 그들의 본업처럼 거기에만 매달려 살 수 없는 곳이다. 그런데 비평가가 그대로 역시 월평을 써 나가는 이유는 무엇일까? 그 이유는 사회적인 요구에서 오는 것이다. 비평가가 월평을 써야 되는 이유는 비평가 자신을 위해서보다도 먼저 사회적 요구가 앞서고 있기 때문이다. 그것은 일반독자 사회만이 아니라 문단사회를 위해서도 다같이 요청되는 것이다. 일반독자의 판단은 전문가의 판단보다도 앞서지 못하는 것이 사실이다. 아무리 독자들이 좋아서 읽어나가며 그 작품 그 작가가 인기에 오른다고 하더라도 그것이 곧 옳은 가치판단일 수는 없다. 백만의 독자보다 비평가 1인의 판단이 더 정확할 때가 많을 것이다. 그것은 마치 백만명의 시민이 좋다고 먹는 달콤한 약 A보다는 한 사람의 과학자가 그 해독성을 증명하고 그 대신 씁쓸한 약 B를 권할 때 그의 판단이 더 정확할 때가 많은 것과 같은 것이다. 그리고 이런 판단은 사회적으로 필요한 일이기 때문에 비평가는 이런 요구에 응해 나가는 것이다.

다음에 비평가는 작가를 위해서도 그것을 해야 한다. 문학을 한다고 자부하는 사람이 아닌 딴 사람이 그것을 해서 안 될 것은 없지만 전문가는 비평가뿐이니까 비평가가 할 수밖에 없다. 그것은 선의의 작가를 옹호하기 위해서다. 작가들은 흔히 비평가들의 작업에 불만을 품지만 무식과 사디즘과 저속한 출세욕으로만 뭉쳐진 비평가의 사이비비평을 제하고 보면 비평가 남의 작품을 비판한다는 데 대해서 무조건 항의할 수는 없는 것이다. 나쁜 작품은 지적해야 한다. 좋은 작품은 좋다고 말해 주어야 한다. 그것이 선의의 작가가 독자의 사랑을 받으며 발전해 나가는 데 뒷받침이 되는 것이요, 그것이 또 독자에게 좋은 작품을 선택해 나갈 길잡이가 되는 것이요, 그것이 곧 작가만이 아닌 우리 문단 전체의 발전에 추진력이 되는 것이다.

그럼에도 불구하고 그것에 대해서 지나칠 정도로 불만에 가득차 있는 작가나 시인이 있다면 그것은 그들이 그만큼 졸작 생산에만 기여해 왔기 때문일 것이다. 잘만 써 나간다면 어찌하여 자기만 꼬집는 비평가들만 있겠는가? 그뿐만 아니라 이 나라 제일가는 시인이요, 작가라는 정평이 있다고 하더라도 그 때문에 호의만 받고 있어야 된다고 생각하는 것은 지나친 교만이다.

원래 예술에서는 완전한 작품이 없듯이 불쾌한 비평의 소지는 항상 지니고 있다고 봐야 한다. 그렇다면 최고를 자부하는 작가도 사회적인 요구에서 보는 월평란에서 비판을 받아야 한다. 아니 초년생의 작가보다도 더 많이 비평의 대상이 되어야 한다.

왜냐하면 그 작가가 우리 문단 성장의 최고 기준이라면 그것부터 더 높은 수준으로 끌어올려야 하기 때문이다. 하물며 그렇게 세계적으로 자랑하고 싶을 만한 작품도 별로 보지 못하는 판국에 작가들이 매달 꼬집어 뜯기는 것은 너무나도 당연하지 않을까?

5) 비평과 학문

비평가가 지금까지 해 온 일, 그리고 앞으로도 계속해 나가야 할 일은 광범위하게 걸쳐 있다.

'저 개를 내 쫓아라, 저놈은 비평가이니까' 하며 점잖은 괴테가 어울리지 않은 악담까지도 뱉게 만든 비평가 — 이들이 가장 빈번히 그 얄미운 얼굴을 내미는 장면은 월평란이지만 그러나 비평가는 월평만 쓰고 세월을 보내지는 않는다. 비평가들은 심사평도 쓰고 신간평도 쓴다.

오늘날 서평이란 솔직히 말해서 저자나 출판업자를 위한 광고·선전에 지나지 않지만 그래도 종종 이런 서평란에 비평가의 직함을 내건다. 물론 출판업자들이 제멋대로 영화광고 같은 과대 선전문구를 만들어 놓고 비평가의 이름을 날치기해다가 팔아먹는 예도 있기는 하지만.

그런데 비평가는 이렇게 남들의 요구에 의한 서평·심사평·월평들만 쓰는 것이 아니다. 자신의 계획에 따라서 학문적인 연구도 해나간다. '문학개론', '문학원론', '시론', '소설론', '문학사', '작가

연구'등은 모두 비평가에 의해서 보다 더 많이 체계적인 정리를 이루어왔다.

백철의 <신문학사조사>, <문학개론>, 조연현의 <한국현대문학사>, <문학개론>, 최재서의 <문학원론> 등 비록 미숙한 점이 있다 하더라도 한국문학에 대한 가장 체계적인 연구저서를 내온 것은 비평가들이다.

이런 점에서 보자면 비평가들이란 그때그때에 산발적으로 발표되는 작품에다 의견이나 첨가해 나가는 딱한 사람들은 아니다. 그들은 비록 시인이나 작가에 비해 너무도 인구증가율이 적은 소수집단이긴 하지만 지금까지 어느 나라를 막론하고 비평가들이 남겨 놓은 업적은 크다고 할 것이다. 비록 이러한 개론서나 사적 연구가 작가나 시인들의 창조적인 활동에서 아무런 직접적인 착상의 자료를 제공해 주지 못한다고 하더라도 그 문학사회 전반적인 수준향상이 과연 이런 연구의 뒷받침 없이 어느 정도나 가능하겠는가? 한 편의 아름다운 서정시인 민요는 원시사회에서도 저절로 누군가의 입을 통해서 흘러나왔지만 지금의 상황은 그 때와는 다르다. 밖으로 나가면 개론 정도의 문학적 이론을 조금이라도 알고 있는 무수한 독자가 이 사회에 깔려 있는 것이며, 그들의 비판적인 안목 앞에서 작가와 시인은 활동해 나가고 있는 것이다.

따라서 비평가들의 그러한 업적은 결과적으로 그 문학사회의 전반적인 수준향상에 부단히 추진력을 가해가고 있는 것이다. 그러므로 비평가들의 그같은 연구활동은 결코 경시되어서는 안 될 것이다.

그런데 우리는 여기서 비평의 본질적인 문제를 다시 따져야겠다. 그러한 학문적 연구도 과연 본질적인 의미에서의 비평일까?

문학에의 연구가 중요한 것이요, 그것이 주로 비평가들에 의해서 보다 더 체계적으로 이루어져 나가고 있는 것은 사실이지만, 그러나 우리는 그것이 곧 비평가의 본업이라고 말할 수는 없을 것이다. 비평과 학문 그것은 본질적으로 다른 문화활동이다. 학문은 사실의 탐구요, 비평은 가치의 탐구다. <해에게서 소년에게>가 1908년 최남선 작이요, 그것이 그 이전의 시형태에 비하면 다른 것이다. ― 하는 것은 어디까지나 사실의 탐구요 그 발견에 지나지 않는다. 또 그 작품이후 그와 유사한 형태의 시 또는 그보다 더 많이 자유로운 시형태가 나타난다고 하는 것은 역시 사실의 탐구에 지나지 않는다. 이와 달리 그 작품이 새로운 시형으로서 그 이후의 근대시 발전의 기수가되었다고 판단하는 것은 사실의 탐구가 아니라 탐구된 사실에 대한 가치판단이다.

이 경우에 학문과 비평은 서로 공동작업으로서 문학사의 한 페이지를 서술해 나가는 것이지만, 그 작업의 형태가 서로 판이한 것이다. 여기서 학문으로부터 좀 더 멀리 떨어진 비평작업의 예를 든다면 <해에게서 소년에게>의 예술적 가치를 논해 나가는 일일 것이다. 물론 여기서도 사실의 탐구가 역시 기초가 되기는 하지만 그 작업의 중점은 어디까지나 그 사실에 대한 가치판단일 뿐이다. '얼마나 졸렬한 시인가? 이보다 천여년 전에 이루어진 고려가요들도 이에 비하자면 훨씬 더 격조가 높다' 하며 그 이론을 전개해 나간다면 이것은 학문이 아니라 비평이다.

그러므로 학문도 비평적인 안목을 동반해야만 우직한 徒勞를 면하고 가치있는 사실에 대한 연구로서의 학문이 되겠지만 그것은 어디까지나 사실의 탐구에 중점이 있는 것이요, 비평 역시 사실의 탐구를 동반해야만 객관적인 가치판단의 비평이 되며, 그 중점은 어디까지나 가치의 판단에 있다.

그러면 학문과 비평이 이렇게 본질적으로 영역을 달리한다고 할때 비평가들이 아무리 많이 문학연구 업적을 남긴다고 하더라도 그것이 곧 비평가의 순순한 대표적 업적이라고 할 수는 없지 않을까? 단 이러한 업적이 비평가 자신을 위해서 꼭 필요한 이유는 그러한 연구를 통해서 비평가는 우리 문학의 과거를 알고 현재를 알고 미래의 문학을 위한 지표를 세울 수 있고, 보다 더 많이 정확한 사실에 입각한 객관적인 가치판단을 할 수 있기 때문일 것이다.

6) 비평과 창작

'비평도 예술적인 창조활동이다' —이렇게 주장할 수 있다고 할 때 비평은 실로 명실상부한 그것이 되는 길은 멀고도 아득한 것이다. 작가가 되려다 실패한 사람이 비평가라고 혹평한 사람도 있기는 하지만 시나 소설을 쓰다가 실패한 사람이 모두 비평가가 될 수는 없다. 또 실패한 사람이 비평으로 전환한 예도 있기는 하겠지만 그렇지 않은 예도 있을 것이다.

비평계에 들어선 사람이면 대개 청년기에 시나 그밖의 문학적인 산문을 조금씩은 끄적거려 보았을지도 모른다. 그리고 시인이나 작가로서 명성을 떨치고 싶은 욕망을 지닌 사람도 있을는지도 모른다. 그러나 그런 경험이 있는 비평가가 모두 그쪽에서 실패했기 때문에 비평으로 전환했다고 말할 수는 없다.

그뿐 아니라 과연 시나 소설에서 실패한 사람이면 비평가가 될 수 있는 것일까? 어느 사회에나 비평가가 아주 적은데 그것은 비평가가 가장 인기 없는 직업이기 때문은 결코 아니다. 남의 작품에 의견을 붙여 먹고 사는 사람이라는 감정적인 악담을 하는 작가나 시인이 있기는 하지만 참된 비평가의 흉내는 누구나 쉽게 할 수 있는 것이 아닐 것이다.

비평가는 작품의 가치판단을 한다. 가치판단을 위해서는 문학이 무엇인지를 알아야 한다. 시와 소설을 쓰는 재능이 없다고 하더라도 좋은 시와 나쁜 시가 어떤 것인지 식별할 수 있는 비평력은 그 시인 이상으로 지니고 있어야 한다.

다시 말하자면 시인 이상으로 시를 더 알고, 소설가 이상으로 소설을 더 잘 알아야 한다. 그러기 위해서는 비평가는 문학에 대한 연구를 거듭해 나가야 한다. 학자들과 마찬가지로 끊임없이 사실을 탐구하고 그 자료를 분석해 나가야 하는 것이다.

그런데 이러한 연구와 아울러 비평가는 현실사회를 옳게 알고 있어야 한다. 문학이 현실의 반영이요, 그 시대의 증인 될 수 있다고 한다면 비평가는 시인이나 작가 이상으로 현실을 깊숙이 알아야 한다. 그뿐만 아니라 먼 과거의 역사를 알고 앞으로의 현실을 조금이라도 내다볼 비전을 지녀야 한다. 그렇지 않고서는 문학작품에 대한 가치판단은 현실과 동떨어진 좁은 지면에 놓고, 그만큼 그 가치의 일부밖에 판단하지 못하는 결과가 될 것이다.

그런 의미에서 비평가는 결국 자기의 인생관과 세계관을 지니고 그것으로 가치측정의 척도로 삼아야 할 것이다. 이렇게 어떤 척도에 의해서 가치를 측정해 나갈 때 우리는 그것을 그 비평가의 판단력이라 하며, 이러한 판단력은 아무에게나 충분하게 부여되어 있는 것은 아니다. 정확한 비판이란 분석과 종합을 병행시켜 나가는 추진력에서 나오는 것이다. 그리고 이것은 시인과 작가들보다도 비평가에게 부여된 재능이기 때문에 시나 소설을 잘 쓰는 사람이면 비평가도 될 수 있다고 상상한다면 그것은 지나친 공상이다.

그런데 한 편의 참된 비평은 이것으로만 가능해지지는 않는다. 누구 못지않게 직관적 판단력을 가져야 하는 것이 비평가다. 한 편의 시를 비평할 때 처음부터 시체 해부하듯 그 언어를 발기발기 찢는 분석만이 앞서고 다음에 그것을 주워모아 결론을 내리는 것이 비평은 아니다. 뉴우크리티시즘이 그런 엉뚱한 방법을 시도했었지만 그것은 한 편의 시를 읽어도 감정을 모르는 언어해부학 연구실의 교수들이 할 일이지 참된 비평이 그런 데에서 나온 일은 없다. 참된 비평가는 아름다운 자연에 감동한 사람이 그 다음에 그 이유를 생각해 보듯이 먼저 직관력에 의해서 작품에 대한 종합적인 판단을 내려야 한다. 그렇지 않고 학문처럼 자료의 분석부터 들어간다면 그것은 생명이 없다. 시체해부학 교실의 작업에 그치고 말 것이다.

이렇게 직관적인 관찰력 · 비판력이 전제되고 그 판단이 그 다음에 증명의 이론을 끌고 간다고 할 때 이같은 작업은 학문에 종사하는 사람들이 할 수 있는 재능에 속하지 않는다. 그것은 어디까지나 예술가들이 재능, 발명가들의 재능, 우주의 신비한 속삭임을 들을 수 있는 재능에 속하는 것이다.

자화자찬격이 될 수도 있겠지만 비평이 어려울 수밖에 없는 이유는 이처럼 많은 노력과 재능을 동원해야 하기 때문이다. 예술가로서의 직관, 학자적인 탐구의 노력, 비평가 특유의 논리적 판단력, 그리고 여기에 또 하나를 첨가한다면 산문예술로서의 문장력이다. 시인만이 언어의 예술가는 아니다. 소설가가 문장에 능통하면 되는 것이 아니듯 비평도 산문예술로서 그 언어를 다듬어 나감으로써 그 격조를 높여갈 수 있는 것이요, 또 그래야만 그것은 문학이 될 수 있는 것이다.

그런데 이렇게 1, 2, 3, 4, …… 등의 여건이 성립되어야 하지만 이것으로써 비평이 완성될 수는 없다. 비평도 참된 의미에서의 창조라고 한다면 여기에 더 중요한 작업이 병행되어야 한다. 그것은 보다 고매한 인간정신, 보다 진실한 직관력을 표현해 나가는 것이다. 비평가는 흔히 월평같은 좁은 지면을 통해서 마치 상품가격을 감정하는 것과 같은 일을 많이 하지만 그보다 더 값비싼 비평활동을 해 나갈 수 있고, 또 많은 비평가들이 해 오고 있다.즉 가치판단 이상의 것을 하고 있는 것이다. 도스또예프스키론, 셰익스피어론 등 세계문학의 큰 산맥 속에 비평가가 작업에 손을 대었을 때 그것이 항상 싱품가격 감정 같은 가치판단에만 그쳐온 것일까? 비평가들은 자기가 진실로 아끼고 싶은 작품이나 작가를 논해 나갈 때 거기서 무슨 저울질만 하다 마는 것은 결코 아니다. 좋은 작품은 그것 자체가 현실 이상으로 많은 사색의 소지를 지닌 또 하나의 세계를 형성하고 있다.

이 때 비평가는 현실을 내다보고 사식을 하듯이 작품 세계를 내다보며 사색을 해나간다. 그리하여 작가의 숨겨진 이야기만 끄집어 내는 것이 아니라 자기의 이야기를 그 속에 쏟아 놓는다. 이때 이 작품은 가치판단의 소재라는 한도를 넘어서 비평가가 스스로의 세계를 창조해 나가는 넓다란 대지가 되는 것이다. 그리하여 그것은 그 작품과는 또 다른 창작활동의 차원에 도달하게 된다. 그리고 이것이 비평가가 해나가야 할 가장 중요한 작업이다. 많이 이것이 없다면 비평가는 예술가가 아닌 딴 특유한 직업임을 주장해야 할 것이다.

그러면 우리의 비평문학은 과연 어느 정도나 이런 의미에 있어서 참된 비평을 전개해 나가고 있는 것일까? 월평란에서 남들이 애써 쓴 작품이나 꼬집어 뜯고 사는 사람들. 만일 우리 평단에 대한 인식이 이것으로 그쳐 있다면 이것은 그 누구를 위해서도 반가운 일은 못된다.

그러므로 작가나 시인들이 비평의 개념에 대한 이해 부족으로 불신론만을 주장하고 있다면 그것도 시정되어야 하려니와 비평가 자신이 정말 그런 오해만 받을 정도로 그런 모든 재능을 팔아 버려 왔다면 그것도 반성하고 보다 값있는 본격적인 비평작업에 더 많은 힘을 기울여 나가야 할 것이다.

5. 현대한국에 있어서 문학평론

1) 신문학 초기의 비평시비

우리의 현대문학사가 고작 1세기에 불과하다는 상식에서 비평문학의 출발을 회고해 보면 오늘의 비평은 실로 괄목할 발전을 보였다 할 것이다.

애초의 비평양상은 계몽기의 평론으로 해석된다. 즉 그 당시의 비평은 극히 원론적인 것을 벗어나지 못했다.

이를테면 춘원 이광수의 <文學의 價值>(1910)를 들 수 있다. 이것은 '文學이라는 字의 由來는……' 등 문학이론의 극히 초보적인 수준의 것이었다. 또 그것은 문학의 가치를 과대평가하거나 문학의 기능을 지나치게 과장한 것이었다. 때문에 이 평문은 최초의 계몽적인 또는 비평사적인 가치는 있지만 극히 유치한 내용을 간직했을 뿐이었다.

다음에 발표된 이광수의 <文學이란 何오>(1916)는 앞의 비평보다는 일보 진전된 것이었으나 문학 계몽적인 것에 불과했다. 또 이것은 현대소설의 효시라고 보는 <無情>(1917)보다 앞섰지만 아직도 계몽이 절실한 시대를 배경한 것이었다. <文學이란 何오>는 11항목으로 문학을 분석 설명하는 글이다. 맨 끝의 항의 <조선문학>에서 '조선인이 조선문으로 作한 문학'이다 라는 해석을 붙이고 있다.

그것이 민족문학에 대한 설명으로 나아감으로써 일보 전진한 것이라고 하더라도 문학에 대한 정의가 극히 모호하고 감정과 誤譯과 문학소재론의 진부성, 그리고 시에 대한 정의의 미숙성 등을 들 수 있다.

그 후 이광수의 비평활동으로서 <懸賞小說選考餘言>(1918)과 <小說選後言>(1925) 등을 들 수 있지만 이것들은 계몽기의 비평으로 이렇다 할 저항도 없이 유아독존으로 발표된 셈이다.

그러나 이광수 독무대의 문단은 20년대에 들어서면서 크게 흔들리게 된다. 1920년이면 한국에선 20세 미만의 준청년들이 <창조>, <폐허>, <백조> 등의 문학동인을 구성하고 그 준비를 서두르며 기염을 토하고 있을 무렵이었다. 일찍이 개화한 이들 중 김동인과 염상섭과의 비평문제를 둘러싸고 시비가 오고갔다.

그 중에서 창조파의 김동인이 한 말은 한국 비평문학사상 잊을 수 없는 일화가 되고 있다. 그는 '비평가는 작가에 대하여 아무 권리도 의무도 없다. 따라서 재판관과 같이 작가를 探拮치는 못한다. 다만 활동사진 변사와 같이 진심이 경건한 마음으로 관객과 같은 민중에게 該作品의 조화 정도를 설명할 뿐'이라고 했다.

이와 같이 김동인의 이른바 <비평무용론>(혹은 비평격하론)에 대한 염상섭의 반박으로 <비평옹호론>이 나온다. 다시 김동인은 <창조>(3호)에 <비평에 대하여>라는 글을 써서 재차 응수했다. 거기서 김동인은 첫째 모든 비평은 결국 현실의 기초 위에 서 있다

는 것, 둘째 모든 비평은 일정한 선입견에 의해서 심판하고 있다는
것, 셋째 비평은 작가를 지도하지 못하며 민중을 계몽할 수 있을 뿐
이라고 결론지었다. 이것이 도화선이 되어 염상섭을 필두로 여러 논
객들이 찬반론을 펴갔다. 그 중에서도 김유방의 <작품에 대한 평자
적 가치>(<창조> 9호)는 주목할 만한 것이었다. 그는 이른바 '비
평무용론'과 '비평옹호론'을 다함께 소개하면서 자신의 비평에 대한
소견을 피력했다.

그의 비평의 요점은 첫째 비평가는 창작가의 소질을 가져야 한다
는 것, 둘째 비평은 결코 소개나 해설에만 그치는 것이 아니라 비평
가 자신의 감정의 고백이라는 것, 셋째 비평은 반드시 예술적 가치가
있는 수단이어야 한다는 것이었다. 이같은 김유방의 주장은 김동인
과 염상섭의 극단적인 대립을 무난하게 절충하고 조화시키는 데 도
움이 되었다.

회고해 보면 다소 우스운 이야기들이기도 하다. 김동인은 비평이
무엇인지 아직 체계적으로 알지 못하는 청년이었거니와 비평에 대하
여 마치 하느님의 사당처럼 신성하다는 수식어까지 붙인 것도 과장
이 심하다.

이와 같은 비평에 대한 불신을 둘러싼 논쟁은 金億 대 月灘의 경
우에서 더 활발한 양상으로 전개되었다.

논쟁의 도화선이 된 월탄의 비평은 한 해 동안의 문단을 회고하면
서 시와 소설을 결산하는 것이었다. 월탄의 김억의 시에 대한 부정적
인 평가에 즉각 불평을 터뜨린 김억은 <무책임한 비평>(<문단의
1년을 추억하여>의 <평자에게 항의>)이란 題下의 글로 반박했다.
그는 자기의 詩作을 가혹하게 평한 것은 아무런 객관적 근거도 없는
것이며 '평자는 비평의 대상으로는 주관적 자기는 없애고 비평의 대
상을 통하여 객관적 자기를 내어놓지 아니해서는 안 될 것이다' 라고

말했다.

　앞의 항의서에서 도전을 받은 월탄은 다시 김억을 상대로 <항의 같지 않은 항의자에게>란 글을 발표했다.

　거기에 해명된 것은 먼저 김억의 항의서가 '서푼자리'도 못 된다고 전제하면서 '무책임'한 비평이란 전혀 수긍이 가지 않고 비평을 함에 있어서 자신은 전혀 무책임하게 한 일이 없고 끝까지 비평가로서의 책임을 지겠노라고 다짐했다. 월탄 자신이 취한 비평태도는 주관적인 것을 시인하면서도 결코 무책임한 것이 아니라고 반박하고 있다.

　또 그는 대개 비평에는 다섯 가지가 있는데, 그 첫째는 擬古的 批評, 둘째는 과학적 비평, 셋째는 인상비평이 있고 그 다음에 감상비평과 說理批評이 있다는 것을 일깨워주었다.

　그러면서 그 낱낱의 실례를 열거하고 나서 자신의 평자로 취한 태도는 '감상비평과 설리비평에 의한 것'이라고 해명했다.

　이와 같은 김억과 월탄의 주관 대 객관의 시비가 오고가고 있을 때 난데없이 제 3자가 뛰어 들었다. 즉 양주동이 <김억 대 월탄 논쟁을 보고>란 글을 쓴 것이다. 그의 논지는 '김억 대 월탄 시비논쟁을 방관한 사람으로서 그 전말을 말하고 그 논쟁이 하등 가치가 없는 것이라고 비방했다.

　양주동은 첫째 김억과 월탄이 서로 예술적 태도가 전혀 상이하다는 것, 둘째 감정적 편견적 오해로부터, 세번째 文에 대한 無理解 등의 이유로 양인의 끝없는 골계스러운 일이요, 피차 더구나 제 3자에게 유해무익한 것이라고 빈정거렸다.

　어쨌든 신문학 창조기에 대한 불신으로 야기된 김억과 월탄의 '주관 대 객관의 시비'는 우리 비평사에 뚜렷한 기록을 남긴 셈이다.

2) 프로문학 논쟁

프로문학을 제창하고 전개시킨 대표적인 비평가는 김팔봉과 박영희였다(그들은 뒤에 프로문학에서 전향했다). 이들의 사상적 체계나 이론적 근거는 다함께 유물사관에서 비롯되는 계급주의와 사회주의를 지향하는 데에서 일치하고 있었다.

그럼에도 불구하고 형식주의와 내용주의란 문제에 있어서 한때 입장을 달리했지만 애초에는 프로문학의 이론에 있어서 보조를 같이했다. 1928~9년에 뜻밖의 저항이 염상섭, 양주동의 이른바 절충주의로 벌어진다. 그 당시 프로문학에 대한 공박은 계급주의와 내용주의에 제각기 도전한 민족주의 계열과 예술지상파가 있을 뿐이었다. 그런데 그들은 스스로 민족문학파도 예술지상파도 아니라고 부인했지만 실은 프로문학에 대한 맹렬한 공격을 가한 셈이 된다.

이같은 양주동의 절충주의에 대해서 다시금 김팔봉과 박영희의 반박이 나온 것은 물론이다.

박영희의 주장은 프로파가 본래 형식을 무시한 것도 아니며 그 초기의 팔봉과의 논쟁도 기본적 태도에서는 대립이 아니었다는 것이었다. 이와 같이 내용과 형식에 관한 절충파의 논쟁이 한동안 주조를 이루어갔다.

절충파의 주역이었던 양주동은 김팔봉과 박영희를 상대로 다시 붓을 들었다. 그는 말하기를 '내용과 형식이 서로 분리될 수 없다. 그것이 분리된다고 생각하는 것은 큰 착오'라고 했다. 이와 같은 전제에서 형식제일주의자에겐 '내용에의 복귀'를 역설하면서 자신이 절충주의자임을 선언했다.

결국 양주동의 절충주의는 당시 프로문학이 주장한 바와 같이 내용이 형식을 규정하는 것이 아니라 내용과 형식의 불가분의 통일이라는 데 역점을 둔 것이었다. 이와 같이 양주동의 절충론에 동조하고 나선 논객으로 염상섭을 뺄 수 없다. 그러으로써 민족제일주의와 계급제일주의의 문제, 그리고 내용제일주의와 형식제일주의의 문제로 김팔봉, 박영희 대 양주동, 염상섭의 4파전으로 줄기차게 뻗어간 것이었다.

따지고 보면 절충론은 프로문학의 등장으로 계급주의와 민족주의의 대립이 팽배함으로써 대두된 소산이었다. 그들 절충파가 주장한 것은 결국 민족문학으로 귀결되었다는 것, 즉 당시 현실로 봐선 민족문학 즉 無産文學이란 등식이 절충론의 근거가 되었던 셈이다.

한편 신경향파의 이론가로 등장했던 김팔봉과 박영희는 프로문학의 전성기에 있어서 다함께 평단의 선봉이 되어왔다. 그들은 이른바 국민문학파와 절충파와의 논쟁에 있어서 언제나 런닝 메이트가 되어 계급제일주의를 옹호해 간 것이다.

그러나 예술의 형식과 내용의 문제에 있어서 둘은 서로 엇갈린 견해를 표명하기에 이르렀다.

즉 1926년 김팔봉은 <문예시평>에서 소설 <徹夜>를 가혹하게 비평했다. 여기에 대해 박영희는 '투쟁기에 있는 문예비평가의 태도'에서 즉각 반박하고 나섰다.

> 프롤레타리아의 전문화가 한 건축물이냐 하면 프롤레타리아의 예술은 그 구성물 중의 하나이며 석가래도 될 수 있으며 개와장도 될 수 있는 것이다. 군의 말과 같이 소설을 소설로써 완전한 건축물을 만들 시기는 아직 프로문학에서는 시기가 상조한 공론이다. 따라서 프로문예가 예술적 소설의 건축물을 만들기만 노력한다면 그 작가는 프로문화를 망각한 사람이며 프로작가는 아니다.

다시 김기진은 <무산문예작품>과 <무산문예비평>에서 '개념의 대상적 설명만으로 시종한 것은 소설이 아니다……선전문학은 결코 단순히 어떤 개념의 추상적 설명에 시종하는 것으로 되지 못하는 것임은 어찌하랴'고 응수했다.

이와 같은 김팔봉과 박영희의 논쟁은 당시 문단의 큰 관심사가 되었을 뿐 아니라 카프파 내부에 더 큰 충격을 안겨주었다.

한때 카프파의 박팔양이 이 논쟁에 개입해서 팔봉의 주장에 동조하는 글을 썼다. 또 다시 박영희는 <문예비평의 형식파와 맑스주의>에서 팔봉의 '내재적 비판'을 통렬히 비판했다.

거기다가 카프의 중앙위원들이 박영희가 옳다는 최종적 결정을 내리게 됨으로써 김팔봉은 이에 굴복하게 되고 마침내 김팔봉은 자기가 주장한 바 '예술적 형상화'의 과오를 시인하면서 <조선일보>를 통해서 공개사과를 하기에 이르렀다.

이렇게 되어 김팔봉과 박영희의 '예술적 형상화'를 에워싼 제일차의 논쟁은 박영희의 승리로 귀착되었다. 말하자면 김팔봉보다는 박영희가 더 철저한 프로이론가로 공인받게 되는 셈이었다.

그러나 이 논쟁의 결말은 결코 단순히 해석될 성질의 것이 아니었다. 이것이 계기가 되어 이 땅의 프로문학은 기계주의와 공식주의의 방향을 택하게 됨으로써 새로운 발전 동기가 되지 못했다.

표면상 제일차의 프로문학 논쟁에서 박영희가 유리한 고지를 차지했지만 얼마 뒤에는 그 위치가 전도되게 된 것이다.

그 직접적인 동기는 1933년에 와서 박영희가 프로문학에서 전향을 선언한 때문이었다. 이때는 프로문학의 자가비판과 붕괴의 시기며 퇴조기에 해당된다.

이같은 객관적 현실 속에서 박영희는 1934년 <동아일보>의 신년호에 <최근 문예이론의 신전개와 그 경향>이란 글을 발표했다. 여기서 그는 카프로부터의 사퇴 이유를 밝히는 것이 주요 목적이었지만 거기서 주목되는 것은 '얻은 것은 이데올로기요, 잃은 것은 예술이다'란 말이었다. 또 그는 카프의 문학운동이론을 비판하면서 카프는 검열관이지 문학적 조직이 아니라고 비난했다.

여기에 대해서 김팔봉은 <문예시평> 속에서 '박군은 무엇을 말했나'라고 하면서 박영희의 이론적 모순과 사상적 전향에 대해 냉엄한 비판이 가해졌다. 다시금 박영희는 <문제 상이점의 재음미>(김팔봉에게 답함)란 글을 써서 자신이 카프 탈퇴의 이유를 재천명했다.

실상 이같은 카프파의 내부의 심각한 논쟁과 상관없이 이미 프로문학은 객관적 여건으로 몰락의 과정을 밟게 되었다. 말하자면 1931년 만주사변에 따른 무력통치의 경화는 프로문학운동의 강력한 제동이 될 수밖에 없었다. 이같은 상황 속에서 박영희의 전향과 그 극적인 선언은 프로문학에 대한 결정적인 도전이기도 했다. 또 그것은 프로문학을 철저히 비판한 최초의 문헌으로 남게 되었다.

3) 순수 · 참여논쟁

이미 낡은 논제라고 볼 수밖에 없는 '순수'와 '참여'의 문제가 유독 이 땅에서만 끈덕지게 논란된 것은 무슨 까닭일까? 그만큼 우리 평단은 장구한 동안 무위하게도 공전만을 되풀이해 왔다는 얘기가 된다.

20년대부터 점화되었던 참여론과 순수론은 지금까지 몇 단계의 불튀기는 논쟁을 벌이면서도 미결의 장으로 남아 있는 셈이다.

일찍이 카프시대에 박영희는 '현단계의 프로문학은 그저 선전의 문학이요, 투쟁의 문학이다. 그러므로 우리는 문예상 형식적 수반이나 가치를 정비할 여유도 없고 그러한 무가치한 有用에 시간을 소비할 필요도 없다'고 선언했다. 여기에 대해서 이른바 '국민문학론'을 폈던 염상섭과 양주동 등은 강력한 반기를 폈고 프로문학이 후퇴로 자멸한 사실은 앞에서 본 바와 같다.

그것이 해방 후 다시 김동석과 김동리의 치열한 논쟁으로 재등장되었던 것이다. 프로문학의 선봉으로서 김동석이 나섰고, 순수문학의 기수로서 김동리가 맞섰지만 좌익세력의 월북으로 일단락된 것이었다.

더욱이 6 · 25와 전후의 혼란한 상황 속에선 결코 문학적 조건들은 고요한 침묵만을 미덕으로 삼게 했다.

60년대 전반에 新銳評壇이 형성되고 실존주의문학이 상륙하면서부터 새로운 참여론이 전개되어 갔다.

1963년에 김병걸은 <순수와의 결별>을, 김우종은 <流謫地의 인간과 그 문학>, 그리고 김진만은 <보다 실속있는 비평을 위하여>를 써서 순수 불신을 폈다. 여기에 대한 반론으로 1964년에는 김형기의 <문학의 기능에 대한 반성>이 순수를 옹호했다.

다시금 김우종은 <저 땅 위에 道標를 세우라>에서 순수문학에 대한 재반론을 폈던 것이다.

　　'순수'라는 애매한 이름 아래 고정되어 온 그러한 문학 ― 우리는 이런 이 30년 전통의 문학방법론에 대해서 아낌없이 수정을 가하고 결별을 고해야 한다. 그것은 작가들이 정치가들처럼, 혁명가들처럼 이 비극의 현실문제 속에 적극적으로 해결방법을 구체적인 도표를 提하는 것이다.

이렇게 그는 순수문학과의 결별을 선언하면서 작가들의 현실참여를 제기했던 것이다. 현실참여론은 홍사중의 <작가의 현실> 속에서 더욱 명백히 강조되었다.

그는 "정치에의 예속화를 두려워하는 나머지에 '순수'라는 이름 아래 정치를 완전히 배제시킨 가공적인 진공지대 속에서 인물을 설정해 놓는다는 것은 있을 수 없는 일이다"라고 하면서 순수문학에 대한 공박을 퍼붓고 있다.

또 그는 "문학에 있어서의 앙가쥬망이 새삼 강조되었던 것은 사실은 문학자가 직접 정치적 행동을 하여야 한다는 것이 아니라 현실의 정치의 비인간성을 배격하고, 정신의 자유를 옹호해야 할 예술가의 사명감에 대한 유다른 인식이 있었기 때문이었다. 다시 말해서 인간 회복에의 굳은 의지가 그 밑바닥에 있었던 것이다"고 풀이했다.

한동안 침묵이 계속되던 참여론이 새롭게 거론된 것은 1967년에 김붕구가 세계문화 자유회의 세미나에서 <작가와 사회>라는 주제로 발언한 것이 도화선이 되었다.

그는 사르트르의 문학적 패배를 강조하면서 "이론화된 앙가쥬망은 필연적으로 프롤레타리아 혁명의 이데올로기로 귀착한다"고 못박았다. 또 "작가는 정치적 이데올로기에 뛰어들어가 자기의 창조적 자아를 자승자박하기 보다 <나>를 송두리째 작품 속에 투입시키는 성실성을 가져야 한다."

여기에 반대 발언을 한 임중빈은 사회를 의식하지 않는 창작은 '허상의 창조'라고 맞섰다. 그는 또 시대정신과의 함수관계를 떠난 작가의식은 필경 '오락의 밀사'가 아니면 '순간을 위한 레아리떼'로 공전할 우려가 있다고 했다. 이 심각한 논쟁 속에 재빨리 개입한 논쟁이 이호철과 김현이었다.

이호철은 <작가의 현장과 세속의 현장>이란 글에서 김붕구, 선우휘의 소론에 대한 의견을 피력했다.

"어떤 시대 어떤 사회를 막론하고 그 시대 그 사회의 도덕적 위기나 사회적인 문제에 가장 민감한 반응을 보이고, 간접적으로든 직접적으로든 제때 제때 경고를 발하는 것은 작가이다"고 전제했다. 그러나 그는 작가가 사회적인 문제나 도덕적인 위기에 관여할 때, 그의

355

발언을 미리 이론화된 것이어서는 안되고 오직 순수한 것이어야 한다고 했다.

또 그는 앙가쥬망 이론이란 작가에 있어서 처음부터 공소한 것이라고 풀이했다. "구체적 조건을 떠난 일반론으로서의 앙가쥬망이론의 정립이란 硬化된 敎條요, 고식적인 발상이고, 작가란 처음부터 상관이 없다"고 했고, 그는 계속해서 좌파의 것이건 우파의 것이건 이데올로기라는 그 마물의 형태가 우리의 지적 풍토에 스며드는 것을 완강히 막아야 할 것이고, 그렇지 않으면 메카니즘의 망령의 횡포로 말미암아 이 땅의 작가들은 음양으로 피해를 입을 것으로 풀이했다.

이같은 실존주의 문학을 중심한 참여론은 제법 열도를 가해갔고 심화되어 가는 듯 했다. 이 상황에서 1968년 4월에 발표된 정명환의 <문학과 사회참여>(흥사단의 금요강좌)는 상당한 주목을 끌었다.

그는 참여문학이란 "작가가 사회라는 집단을 의식하며 그 집단의 이념에 대립하는 고민을 언어로써 표현하되 그로 인한 스스로에의 위험을 각오하는 것"이라고 했다.

또 그는 참여의 개념이 '집단에 대한 의식과 자아의식의 결합 관계'라고 하면서 공산침략을 받았던 우리의 입장에서 김붕구의 사르트르의 참여론이 필연적으로 좌경한다는 논리는 타당치 않을 뿐더러 '우리나라의 작가는 사회의 모순을 찾고 고발하되 좌경할 수 없는 생리'를 가진 것이라고 했다. 그는 또 결론에서 참여문학이란 문학의 다면성의 한 측면일 뿐, 그것이 문학의 전부라고 생각하는 것은 문화의 개방성을 닫아버리는 독단론이라고 나무랐다.

이밖에 김수영과 이어령 사이에서 색다른 참여론이 벌어지기도 했다. 여기에도 몇몇 작가와 비평가가 끼어들어 훈수를 했지만 김수영의 갑작스런 사별로 험악한 논쟁은 스스로 종지부를 찍게 되었다.

과연 60년대는 '순수'와 '참여'에 대한 불튀기는 논쟁이 끈덕지게 이어왔지만 이른바 참여론에 대한 정당한 해석과 평가는 내려지지 않은 채 베일 속에 가려지게 되었다.

4) 리얼리즘과 민족문학론

60년대의 '순수'와 '참여'의 논쟁은 70년대에 접어들어 리얼리즘 논쟁으로 방향을 바꾸어 갔다. 민족문학과 관련되면서 리얼리즘문학에 대한 본격적인 해석과 방법론이 활발히 전개된 것이다. 그것이 이른바 순수문학파와 소시민문학파의 상당한 저항에도 불구하고 그 주류는 최근에까지 왕성한 추세를 보였다. 리얼리즘론이 본격적으로 대두되게 된 것은 1970년에 <사월혁명과 한국문학>(<사상계> 4월호)이란 좌담에서 유도된 것으로 본다. 이것은 4·19 열 돌을 맞는 기획물로서 몇몇 신예비평가들이 참석해서 리얼리즘론에 관한 열띤 토론을 벌인 것이다.

여기서 구중서와 김현은 서로 상반된 견해로 입씨름을 해서 주목을 끌었는데 먼저 구중서의 발언에서 문제된 것은 다음과 같은 대목이었다.

> 30년대 작품이 사회 또는 인간의 현상을 객관적으로 묘사하는 데 그쳤고 어떤 역사의식의 지향이라든가 또는 이상주의적 요소를 작품 속에 담아서 전진하는 또 창조해 나가는 그런 의식 작업을 하지 못했기 때문이디.

여기에 비해 김현은 현실을 진실하고 성실하게 바라보는 것이 리얼리즘의 기본 조건이라면 30년대 같은 상황에서 그들처럼 현실을 진실하고 성실하게 보기는 힘들 것이라고 맞섰다.

　이와 같은 견해의 대립은 얼마 뒤에 구중서의 <한국 리얼리즘 문학의 형성>과 김현의 <한국소설의 가능성>에서 더 현저하게 노출되었다.

　구중서는 <한국 리얼리즘 문학의 형성>에서 발자크의 리얼리즘론으로부터 실마리를 끄집어내어 30년대의 염상섭·현진건·채만식 등의 리얼리즘에 대해서 부정적 해석을 내리고 있다.

　그는 "채만식과 그 외의 자연주의 작가들에게 리얼리즘 요소가 적게 또는 상당히 내포되어 있었던 것은 사실이다. 그러나 그것이 완성된 리얼리즘은 아니었다"고 하면서 60년대 말에서 70년대 초에 이르러 한국적 리얼리즘문학을 담당할 수 있는 체질이 갖추어진 것이고 그 샘플로 하근찬의 <三角의 집>을 거론했다.

　여기에 대해 김현은 <한국소설의 가능성>에서는 리얼리즘의 생성과정과 그 변모에 대한 해설과 함께 한국에 있어서의 가능성의 여부를 타진해 갔다. 그는 도식적 리얼리즘이 한국에서는 불가능하다는 견해를 밝히면서 오히려 가능한 방법은 리얼리즘의 허위성을 밝혀주는 비평 혹은 상징적인 기술방법 뿐이라고 했다. 그러면서 한국 사회의 구조적 모순을 리얼리즘적인 수법으로 드러낸다는 것은 이중의 위험성을 지닌다고 경고했다. 즉 소시민적 영웅주의, 소시민적 패배주의에 빠질 수 있다는 것이었다.

　이와 같은 한국문학의 당면과제로서 리얼리즘의 가능성 여부는 구중서와 김현 사이에 심각한 대결양상을 보여주었다. 여기에 대해서 즉각 반응을 보여준 것은 김윤식·염무웅·김병걸 등이었다.

　김윤식은 <70년대 비평개관> 속에서 리얼리즘론이 대두된 동기와 구중서와 김현의 비평을 소개하면서 그들이 제기한 문제의 허점을 자기 나름대로 비판한 것이었다. 그는 대체로 김현의 주장에 동조하면서 자기의 의견을 다소 첨가한 것이기도 했다.

한편 염무웅은 <리얼리즘의 深化時代>를 통해서 김현의 비평을 간접적으로 비판했다. 그는 리얼리즘이 갖는 개념의 오해를 지적하면서 문학의 궁극적 사명이란 정녕 어떤 것인가를 추구했다. 그리고 우리가 당면한 시대적 상황을 진실되게 파헤치기 위해서 리얼리즘의 가능성을 시사한 것이기도 했다.

여기에 비해 김병걸은 <리얼리즘논쟁>에서 주로 김현의 글을 논박했다. 즉 김현의 <한국소설의 가능성>에서 제시된 '핵심은 19세기 <리얼리즘>의 記述方法의 모순, 리얼리즘의 도식화, 사물의 재현에만 치중하는 묘사 일변도와 그 진부성, 소시얼리즘의 難破 등 등'에 있다고 해명했다. 그리고 그것은 패러독스컬하게도 도식주의의 함정에 빠져있다고 비난한 것이다.

> 김현은 소시얼리즘의 전말에 관하여 즐비하게 이야기하고 레닌, 스탈린의 사회주의 리얼리즘은 후진국인 한국에 도입될 수 없음을 밝히고, 그리고 리얼리즘과 혁명이라는 이원론을 반박하고 있는데, 그가 무엇 때문에 이런 험악한 논술을 뿜어내는지 그 저의를 알기가 어렵다.

이같은 김병걸의 논조는 구중서의 <한국 리얼리즘 문학의 형성>을 적극 옹호하는 입장에서 김현을 신랄하게 공박하는 데 있었다.

한동안 정중동의 양상을 띠었던 리얼리즘 논쟁은 얼마 뒤 임헌영의 <한국문학의 문제—민족적 리얼리즘의 길>이 발표됨으로써 재연된 셈이다.

그는 '리얼리즘은 휴머니즘이다'란 전제를 하고 리얼리즘의 정의와 본질과 미학적 근거에 이르기까지 소상히 언급하고 있다. 그리고 우리의 고전에서부터 현대문학에 반영된 참된 현실성과 반현실적 요소를 지적하면서 이른바 '민족적 리얼리즘'을 제창한 것이었다.

여기에 대한 시비는 최일수와 김양수에 의해서 제기되었다. 최일 수는 <민족적 리얼리즘>의 題下로 '민족적 리얼리즘에의 길'을 제시하면서도 그것을 '민족적 차원에서의 주체성의 회복'이란 추상적인 테제로 귀착한 것을 아쉬워했다. 그와는 대조적으로 김양수는 <민족적 리얼리즘의 정체는 무엇인가>란 반론을 내놓았다.

그는 임헌영의 <민족적 리얼리즘>은 '너무나 허황한 것이지만 또한 설득력도 모자라고 논리 전개의 비약 뿐만 아니라 독선과 아집으로 일관된 글이라서 동키호테의 글을 대하는 느낌'이라고 비난했다.

이와는 딴 측면에서 홍사중은 '민족적 리얼리즘'이란 말이 문학적 용어로 부당하다고 말했다. 이렇듯 리얼리즘론은 아직껏 끈질긴 쟁점으로 남아있다. 80년대에 접어들어 문학에 있어서의 역사의식 문제와 민중문학론이 평단의 큰 쟁점으로 제기되고 부상되었다.

이미 70년대 말부터 백낙청·김종철 등을 중심으로 제3세계 리얼리즘론이 거론되면서 새로운 단계를 보여주기 시작했다. 특히 백낙청은 80년대 들어서도 <리얼리즘에 관하여>, <모더니즘 논의에 덧붙여>, <민중·민족문학의 새단계> 등의 글을 통해 독자적인 리얼리즘에 관한 논의를 지속시켜 왔다. 그런데 80년대 들어 새로이 등장한 젊은 평론가들에 의해 소시민적 리얼리즘론으로 비판 당하게 되는데, 이들의 입장은 80년대 등장한 변혁운동론에 입각한 논의라는 점에서 일제 식민지시대 카프를 중심으로 한 리얼리즘론과 궤를 같이 하는 특징을 보여주었다. 민중성을 다같이 강조하면서도 계급성, 민족성, 나아가 당파성의 개념들을 비평영역으로 끌어넣었으며, 아울러 이들 개념이 사회현실의 모순과 밀접하게 연관되어 있다는 점에서 그러하다. 그 대표적인 것으로 김명인 등의 민중적 리얼리즘, 조정환 등의 노동해방문학론, 백진기 등의 민족해방문학론을 꼽을 수 있다. 이러한 입장에 대해 한편으로 다양한 입장에서 정치적 예속성이나 문학의 선전선동화에 따른 도구화에 대한 비판과 경계가 행해졌으나 어쨌든 비평사에서 80년대의 가장 쟁점이 되었던 것만은 사실이다. 아울러 그러나 이들도 90년대 들어 사회주의권의 몰락과 더불어 침체되거나 혼란양상을 보여주고 있고, 또한 고도 산업사회로 접어든 현실의 변화 속에서 모더니즘, 최근에는 포스트모더니즘론이 대항적으로 등장하여 새로운 비평의 흐름을 보여주고 있다는 것도 특기해야 할 사항이다.

5) 대중문학을 둘러싼 논쟁

사실 근대화 혹은 자본주의시대와 관련되어 문학사에서 빼놓을 수 없는 문제가 바로 순수문학 (혹은 본격문학) 대 대중문학(혹은 통속문학)에 대한 논의이다. 대중문학에 관한 논의가 비평사에 등장한 것도 실제로 상당히 오랜 연원을 가지고 있다. '대중문학'이란 용어를 본격적으로 거론한 것은 김기진의 <대중소설론>(1929)이었다. 그러나 그는 대중소설을 "단순히 대중의 향락적 요구를 일시적으로 만족시키기 위한 것이 결코 아니오 그들의 향락적 요구에 응하면서도 그들을 모든 마취제로부터 구출하고 그들로 하여금 세계사의 현단계에 주인공의 임무를 다하도록 끌어올리고 결정케 하는 작용을 하는 소설"이라고 하여 프로문학의 관점에서 대중화를 의도한 입장이었다. 본래적 의미에서 가깝게 대중문학을 본격적으로 언급하기는 대중문학을 순수문학에 대한 대립개념으로 놓고 논의한 이원조가 1933년에 발표한 <순수문학과 대중문학 문제>이다. 주로 신문연재소설과 관련시켜 대중문학의 문제를 거론한 글을 손꼽자면 김동인의 <신문소설은 어떻게 써야하나>(1933), 윤백남의 <신문소설, 그 의의와 기교>(1933), 안회남의 <통속소설의 이론적 검토>(1940) 등

361

이 긍정적인 입장에서 대중문학을 논하고 있다. 이원조는 문학은 그 본질이 대중적이며 또한 그 논리적 요청도 대중적이라는 근본 명제 아래서 순수문학을 이해하여, 대중문학을 순수문학 속에서의 가벼운 변화형태로 파악하고 또한 부르조아문화의 한 양상으로 이해했다.

안회남도 본격문학과 대중문학을 대비하면서 본격문학이 질을 중시하는 데 비해, 대중문학은 양을 중시한다고 말했다. 말하자면 전자가 상식의 수준을 늘 상승시키려고 애쓰는 대신, 후자는 상식의 수준을 늘 추종하려고 한다고 주장한다. 이를테면 통속소설 = 상식성 = 사회성 = 대중성이라는 등식이 성립한다는 것이다. 실제로 많은 신문연재소설을 쓴 윤백남도 대중문학을 긍정하면서 자본주의 사회가 대중을 위한 문학으로의 전환을 요구하고 있다고 주장한다.

이러한 견해에 대해 비판적인 입장을 취한 논객이 임화, 김남천 등이다. 임화는 <통속문학의 대두와 예술문학의 비극>(1938)이란 글에서 대중소설을 성격과 환경의 통일이라는 정통적인 예술의 길에서 벗어나 상업성과 통속성에 영합해 들어간 것이라고 비판한다. 또한 김남천도 <작금의 신문소설>(1938)에서 일상성이나 시사성을 중시해야 하지만, 문학의 본래 정신은 대중의 생활 속에서 비판력과 정서를 배양해 주고 진정한 향락을 누리게 하는 것이라며 대중소설이 이를 그릇되게 피상적으로 오해하는 데 문제가 파생했다고 비판한다.

그런데 흥미롭게 당대 대중문학 논의가 주로 신문연재소설과 연관되어 이루어졌다는 사실이다. 이 점은 그 후에도 계속되는데, 50년대 정비석의 <자유부인>을 둘러싼 작가와 황산덕과의 논쟁이나 70년대 최인호, 조선작, 정을병 등의 신문연재소설을 둘러싼 상업주의문학 비판이 이를 입증해준다. 황산덕은 <자유부인 작가에게 드리는 말>(1954) 등을 통해 성욕 자체, 성적 흥분을 돋구는 표현 자체가 문학인 것이 아니라 그것이 인간의 휴머니티, 인간 현실의 리얼리티,

작품 내용의 모랄, 예술의 순순성 등이 있어야만 진정한 문학일 수 있다며 <자유부인>은 단연코 문학작품이 아니라고 공박하였다. 한편 70년대 신문연재소설을 중심으로 한 작품들에 대해서는 많은 평론가들이 비판한 바 있다. 그러나 사실 논쟁형태의 쟁점을 이룬 것은 아니다. 그것이 논쟁형태로 이루어진 것은 1980년 <조선일보> 지상에서 벌어진 상업주의논쟁을 손꼽을 수 있다. 이 논쟁은 곽광수의 <위장된 저질이 인기 높다>에서 비롯된다. 여기서 작가 유현종이 반론을 제기하고, 다시 비판과 긍정의 입장에서 평론가 조남현과 작가 김이연이 가세함으로써 쟁점화된다. 평론가들은 작가의 문학관을 중심으로 통속성만을 추구하는 것에 대해 작품을 비판한 반면 작가들은 상업주의문학의 주범이 작가가 아니라 문학상인이라는 입장에서 작가편을 옹호하였다. 결국 비평가와 작가의 관점에서 논쟁이 붙음으로써 큰 소득을 얻지는 못했다. 그러나 비평사에서 바라보자면 70년대 들어 신문연재 소설을 중심으로 활발히 창작된 통속세태소설을 산업사회와 더불어 나타나는 상품문학으로의 타락이 다름 아닌 상업주의문학임을 지적하였다는 것이 특징이라면 특징이다.

그런데 그간 비교적 비평사에서 비판적으로 접근되었던 대중문학이 80년대에는 다소간 잠잠하다가 90년대 들어 새로운 차원에서 제기되고 있음을 주목할 필요가 있다. 특히 포스트모더니즘론이 대두되면서 그간 명백히 본격소설 대 대중소설이라는 대립구도로 설정되어 받아들여졌던 틀을 부정하고 있다는 데 그 특징이 있다. 그런데 그간 문학사의 줄기로 흘러왔던 인과관계에 입각한 스토리, 플롯 중시의 전통적인 소설관을 부정하면서 스토리, 플롯의 해체와 함께 고급대중소설이라는 이름으로 그 벽을 허물어뜨리고 있다. 고도산업사회, 정보화사회, 고도 소비사회에 접어들었다는 사회현실의 변화를 문제삼아 현실에 대한 총체적 인식을 근본적으로 부정하고 또한 진리, 이성, 진보 등의 개념을 거부하면서, 덧붙여 영화나 비디오, 컴퓨터가 문화의 첨병역할을 맡고 있는 상황에서 문학도 근본적으로 변화되어야 한다는 입장에 서있다. 따라서 이 입장에 따르면 문학작품도 하나의 상품일 수밖에 없는 처지라는 견지에서 고급대중문학이 현대사회의 문학일 수밖에 없게 된다. 실제로 이러한 입장에 근거하여 활발한 창작활동이 전개되고 있는 것이 오늘의 실정이며 또한 가속화되어갈 소지가 크다. 그러나 여기에 대한 반발도 만만치 않을 뿐더러 정통적인 문학관, 소설문법에 입각한 비평과 창작도 활발히 전개되고 있어 최근의 가장 커다란 문학적 쟁점이 되고 있는 것만은 사실이다. 그리고 이것은 기존의 비평쟁점들과는 다소 성질이 다른 근본적인 문제영역들을 내포하고 있어 상당 기간 크나큰 관심을 불러일으킬 논쟁 사항이 될 것으로 예측된다.

尹 柄 魯　　성균관大 교수(文博), 문학평론가
　　　　　　　월탄문학상 · 대한민국문학상 서울시 문화상 수상
　　　　　　　■ 저서
　　　　　　　• 한국현대소설의 탐구
　　　　　　　• 한국근 · 현대문학사
　　　　　　　• 한국근 · 현대작가작품론
　　　　　　　• 국문학 입문
　　　　　　　• 소설의 이해 外

趙 健 相　　성균관大 교수(文博), 소설가
　　　　　　　■ 저서
　　　　　　　• 증발된 女子
　　　　　　　• 국문학 입문
　　　　　　　• 해학소설의 현장 外

姜 禹 植　　성균관大 교수(文博), 시인
　　　　　　　현대문학상 · 한국시인협회상 수상
　　　　　　　■ 저서
　　　　　　　• 四行詩抄
　　　　　　　• 절망과 구원의 詩學
　　　　　　　• 한국 현대시의 존재성 연구 外

문학개론

1판 1쇄 발행 1994년 3월 3일
2판 1쇄 발행 1996년 4월 5일
3판 5쇄 발행 2011년 2월 28일

저　자 | 윤병로, 조건상, 강우식
펴낸이 | 김준영
펴낸곳 | 성균관대학교 출판부
등　록 | 1975년 5월 21일 제 1-0217호
주　소 | 110-745 서울특별시 종로구 명륜동 3가 53
대표전화 | (02) 760-1252~4
팩시밀리 | (02) 762-7452
Homepage | http://press.skku.edu

ⓒ 2001, 윤병로 외

값 13,000원

ISBN 89-7986-268-7 03800